教学是如何发生的

关于教学与教师效能的开创性研究及其实践意义

SEMINAL WORKS IN TEACHING AND TEACHER EFFECTIVENESS AND WHAT THEY MEAN IN PRACTICE

HOW TEACHING HAPPENS

[荷] 保罗 · A. 基尔施纳 Paul A. Kirschner
[英] 卡尔 · 亨德里克 Carl Hendrick
[美] 吉姆 · 希尔 Jim Heal 著
盛群力 刘徽 屠莉娅 陈丽翠 译

中国青年出版社

图书在版编目(CIP)数据

教学是如何发生的：关于教学与教师效能的开创性研究及其实践意义/（荷）保罗·A. 基尔施纳，（英）卡尔·亨德里克，（美）吉姆·希尔著；盛群力等译.
—北京：中国青年出版社，2023.10
书名原文: How Teaching Happens: Seminal Works in Teaching and Teacher Effectiveness and What They Mean in Practice
ISBN 978-7-5153-7032-3

Ⅰ.①教… Ⅱ.①保… ②卡… ③吉… ④盛… Ⅲ.①教育心理学 Ⅳ.①G44

中国国家版本馆CIP数据核字（2023）第166376号

教学是如何发生的：关于教学与教师效能的开创性研究及其实践意义

作　　者：［荷］保罗·A. 基尔施纳　［英］卡尔·亨德里克　［美］吉姆·希尔
译　　者：盛群力　刘　徽　屠莉娅　陈丽翠
责任编辑：肖　佳
文字编辑：吴梦书
美术编辑：张　艳
出　　版：中国青年出版社
发　　行：北京中青文文化传媒有限公司
电　　话：010-65511272 / 65516873
公司网址：www.cyb.com.cn
购书网址：zqwts.tmall.com
印　　刷：大厂回族自治县益利印刷有限公司
版　　次：2023年10月第1版
印　　次：2024年10月第2次印刷
开　　本：787mm × 1092mm　1/16
字　　数：320千字
印　　张：22.5
京权图字：01-2023-0062
书　　号：ISBN 978-7-5153-7032-3
定　　价：59.90元

我们把这本书献给生命中的孙辈们：

艾尔莎（Elsa）、本杰明（Benjamin）和莉泽洛特（Liselotte）

格雷西（Gracie）和桑迪（Sadie）

萨姆（Sam）和诺拉（Nora）。

作为世界未来的一部分，你们应该得到最好的教育和最好的教师。希望这本书，连同上一本书《学习是如何发生的》，将有助于实现这一目标。

我们也将这本书献给全世界所有的教师。你们从事的是世界上最困难、最重要和最伟大的职业之一。我们希望这本书能对你更好地完成工作有所帮助。

多方赞誉

讲证据的教育（evidence-informed education）不会止步不前，这是一个被持续讨论的话题。研究的结果从来都不是固定不变的，所有的结果都能在后续的探索中获得新生和活力。本书将是世界各地发生的课堂革命的重要组成部分，标志着其演进的新境界。

——汤姆·贝内特（Tom Bennett）

教育研究（researchED）的创始人，大英帝国官佐勋章获得者

这是一个很棒的文集，汇集了一些有关课堂教学方面发人深省的和可实际应用的文献。这些文章肯定会给读者带来启发和挑战，也会帮助读者更好地理解教学。由此，我们也自然会想到，对这些文章进行批判性思考可以提升教学水平。

——戴维·C. 伯利纳（David C. Berliner）

美国亚利桑那州立大学名誉教授

这是对教育研究的又一次伟大总结。如果你想了解学科知识的重要性，想知道一名好教师是天生的还是后天培养出来的，或者想知道成为一名真正的教师意味着什么，那这本书就是为你准备的。

——黛西·克里斯托多卢（Daisy Christodoulou）

英国"不再评分"教育主管

很棒的一本书！有多少教育工作者被繁复深奥的专业文献所吓退，希望一群专家亲自挑选最重要的文章，解释这些文章的重要性及其实践价值。《教学是如何发生的》将几十年的复杂研究成果提炼成一本易于阅读的书，

传授实用的智慧。任何与教育有关的人都必须读这本书！

丹尼尔·T. 威林厄姆（Daniel T. Willingham）

弗吉尼亚大学心理学教授，《为什么学生不喜欢上学？》的作者

这真的是一本很棒的书，我希望有更多这样的书出现。《教学是如何发生的》挖掘了研究领域的金矿，将与《学习是如何发生的》交相辉映，成为所有教育者的完美藏书。本书提供了有关教学效能、课程、设计、技术、内容知识和评估最重要研究文章的极简阅读，以少胜多，打开了读者深入洞察、潜心思考的大门，奠定其教育的现实基础，摒弃了有关教学以讹传讹的种种偏见。《学习是如何发生的》是我2021年首选之书，《教学是如何发生的》是我2022年首选之书。

——约翰·哈蒂（John Hattie）

教育学名誉教授，《可见的学习》的作者

《教学是如何发生的》是一部杰出的作品，也是可以与《学习是如何发生的》相媲美的续篇。作为一个与数百名从事教师发展工作的学校领导共事的人，我认为本书在广泛的背景下提供了巨大的支持，使那些开创性研究变得触手可及和切实可行，为教育行业内外正在进行的许多重要辩论提供了依据。本书选择的研究论文是精心细致的，涵盖涉及日常教学问题的各种领域——课堂实践、课程设计、课程评估以及所有重要的教育学内容知识。作者对每一篇研究论文都进行了清晰无比和饱满热情的总结与深入探讨，始终关注这些研究对在职教师的影响。对于那些就教师如何发挥作用有学术兴趣的人来说，这真是一本好书。但更重要的是，本书充满了教师和学校领导可以采取并改善实践的见解。这是一本绝妙的书，应该出现在每个学校的教职员工阅览室或图书馆里。

——汤姆·谢林顿（Tom Sherrington）

教育顾问，《学习雨林》的作者

基尔施纳等人的书很精致巧妙，有学术性，同时又容易理解。他们将教学研究的神秘见解与实践的原则和策略优雅地联系起来。这是一个重要的贡献，弥补了实践智慧与学术工作的痛苦隔离。他们还结合了自己在美国和欧洲的职业生涯故事，为读者提供了宝贵的国际视野。

——李·S 舒尔曼（Lee S. Shulman）

斯坦福大学教育研究生院教育荣誉教授，

卡内基教学促进基金会名誉主席

教学是如何发生的

在畅销书《学习是如何发生的》的基础上，保罗 · A.基尔施纳（Paul A. Kirschner）、卡尔 · 亨德里克（Carl Hendrick）和吉姆 · 希尔（Jim Heal）一起探讨教学是如何发生的。这本书仔细考察了在课堂上是什么使得教学富有成效，以及哪些专家型教学的研究可以在实践中予以利用。

本书介绍了教育心理学、学习科学和教学效能研究领域的30部开创性文献，每一章涉及一个重要的主题，清楚和简明地说明了研究的意义以及如何在日常实践中予以使用。本书分为六个部分：

1. 教师效能、发展与成长
2. 课程开发与教学设计
3. 教学方法
4. 教学内容知识
5. 课堂
6. 评估

本书最后一章介绍了在教师如何学会教学方面我们还缺失些什么。

本书由该领域的三位领衔专家撰写，并由奥利弗 · 卡维格利奥里（Oliver Cavigioli）提供插图。《教学是如何发生的》为课堂教师、学校领导、教师培训师或学员提供了一个清晰的路线图，阐述了实践中的有效教学是什么样子的。

保罗 · A.基尔施纳，荷兰开放大学教育心理学名誉教授，比利时托马斯 · 莫尔应用科学大学教授，基尔施纳教育公司总裁。

卡尔 · 亨德里克，伦敦大学国王学院教育学博士，曾在公立和私立学校任教数年，目前任教于英国威灵顿公学。

吉姆·希尔，哈佛大学教育研究生院教育领导学博士。现就职于影响力院长联盟（Deans for Impact），一家致力于教育职业培训与转型的美国非营利组织。

目 录

前 言

有能力者，就去做；善理解者，则去教。

——李·S. 舒尔曼

如果我希望你能理解，我会解释得更清楚。

——约翰·克鲁伊夫

利斯顿效应：为什么那些看上去很好的教学实际上是糟糕的教学

19世纪早期的外科手术不适合胆小的人。例如，当时的截肢手术是在未清洗的木桌上进行的，木桌上有之前数百名患者留下的血迹，地板上铺有锯末，以吸收血液和其他医疗废物。医院的手术室里挤满了急切的围观者，他们推推搡搡地想要尽情观看这一可怕的场面，几乎不考虑卫生或病人的尊严。

那时候的外科医生都是表演者。他们昂首阔步走进手术室，自豪地穿着沾满手术血污的围裙。这些阴森的衣服也从来没有被洗过：脏围裙是一个好外科医生的标志。传说中，一些沾满了凝固硬化的血液的工作服可以自己立起来。

著名外科医生罗伯特·利斯顿（Robert Liston）被誉为“伦敦西区快刀手”，他可以在不到30秒的时间内切除病人的一条腿，在那个手术不使用麻醉药的时代里，这是一项重要的技能。他的速度和灵巧大大减轻了病人必须忍受的痛苦。利斯顿医生的手术需求量很大，会经常照顾那些被其他外科医生拒绝的人，这些人通常会排好几天的队求医。在截肢手术开始前，他经常会在感到眼花缭乱的旁观者面前高喊“给我计时，先生们，给我计时”，然后用牙齿咬住血淋淋的手术刀，分三次锯断肢体。他的速度如此之快，以至于在一次手术中，据说他不小心切掉了一名助手的三根手指，还划破了一名旁观者的衣服。这名旁观者看到这么多血时非常震惊，心脏病发作，当场死亡。病人和被截去手指的助手后来都死于坏疽，这是历史上唯一一场死亡率达300%的手术。

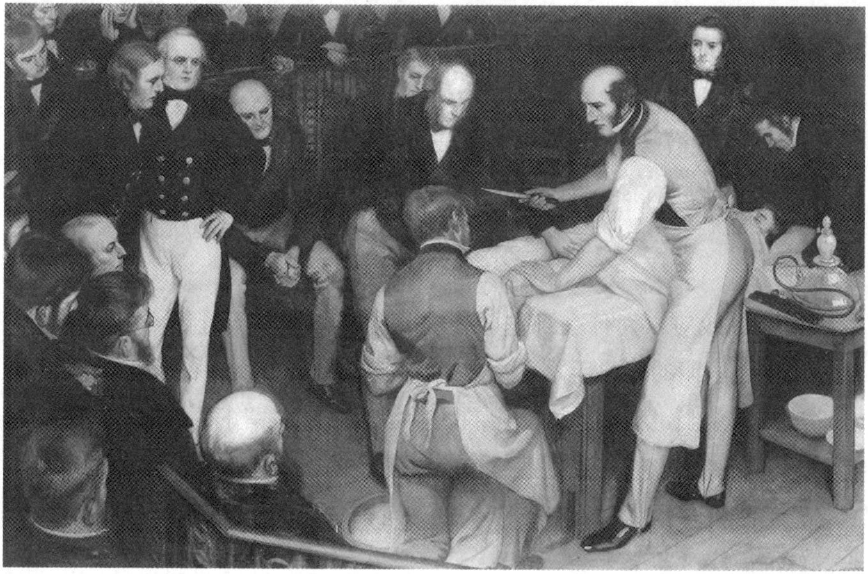

19世纪，罗伯特·利斯顿在一群观众面前做病人的截肢手术（来源：维基共用）

尽管如此，利斯顿还是以技术高超而闻名，许多病人都在排队等候他的治疗，甚至更多人想近距离见证他的熟练程度。在一个人们故意拒绝证据的时代，外科医生的精湛技艺被视为唯一最重要的因素。当时的外科医生尤其不了解术后感染以及不洗手和不使用器械治疗的不良影响。事实上，在利斯顿工作的那段时间里，医院的死亡率反而上升了，导致“住院治疗”一词成为死亡原因之一。作为一个像利斯顿这样才华横溢的从业者，也常常陷入弊大于利的窘境。

现代教学的某些方面与19世纪早期的外科手术有很多相似之处，在某种意义上，一些教学实践看起来很有效，但实际上，它让“病人”的情况更糟。在过去的50年里，一种教学观点已经主导了这一行业，这种观点的来源并不基于实验证据，而是基于哲学认识，且往往是政治上的信仰。在这种信仰中，教学的奇观比学习的奥秘更有特权。《死亡诗社》（*Dead Poet's Society*）中，约翰·基廷（John Keating）站在书桌上的永恒形象，对一些人来说，已经成为好的教学的象征。此时，场面的宏大壮观（spectacle）高于一切。事实上，许多教师都有过这样的经历，他们在观摩课上表演歌舞，设计很多活动，让自己少讲解，让学生多发言。但在参加观摩教学的人离开教室后，这些教师又回到了一种更简单的教学形式，一种学生很忙却学不到什么东西的教学法，一种低质量的教学法，就像罗伯特·利斯顿的手术一样，可能弊大于利。

教育学错觉

在我们上一本书《学习是如何发生的》中，有一章是基于理查德·克拉克1989年的一篇论文写成的。他在论文中声称，有些研究表明：某种课堂干预，无论多么出于好意，与对照条件相比，都没有达到预期的效果。这种干预通常就是所谓“标准”的教学实践。这是在该领域进行研究的一种职业危害，当然最重要的是，没有造成任何实质伤害。

但有时会发生其他事情。有时，接受新方法的学生实际上比普通学生表现更差，甚至可能干预后的表现比干预前更差。在教育研究中，我们发现很少有关于这类结果的论文或出版物，因为发表偏倚使他们偏向于发表干预措施有效的论文或出版物。克拉克把这些影响称为“mathemathantic”活动（希腊语mathemain：学到的东西；thanatos：死亡），换句话说，教学扼杀了学习。从本质上讲，他认为，这种情况通常是教学方法与学生的原有知识之间的不匹配造成的。我们将其称为“教育学错觉”（pedagogy delusion）。

从广义上讲，教育学错觉是一系列关于课堂上应该发生什么事情的信念和假设，其特征是拒绝证据，接受浪漫主义和哲学，以时尚和神话的形式赞美肤浅，断言教育学本身就是目的，并为教师创造了一种通常是有毒的文化。这种错觉常以教育学领域的一般视野为典型，因此它在本质上是通用的，但与教学内容是分离的。21世纪技能的提升就是一个很好的例子。学校通常会对教学的某些方面进行全校培训，然后我们会去到各个部门，研究如何将培训的内容嵌入到各个部门中，但是物理教师应该使用和法语教师一样的教学技巧吗？要求教师在考虑实际的教学内容之前先考虑通用教学法，其实是在推广克丽斯汀 · 康塞尔（Christine Counsell）所说的“不及物教学法”，一种没有教学对象的教学法。然而尽管如此，还是必须要有一些共同的原则，让我们可以概括给教师，尤其是那些刚刚开始职业生涯的教师。从这个意义上说，在教学设计的背景下考虑教学是有帮助的。

什么是教学？

教学方法是一种可重复出现的教学过程，适用于各种学科，可供多位教师使用。它们是**重复**的，在以分钟或周为单位的时间间隔内重复进行。它们是一种**教学过程**，如模式化的教师行为（讲课、课堂讨论和布置背诵任务）、课程教学系统（教材、电影、程序教学和计算机辅助教学），以及促进学习的组织结构（教师辅导和自主学习）。这些教学过程促进了学生不同学科的不同类型的学习。“教学方法”一词不应仅应用于对教学有用的教学过程，如算术（例如使用奎逊纳棒）或阅读（例如进行语音练习）。我们将具体学科的教学方式称为“教学技能”，在阅读、科学、社会研究、数学、英语等课程的教学中都有研究。一种教学方法能被多个教师使用，意味着它不应该依赖于某个教师的才能、特点或独特的资源。相反，教学方法的使用原则应该是任何受过训练的教师都能掌握的。

罗伯特 · 加涅

本书的中心主题之一是，教学本质上是违反直觉的，而且经常如此，我们需要做的其实是与我们认为自己应该做的相反的事情。例如，一个学生越忙、越专注，他们一定学得越多。从表面上看，这似乎是学习的必要条件，但有一些证据表明，这可能不是学习的充分条件。格雷厄姆·纳托尔（Graham Nuthall）在他的开创性著作《学习者的隐秘生活》中探讨了这种分歧：

我们的研究表明，学生是最忙的，且会对他们已经知道的知识最投入。在我们研究过的大部分的课堂里，每个学生已经知道了教师正在教的内容的40%—50%。

纳托尔的研究强调了这样一个事实，即学生热衷于忙着做一些看似是学习的任务，但实际上这些任务可能只是一次性活动，不会产生持久的学习效果。

还有一个区别就是，“学习”和“学业表现”不是一回事。根据尼古拉斯·索德斯特罗姆（Nicolas Soderstrom）和罗伯特·比约克（Robert Bjork）的观点，“教学应该努力促进学习……相对永久的行为或知识变化，并支持长期保留和迁移……（这）与学业表现不同，学业表现是指行为或知识在获得过程中或在获得后可以观察和测量的暂时波动”。换句话说，学习是你在几天、几周、几个月甚至几年后才学到一些知识，而学业表现代表着你了解了一些知识后立刻就知道考试要考些什么了。人们只要进入教室就能看到学习的概念是错误的，正如罗伯·科（Rob Coe）指出的那样，对学习的参与投入通常不能很好地代表学习。教师们可能会误以为“我教过”就代表了“他们学过”，而不需要对学生实际学到了什么（如果有的话）进行任何独立的检查。因此，教学不仅违反直觉，而且具有欺骗性，表面上看起来有效的东西可能根本并非如此。

1843年2月，奥利弗·温德尔·霍姆斯（Oliver Wendell Holmes）博士在波士顿医学改进协会的一次演讲中宣布，手术应该在预防感染与疾病的卫生程序中进行。这引起了从业者们激烈的争论，因为在当时，外科医生穿着沾满了凝固硬化的血液的工作服进行手术——工作服越硬，外科医生就越自豪。有利于卫生与减少术后感染的证据最终会被接受，像利斯顿这样满身是血在手术室里大步走动的外科医生形象也成为过去。课堂教学也是如此，我们现在有越来越多的证据表明大脑是如何学习的，以及什么样的教学能最好地帮助学习。我们希望这本书能在某种程度上为一个更有证据、更少血腥的教学未来做出贡献。

本书简介

在我们的第一本书《学习是如何发生的》中，我们通过对认知发展和人如何学习这一领域的开创性工作的阐述，探索了学习的科学。在那本书中，我们邀请读者思考这一领域的基础研究如何影响我们对学生学习与教学计划的思考。但是教学的科学呢？有这样的东西吗？哪些影响深远的研究与作品可以组成一本关于这个主题的书？

罗宾·亚历山大（Robin Alexander）曾说："在任何情况下，教学都是使用X方法让学生学习Y的行为。"然而我们似乎把这个过程复杂化了，这对教师和学生都不利。太多的教学专注于教而不是学，正如约翰·斯威勒（John Sweller）所说："如果不理解人类的认知结构，教学就是盲目的。"

本书本质上是关于复杂的教学设计的书，我们不主张使用通用的教学方法，而是渴望为教育工作者提供一个技术和知识的工具箱，他们可以在某些情况下使用这些技术和知识来帮助他们所负责的学生。

从课堂里获取证据很困难，因为有太多的变量，很难确定在各种情况下究竟什么是有效的。然而，对于如何有效教学，人们已经进行了几十年的辛勤研究，我们从几个不同的领域中选择了30个经典研究，我们认为这些研究及其结果在该领域具有重要的研究意义。

本书精选了30篇关于教学的关键研究与核心文章，最后一篇涉及我们提供给有抱负的教师的这些内容中缺失了什么。像每一本选集一样，这本书还没有达到完成的标准，也没有假装完成。书中所包括的研究主要来自教育（通常是认知）心理学领域。选择这些研究的过程也不完全科学，尽管我们确实超越了自己的学识、喜好甚至偏见。为了列出这个研究清单，我们通过社交媒体“把它扔到人群里”，以凝聚大众的智慧。我们当然可以很轻松地再选30个研究来写下一本书，但它仍然是不完整的。正如歌德所说：“只有在自我限制条件下，大师才能真正展现自己。”

书中的每一章都有相同的结构。首先，我们试图说明为什么所选的文章如此重要。然后，我们描述了相关研究背后的想法和见解（例如，研究人员做了什么以及发现了什么），你又如何在自己的教学中予以应用。

开始前的最后几句话

在谈到学生或教师时，我们选择了复数“他们/她们”这类中性语言。此外，我们在讨论书中重点提到的文章时，经常提到作者使用了其他人的研究，甚至提到了其他人的名字，但没有在章节中添加这些二手参考文献。我们这样做有两个原因：（1）添加这些辅助参考文献会使本章看起来太像一篇科学文章，而它并不是；（2）我们希望读者能够被刺激去阅读原文，在那里你可以看到原始的引用和参考文献，如果你愿意的话，还可以追踪他们的新研究。

参考文献

[1]Alexander R J. Towards a Comparative Pedagogy[M]// R Cowen, A M Kasamias. International Handbook of Comparative Education. Berlin: Springer, 2009: 911–929

[2]Coe R. Improving Education: A Triumph of Hope Over Experience, 2013.

[3]Counsell C. “Genericism’s Children” Blog[EB/OL]. [2016–01–11]. Https://Thedignityofthethingblog.wordpress.com/2016/01/11/genericisms–children/.

[4]Gagne R M. The Learning Basis of Teaching Methods[M]// L Gage. The Psychology of Teaching Methods, Seventy–fifth Yearbook of The National Society For The Study of Education, Part I. Chicago: University of Chicago Press, 1976: 21–43.

[5]Gordon R. Disastrous Motherhood: Tales from the Vienna Wards[M]// Great Medical Disasters. Cornwall: House of Stratus, 2001: 34–36.

[6]Nuthall G. The Hidden Lives of Learners[M]. New Zealand: Nzcer Press. 2007.

[7]Soderstrom N C, Bjork R A. Learning Versusper for Mance: An Integrative Review[J]. Perspectives on Psychological Science: A Journal of the Association for Psychological Science, 2015, 10（2）: 176–199.

[8]Sweller, J. Without an Understanding of Human Cognitive Architecture, Instruction is Blind [EB/OL]. The Ace Conference, 2017.

第一部分

教师效能、发展与成长

美国国家公共广播电台的《车迷天下》(*Car Talk*)节目邀请了汤姆和雷·马格利奥兹(Tom & Ray Magliozzi)兄弟，他们被听众亲切地称为“咔哒咔哒响”(Click & Clack)或“挺杆兄弟”(the Tappet Brothers)。该节目于1977年首次播出，其看似简单的节目形式35年来都没有变化。听众会打电话来咨询看似无法解决的汽车问题，兄弟俩针对这些问题对自己开玩笑，同时也对来电者开玩笑，之后再针对车辆的问题以及如何解决提供建议。

这个节目之所以吸引了非常多的听众，是因为汽车的各种故障症状往往第一次听起来是完全神秘的，至少对一个新的听众而言是这样。例如“我的车在时速达到60英里时会发出轰鸣声”这样令人抓狂的问题，会让大多数人想知道究竟是什么导致了这种现象。接下来，兄弟俩会问一系列表面上毫不相关的问题，如：“当你转弯的时候，它还会发出声音吗？这种情况是否只在天冷的时候发生？这辆车是什么颜色的(当他们似乎被难住了时)？你经常把车停在家门口的斜坡道上吗？”然后才得出完全准确的判断和建议的解决方案。顺便说一下：他们会对节目的来电者进行电话回访，来检验自己对最棘手的问题的判断是否准确。他们把这称为“挑战笨蛋”。

这种起初看起来像是宴会上的小把戏，实际上是这对兄弟专业知识的产物，从他们遇到的数千种不同的汽车问题中长期积累得来。兄弟俩之所以能够提出正确的问题，并几乎总是能够得出准确的诊断，是因为他们在面对每个新问题时能参考大量的原有知识。他们的知识广度意味着可以将问题的表面现象与根本原因联系起来，从而能够以更多的方式了解真相。

这个例子与学习的科学告诉我们的关于在特定领域获得专长的人的情况非常一致。也就是对知识项目日益复杂的图式表征进行打磨。任何以这种方式形成复杂图式的人，都能越来越透彻地看到一个领域中离散的知识片段是如何相互联系的。他们不是看到孤立的事实，而是看到图式和联系，因为他们了解他们正在探索的领域的基本结构。一个人变得更加专业的明确标志是他们能够轻松且自动地看到这些知识网络，并将旧知识迁移到新问题上。这就是为什么对于“咔哒咔哒响”来说，汽车在每小时60英里的行驶速度下发出的轰鸣不仅仅是一种可疑的声音。

“咔哒咔哒响”为我们提供了汽车维修领域专家的优秀示例，但在类似的人类进步领域呢？说到教学时，成为“专家”意味着什么？这与“有经验”有何不同？我们如何利用专长的定义来更好地准备教学以及不断改善教师的工作？本书的第一部分通过探讨以下问题来回答上述问题：成为专家教师意味着什么？教学中的知识是如何增长的？教师质量与学生成绩的关系是怎样的？如何成为一个反思型实践者？

第1章　经验丰富的教师不等于专家教师

教师专长

文章 《了解专家教师并向其学习》(Learning about and learning from expert teachers)[1]

引文 “好的教学是通过标准是否应用于教学任务以及专业行为规范(包括道德方面的考量)相关标准来判断的。成功的教学与是否达到预期的学习效果有关。判断成功的教学所关注的不是教学任务或专业行为，而是目标实现与否。”[2]

为什么你应该阅读这篇文章

我们都知道什么是国际象棋高手、网球选手、物理学家或研究人员，而且也知道如何识别他们。国际象棋高手是指参加顶级国际象棋比赛并具有一定ELO等级(对棋手相对技能水平的评估)的选手。等级分越高，级别就越高，特级大师的等级分在2600以上。在写这篇文章的时候，马格努斯·卡尔森(Magnus Carlson)的等级分是2875，排名世界第一，同时也是世界冠军。网球运动员也有一个类似于国际象棋的排名系统，因此也有一个排名，其中第一名是最好的。不过，我们也可以用特定的比赛来进行排名，如网球四大满贯和八项强制赛的职业网球联合会(Association of Tennis Professionals)世界巡回赛1000大师赛(即网球大师赛)。一位物理学专家则要么被提名或赢得诺贝尔奖，要么获得类似的荣誉。的确，甚至是研究人员也或多或少有一些客观标准来判定谁是专家，谁不是。比如，i10指数，即至少被引用10次的出版物数量；h指数，即衡量科学家或学者的出版物的产出率和引用影响，当然同时也是被引用的绝对数量。因此这里有个问题：我们确定专家教师的标准是什么？什么使他们成为专家教师？

---

① Berliner D C. Learning About and Learning from Expert Teachers[J].International Journal of Educational Research, 2001, 35: 463–482.

② Ibid., 468.

文　章

所有学校都希望有专家教师。研究表明，被专家教师教授的孩子学得更多且更好。政策制定者和政府甚至愿意在经济和其他方面对专家教师进行奖励。但究竟怎样才算是专家教师？当我们看到一位教师时，我们如何判断其是否为专家教师？是什么决定了一个教师是专家还是只是富有经验？现有经验是够了还是需要更多？这些都是戴维·伯利纳（David Berliner）在写《了解专家教师并向其学习》一文时关注的问题。

他以罗伯特·格拉泽（Robert Glaser）关于教师专长的思考开篇，例如：

- 专长是特定领域的，需要花无数的时间来实现，并在一个人的整个职业生涯中不断发展。
- 专长发展不是线性的，它会跃升，也会在稳定期停滞。
- 专家的知识结构比新手更好。
- 专家对问题的表述比新手更深刻、内容更丰富。
- 专家比新手能更快地识别出有意义的模式。
- 专家是更灵活、更会寻找机会的计划者，并且能比新手更快地改变表述方式。
- 虽然一开始专家解决问题的速度可能比新手慢，但从长远来看，他们才是更快的问题解决者。
- 专家已经将许多行为自动化，从而能够更容易、更快地处理更复杂的信息。

看过《学习是如何发生的》一书的读者可能会熟悉我们在那本书的第一章“新手不是小专家”中谈到的许多东西。

而在这篇文章中，伯利纳首先论述了天赋在专长发展中的作用。他将天赋定义为能力和技能的个体差异，这些差异看起来像是天赋或先天能力，而且似乎是个人与生俱来的。结合从安德斯·埃里克森（Anders Ericsson）到罗伯特·斯滕伯格（Robert Sternberg），再到霍华德·加德纳（Howard Gardner）以及他们的同事或合作者的不同资料，伯利纳得出的结论是：虽然关于天赋作用的争论可能很重要，但当涉及教学专长时，它没有什么实际意义。对他来说，教学天赋可以更好地被视为一种包含许多人类特征的极其复杂的相互作用，包括交际能力、说服力、可信赖度、养育风格、提供有逻辑的和连贯的故事及解释的能力、多任务处理能力、体力、在弟弟妹妹或玩伴面前扮演教师的机会等。

在伯利纳看来，讨论天赋与教学之间的关系可能没有意义的另一个原因是情境的强大作用。教师的工作效率或多或少取决于工作场所的条件，校长、负责人和学校董事会的政策，社区的期望等。正如瑞奇（Rich）所认为的，专长并不只是一个人的特征，而是个体与其所处环境的一种互动。

伯利纳提出的另一个重要问题是如何定义专家教师。他指出，虽然作为新手缺乏经验是必然的，但有经验并不代表一定会成为专家。换句话说，我们可以说所有的专家教师都是有经验的，但并不能说所有有经验的教师都是专家。

文化是使问题复杂化的因素之一。虽然在某些领域（如游戏、体育、自然科学）并非如此，但在其他领域，文化极其重要。他指出，某种文化中的萨满法师（shaman）根据当地的声誉标准可能会被认定成一名专家，但会被大多数西方国家的医生视为骗子（尽管在某些西方亚文化中，“顺势疗法”的医生或相关从业者可能受到高度重视）。在教学中，一些国家（伯利纳在此以美国为例）推崇激发学生参与，并将这种激发学生参与的能力视为评判专家教师的标准，而其他不同文化的国家（伯利纳在此以印度为例）推崇限制学生参与。在备课方面，情况也是如此：在一个课程安排相当开放的地方，高度的学生参与是值得称赞的，而在其他课程安排基本固定的地方（如中国台湾），这一点根本不重要。

你是认真的吗?

佩德罗·德布鲁伊克(Pedro De Bruyckere)和保罗·基尔施纳调查了另一个常见的因素,即学生所感知到的真实性(见本书第22章)。他们得出的结论是,真实性是以下感知的组合:

专长:教师拥有的专业知识使得他们能够清楚而巧妙地解释某个主题。这种类型的专家教师能够吸引学生,激发他们对该主题的兴趣,并与他们合作以达到良好的效果。

对所教学科的激情(和热情):专家教师对他们的学科和学生都很投入。学生认为,激情使真正的教师能够投入时间和精力来备课,寻找传递信息的方式和方法,并确保学生能够保持注意力。

唯一性:专家教师能够确保每堂课都有某个特定的特点,换言之,这堂课是独一无二的。学生将这方面的真实性解读为一名教师在“成为一名教师”上留下自己的印记。独特的教师坚持自我,有自己与学生互动的方式,坚持自己的观点,并在这个角色中表现得始终如一。

距离:与其说是关于教师本身,不如说是教师和学生之间的关系。专家教师对学生和他们的私人生活很感兴趣,但与此同时,他们与学生保持着职业上的距离,并对自己的私人生活保密。

当然,成就可以作为衡量教师专长的标准,但这里也有一个问题。在许多地方,关于获得知识和技能与所谓的21世纪技能的价值的激烈辩论之外,伯利纳根据芬斯特马赫(Fenstermacher)和理查森(Richardson)的观点,谈到了“好的”和“成功的”教学之间的区别。好的教学是通过应用于教学任务以及专业行为规范(包括道德方面的考量)的相关标准来判断的。成功的教学则指达到了预期的学习效果。对教学成功与否的评判并不关注教学任务或专业行为，而是关注目标实现与否。

那么现在这一切的结果是什么呢？为了区分小麦和谷壳（专家教师和非专家教师），伯利纳从邦德（Bond）等人那里得到了答案。他们的研究列出了13种专长的原型特征：

- 更好的知识运用
- 广泛的教学内容，包括对学科知识的深刻表述
- 更好的问题解决策略
- 为不同的学习者更好地调整和修改目标，更好的随机应变的技能
- 更好的决策
- 更具挑战性的目标
- 更好的课堂氛围
- 对课堂事件有更好的感知，有更好的能力去读懂学生的提示
- 对情境有更强的敏锐感
- 对学习情况有更好的监测并向学生提供反馈
- 更频繁地检验假设
- 对学生更加尊重
- 展示出更多的教学热情

在此基础上，他们增加了专家教师在对学生的教学成果方面应有的特征，包括：

- 更高的学习动机和更强的自我效能感
- 对学科有着更深入的理解，而非停留在表面
- 更高水平的成就

他们发现，最能区分专家教师和非专家教师的特征是课程提供的挑战程度，教师对学科知识的深刻表述能力，以及教师监测学生并向其提供反馈的熟练程度。约翰·哈蒂在一次演讲中重申了这一点，他认为专家教师应当：

- 为学生制定具有挑战性的目标，布置具有难度的任务与挑战。
- 对学习内容、教学（指导）和人如何学习有深刻的概念性认识（见图

1.1）。因此，专家教师的知识结构组织得更好，能更好地迁移和解释新内容与学生原有知识之间的联系。他们也更善于将学习内容与课程中的其他主题联系起来。

- 更善于监测到学生存在的问题，并给予他们更相关和有用的反馈。

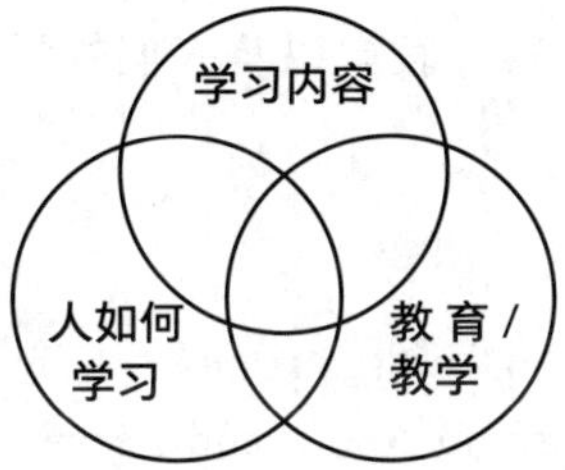

图1.1　教师专长的组成部分：关于内容、教学以及人如何学习知识

用伯利纳的话来说，在研究教师专长时，这一领域所有的“如果”“而且”和“但是”的要求并不是不可逾越的障碍，但这些也是国际象棋、网球或物理学等专业领域的研究人员所没有的实际问题。

本章小结

本章所探讨的观点清楚地表明，经验和专长并不像我们最初想象的那样紧密相连。一位有经验的教师不一定是专家教师。这要复杂得多！教师的专长是人（经验、不同领域的知识、性格等）与其所处环境（教室、学校、社区、政策等）的一种互动。伯利纳对经验和专长的审视，使我们对普遍持有的关于何时以及如何进行专业发展的认知提出质疑。许多职业已经通过在整个职业生涯中提供强有力的发展机会和需求解决了这些问题。所以，如果“经验本身永远不足以增加专长”这个判断是真的，我们应该在系统层面和个人层面采取什么措施来将这些结论应用到教学中？

要　点

- 教学专长很难被定义或确定。

■教学天赋并不是一种“东西”，而是包含许多人类特征的极其复杂的互动。

■文化（国家/民族、学校）和情境是影响教学专长的部分因素。

■专长不是一个人的简单特征，而是一个人和其所处环境的一种互动。

■专家教师是一位成功的教师，关系到教学目标的实现。

■专家教师对学习内容、教学以及人们的学习方式有着深刻的概念性认识。

参考文献

[1]Berliner D C. Learning About and Learning from Expert Teachers[J]. International Journal of Educational Research, 2001，35: 463–482.

[2]Berliner D C. Describing the Behavior and Documenting the Accomplishments of Expert Teachers[J]. Bulletin of Science, Technology & Society, 24（3）: 200–212.

[3]Bond L, Smith T, Baker W K, et al. The Certification System of the National Board for Professional Teaching Standards: A Construct and Consequential Validity Study[J]. Greensboro Center For Educational Research and Evaluation, University of North Carolina At Greensboro, 2000.

[4]De Bruyckere P, Kirschner P A. Authentic Teachers: Student Criteria for Perceiving the Authenticity of Teachers[J]. Cogent Education, 2016, 3（1）: 1247609.

[5]Ericsson K A. The Acquisition of Expert Performance: An Introduction to Some of the Issues[M]// K A Ericsson. The Road To Excellence: The Acquisition of Expert Performance In The Arts and Sciences, Sports and Games. Mahwah, NJ: Lawrence Erlbaum, 1996: 1–50.

[6]Fenstermacher G D, Richardson V. On Making Determinations of Quality in Teaching[M]. Paper Prepared for the Board on International Comparative Studies in Education of the National Academies of Science and the National

Research Council. Washington, D.C, 2000.

[7]Gardner H. Why Would Anyone Become an Expert[J].American Psychologist, 1995，50: 802–803.

[8]Glaser R. Thoughts on Expertise[M]// C. Schooler，W Schaie. Cognitive Functioning and Social Structure Over the Life Course.Norwood, N.J：Ablex，1987.

[9]Glaser R. Expertise [M/OL]// M W Eysenk，A N Ellis，E Hunt，P Johnson–laird .The Blackwell Dictionary of Cognitive Psychology. Blackwell Reference，1990.

[10]Rich Y. Stability and Change in Teacher Expertise[J]. Teaching and Teacher Education，1993，9：137–146.

[11]Sternberg R J. Costs of Expertise[M]// K A Ericsson.The Road to Excellence: The Acquisition of Expert Performance in The Arts and Sciences, Sports and Games. Mahwah, New Jersey：Lawrence Erlbaum，1996：347–354.

第2章　善理解者，则去教

教师的知识增长

文章 | 《善教者：教学中的知识增长》(Those who understand teach: knowledge growth in teaching)[①]

引文 | “单纯的内容知识很有可能和无内容的技能一样，在教学上毫无用处。”[②]

为什么你应该阅读这篇文章

什么是教师？要真正回答这个问题，我们需要追溯到过去那个教师是一个非常光荣的职业的时代，那时人们需要花费多年时间才能进入这个行业。最初，至少在巴黎模式（Parisian model）中，获得（法律）硕士或（其他领域的）博士才有正式进入教师协会的机会。一个被大学认证为医学从业者的医生被称为“医学的医生”（即医学博士，doctor of medicine），就像他要去教医学一样，如同在一些国家，受过法律训练的人被称为“硕士”（master）或其他类似称呼。你要通过参加毕业典礼或就职礼获得硕士或博士学位，这似乎就是教学生涯的开始。博士考试，那时在荷兰称为答辩，要求候选人证明他们在该领域拥有最高水平的学科能力，并且能够教授该学科。他们对自己的论文进行简短的口头概述，然后在与考官或对手的对话中进行答辩，这与两种教学模式相类似：演讲和辩论。这场口试是对学科专长的最终测试，它通过对讲课和讨论的双重测试来考查候选人教授该学科的能力。李·舒尔曼在1985年美国教育研究协会年会上的主席演讲中，试图确定1985年的教师是否仍然需要达到这些标准。你可以通过进一步阅读获得答案。

---

① Shulman L S. Those Who Understand Teach: Knowledge Growth in Teaching [J/OL]. Educational Researcher, 1986, 15 (2) : 4–14. Https://doi.org/10.3102/0013189x015002004.

② Ibid., 8.

文　章

时任斯坦福大学教育学院教育学教授和心理学兼职教授的李·舒尔曼，在感叹萧伯纳“有能力者，就去做；无能力者，则去教”这句贬低性的描述之后，开始研究1875年3月以来加州委员会小学教师考试的内容。考试涉及的主题如下：

1. 笔算
2. 心算
3. 书面语法
4. 口语语法
5. 地理学
6. 美国史
7. 教学理论与实践
8. 代数
9. 生理学
10. 自然哲学（物理）
11. 美国和加州的宪法
12. 加州学校法
13. 书法
14. 自然史（生物学）
15. 写作
16. 阅读
17. 正字法
18. 定义（词语分析、词汇）
19. 声乐
20. 工业制图

考试中的典型问题有（请注意这是为小学教师准备的）：

■ 求一张在纽约开出的1400美元汇票的成本，见票后60天支付，汇价为102.5%，利息按年利率7%计算。（笔算，十项之一）

■ 把88分成两部分，它们之间的关系就像2/3和4/5那样。（心算，十项之一）

■ 列举并说明五种形式的动词词形变化；列举并说明主格的四种用法。（语法，十项之二）

■ 什么是黏附力？什么是毛细血管吸力？请分别加以说明。（自然哲学，十项之二）

■ 举出国会赋予的五项权力。

而关于教学法（不得不承认这在考试中的占比有点低），有以下问题：

■ 你会选择修读什么课程来跟上教学的新进展？

■ 你将如何成功地教会孩子们正确拼写常见的错别字？

■ 你会如何激发懒惰和粗心的学生对学习的兴趣？请完整地回答。

时间快进到1985年舒尔曼发表演讲的时候，当时提出的教师能力评审与评价的类别如下：

■ 准备与展现教学计划的组织

■ 评价

■ 个体差异的认识

■ 文化意识

■ 对青少年的认识

■ 管理能力

■ 教育政策和程序

这里最大的问题是：学科到哪里去了？舒尔曼沉思道，在1985年，也许萧伯纳是对的。

下一个问题是：内容消失了，转而强调程序，这是怎么回事？用舒尔曼的话说："政策制定者们通过参考基于教学和教学效果的新兴研究来论证教师能力。他们经常用'基于研究的教师能力'这个极其有力的短语来定义和论证教师能力评审与评价的类别。但在何种意义上才可以说教学能力是以研究为基础的？"（问号是他原文中的，不是我们添加的。）所选择的类别和标准基于与教学效果有关的教学研究、过程—结果研究或教师行为研究，旨在确定能使学习者成绩提高的教师行为模式。他惋惜道，这些政策制定者分析研究的过程中对复杂的课堂教学进行必要的简化时，忽略了课堂的一个核心方面——学科，并将教育研究者对学科的忽视称为“缺失范式”，其后果无论是对政策还是对研究都很严重。

舒尔曼继续指出，“对于过程—结果主导而产生的研究项目，（研究人员）接受了其对问题的定义，并继续将教学或多或少地视为笼统的，或者至少认为教学内容相对不重要”。即使对教师的认知进行研究，也是着眼于教师计划或互动决策，而忽略了内容知识在整体上是如何被组织起来的，尤其是这主要发生在教师的头脑中。

无知识的技能

现在，也可以说是在过去的50年里，学校非常强调技术性阅读和理解能力。学习者被训练的技能包括“识别”要点、辨别那些提示读者重要内容或概念之间关系的词语或字母类型（斜体、下画线）等。不幸的是，这种对过程—结果技能的强调，对理解你所读的内容并没有帮助。下面是我们看到的一个小剪报：

在第六个回合中，纳格什（Nagesh）从施达姆人（the Schiedammers）那里拿下了第一个球，并以漂亮的比分结束了他的比赛：7局–12次跑动–1个小门–3次保送！哈尼（Haney）也在记分簿上记下了一些重要的分数：4–15–1–0。在比赛的最后几回合，乌默（Umer）证明了他绝对不应该被认为是投球手：2–7–1–0。

但是，教学内容（教什么）和教学方法（怎么教）是教师的理解中不可分割的部分！正如我们在第1章中所看到的，专家教师对其所教授的领域

（学科）、教学的复杂性（教学法）以及学习者如何学习（人类认知）都有深刻的概念性认识并掌握相应的技能。

缺失范式

知识和教学法之间的这种明显分歧并不是历史问题，而是20世纪后期新近发展而来的。用舒尔曼的话说就是：

现在，无论是在研究领域还是在政策领域，钟摆都开始摇摆起来。范式缺失指的是在内容方面存在盲点，这种盲点是目前大多数教学研究的特征，因而也是我们大多数国家级教师评价和教师认证项目的特征……我们缺失的是关于课程内容的问题、提出的问题以及提供的解释。

归根结底，问题是：当教师的学科能力本身因先前教育或能力不足而受到损害时，要付出怎样的教学代价？

教师知识

为了解决缺失范式的问题，舒尔曼建议我们在教师教育和培训中区分以下三类内容知识：

■ 学科内容知识：教师在其教学领域中所掌握的知识的数量与组织形式。这要求教师超越一个领域的简单知识，去理解它的复杂性和结构。

■ 教学内容知识：知道并理解教学的学科内容。这包括了解是什么让

其他形式的教学内容知识？

舒尔曼补充说，还有一种教学知识与教学本身有关：换句话说，教学与学科内容不同，这也是非常重要的。他将其定义为“关于课堂组织和管理等一般原则的知识，这些知识在最近的教学研究中已经明显成为研究的重点”。

某些内容学习起来更容易或更困难，了解不同的学习者为课堂带来的概念、先入为主的偏见，甚至是错误概念。

■课程知识：全面了解如何将内容教授至一定水平，可用的教学材料，以及在某些情况下何时、为何、如何使用或不使用某些东西。舒尔曼在这里区分了横向课程知识和纵向课程知识：横向课程知识是指在这一年中，其他学科所教内容，以及你所教内容与其他学科之间的关系；纵向课程知识是指在你自己的学科领域中，已经教授的内容、将要教的内容以及你现在进行的教学与它们之间的关系。

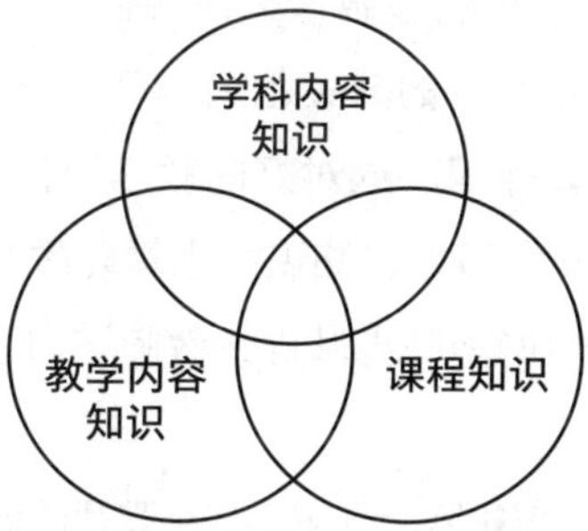

图2.1　教师知识：教学内容知识、学科内容知识与课程知识的交融

教师知识的形式

接下来是舒尔曼所说的教师知识的形式，它被分解成三种形式：

■命题知识：基于证据的（即舒尔曼所说的以研究为基础的）与良好的教学有关的命题。其内容包括：

- 原理：从实证研究中得出的理论主张（例如，在解决问题之前进行教学会比自行探索取得更好的学习效果）
- 格言：实践的主张（例如，别笑得太早）
- 准则：意识形态的主张或哲学理念（例如：正义、公平、平等）

■案例知识：对具体的、有据可查的、描述丰富的事件的知识。这些事件通常以下列形式阐明理论或实践：

- 示范理论原理的原型

- 捕捉和传达实践原则或准则的先例
- 传达准则或价值观的寓言

■策略知识：当遇到“与原理冲突，不可能有简单的解决方案”的情况或问题时，知道该怎么做。在这里，教师必须有元认知意识，以便反思和做出专业判断。

本章小结

如果我们看看教师在19世纪末需要知道什么和能够做什么，以及他们在20世纪末需要知道什么和能够做什么，我们可以看到一个巨大的差异。这种差异就是李·舒尔曼所说的缺失范式：只有一般教学策略的知识，而没有所教内容领域的必要知识，这对好的教学而言是不够的。他认为，要成为一名好教师，既需要学科内容知识，也需要教学内容知识。综上所述，教师所需知识应以表2.1中的矩阵为基础，教师培训也应围绕此表进行组织。

表2.1　教师知识矩阵：知识形式与教师知识分类的关系

		知识的形式		
		命题知识	案例知识	策略知识
知识分类	学科内容知识	原理 格言 准则	原型 先例 寓言	反思 专业判断
	教学内容知识	原理 格言 准则	原型 先例 寓言	反思 专业判断
	课程知识	原理 格言 准则	原型 先例 寓言	反思 专业判断

我们将以文章中的最后一段话来结束本章：

我们拒绝萧伯纳先生和他的诽谤。我们和亚里士多德一起宣布，对于理解的最终检验取决于将知识转化为教学的能力。

有能力者，就去做；善理解者，则去教。

要　点

■只拥有一般教学策略的知识，而没有所教内容领域的必要知识，是不足以实现好的教学的。

■为教师提供的任何课程都应为三类教师知识和三种教师知识形式的完整组合。

■基于研究的教师教育项目设计需要扩展和改变，以适应过程和内容这两个概念。

■如果不参考教师所授的内容，仅通过观察其教学表现是不能充分评价教师的。

参考文献

[1]Ong W J. Ramus, Method and the Decay of Dialogue[M]. Cambridge, MA: Harvard University Press, 1958.

[2]Shulman L S. Those Who Understand Teach: Knowledge Growth in Teaching [J/OL]. Educational Researcher, 1986, 15（2）: 4–14. Https://doi.org/10.3102/0013189x015002004.

[3]Shulman L S. Knowledge and Teaching: Foundations of the New Reform[J]. Harvard Educational Review, 1987, 57（1）: 1–23.

第3章　教师乃后天培养，并非天生造化

教师培训

文章 《教师质量与学生成绩》(Teacher quality and student achievement)[①]

引文 "不同的教师效能是学生学习差异的一个强有力的决定因素。"[②]

为什么你应该阅读这篇文章

保罗 · 伯利纳 (Paul F. Berliner) 在他的著作《对爵士乐的思考》(*Thinking in Jazz*) 中探索了一种经常被误解的艺术形式的多层次复杂性。古典音乐家经常被赋予"严谨"和"自律"这样的词语，而爵士乐手则不同，他们经常被挖苦式地用"诀窍"恭维，换句话说，你要么有感觉，要么没有。正如伯利纳在谈到爵士乐手时所说的："他们的技能很少被理解，甚至完全被误解，他们的知识被外人低估了。"

在许多方面，教学可能是职业界的爵士乐。如同爵士乐，教学乍一看是一种结构松散、流动性强的活动，非常依赖即兴发挥。如同爵士乐，教学的表面特征掩盖了一个潜在的结构，相比之下，这个结构更加细微和复杂，可以通过系统的方式进行分解、理解和改进。如同爵士乐一般，教学也受制于逐渐减弱的"与生俱来"的特性的影响——如果擅长某件事仅仅是因为有诀窍，这如何说明"追求"的严肃性呢?

优秀的教学，就像所有其他领域 (包括爵士乐) 一样，实际上是基于一个人所学到的具体东西，并且可以做得更好的活动。虽然有很多优秀的教师没有经过正式的培训，也从来没有读过任何研究文献，但我们仍然可以公平地说，好的教学不是与生俱来的，它不是偶然发生的，这种观点从根本上低估了教学的丰富性、做好教学带来的挑战以及成为好教师所需要

① Darling–Hammond L. Teacher Quality and Student Achievement: A Review of State Policy Evidence[J]. Education Policy Analysis Archives, 2000, 8(1): 1–44.

② Ibid., 2.

付出的努力。更糟糕的是，当教学以这种方式被降级为一种技巧性职业时，关于如何资助培养和发展教师体系的决策往往同样缺乏严肃性。

为赋予教学应有的地位，研究人员和教育工作者都在努力更好地了解哪些因素促成了有效的教学，进而促进学生获得成就。为了直接解决这个问题，我们首先可能会问："什么是好教师？"然后会问："什么条件有助于将教师职前准备、教师效能和积极的学生成就联系起来？"这些都是琳达·达林-哈蒙德（Linda Darling-Hammond）在对教学质量和学生成绩之间关系的具有影响力的研究中试图回答的问题。

文　章

在达林-哈蒙德的研究之前，很少有人用这种系统的视角来研究美国的教育政策、教师教学准备和学生学习之间的联系。

为了将教育政策大局与有效的教师职前准备所需的具体条件结合起来，她首先通过参考现有文献，确定了那些一个优秀教师最值得考虑的内在特征因素。她列举如下：

- 一般智力
- 学科内容知识
- 教与学的知识
- 教师资格认证情况

首先，一般智力和学科内容知识是否是教学效果的前提条件？就前者而言，大多数研究显示，教师的智力或一般学术能力与他们的教学表现之间的关系很小，在统计学上的结果也不显著。就后者而言，学科内容知识与教师效能之间的关系程度被证明并不像人们想象的那样强烈和一致。其原因是，如果没有对教与学的理解和认识，学科内容知识只是有效教学的必要而不充分的组成部分。

与单纯的学科内容知识相比，教与学的知识对教师效能有更强、更积极的影响，并与学科专业知识存在调节关系。正如达林-哈蒙德所言："学科知识的积极作用可能会被如何向不同类型的学生教授该学科的知识所增强或抵消。也就是说，教学技能水平可能与学科知识相互作用，提高或降低教师的教学表现。”

换句话说，教师知道什么或他们能做什么并不是问题的关键，而教师知道什么以及能用他们知道的东西做什么对其教学实践影响最大。

基于这一原理，达林-哈蒙德认为“教师资格认证情况”是预测教师教学有效性最可靠的指标，这正是因为有效的教师教学准备工作将学科知识和对教与学的理解结合起来，使两者都得到了平等的对待。当然，这里的关键词是“有效”，因为并不是所有的教师职前准备都是一样的。因此，当涉及教学质量与学生成就的动态关系时，教师职前准备之间的差异很重要。但究竟是什么原因造成了这些差异呢?

如果课本上没有，教师还要教吗?

波默朗斯（Pomerance）等人通过调查美国教师教育课程中使用的教科书了解教师职前准备情况，看看是否涵盖了六种被证明有效的学习或教学策略。也就是说，经过验证的做法，可以促进所有学生的学习，无论年级或科目，尤其对学习有困难的学生特别有效。这些策略包括：将图形与文字配对，将抽象概念与具体表现联系起来，提出探究性或认识性问题，交替提供学生必须解决的问题和问题的解决方案，分布式练习和提取练习。他们发现，在这些教科书中，对有据可依的策略的使用和讨论非常少。一个合乎逻辑的推论是，如果教科书中不涉及这些主题，那么教师也不会去了解。蒂姆·苏尔玛（Tim Surma）和他的同事在荷兰和比利时佛兰德斯对有效教学的研究（即分布式练习和提取练习）中复制了这项研究，发现了同样令人失望的结果。

教师职前准备和效能的差异从何而来

针对这个问题，人们已经得到了很多关于各种学校条件的启示及其如何影响学生成绩的结论。例如，最大限度地缩小班级规模和提高师生比例通常被视为提升学生成绩的理想方法。

达林-哈蒙德的研究之所以如此有趣和有影响力，是因为她揭示了许多假定的重要因素与提高教师教学质量相比，要么并不重要，要么是次要的。为了做到这一点，她调查了公立学校教师资格的数据，以及随着时间的推移，学生的特点和成绩。她关于教师职前准备情况的主要发现在很大程度上消除了（或至少重新定位了）我们可能持有的关于教师效能和学生成绩的许多假设。她得出以下结论：

- 教师的素质特征，如教师资格认证情况和任教领域的学位与学生成绩有非常显著的正相关关系。教育水平（拥有硕士学位的教师比例）等特征与教育成果显示出积极但不那么强烈的关系。
- 学生的特征，如贫困、非英语母语和少数民族状况等因素与学生成绩呈负相关关系，而且通常是显著负相关关系。这些学生特征也与教师资格呈显著负相关关系。达林-哈蒙德发现，学生的社会地位越优越，教师就越有可能缺少任教领域的资格证书和学位，也就越有可能在没有证书的情况下走向教学岗位。
- 其他学校资源，如师生比例、班级规模和所有学校工作人员中的教师比例，与学生成绩的关系非常微弱，也很少呈显著的相关关系。

考察教师效能对学生成绩的影响

为了强调这些决定教师培养质量的因素可能产生的影响程度，达林-哈蒙德求助于弗格森（Ferguson），他从对得克萨斯州900多个学区的分析中得出了一个惊人的结论。在这项研究中，弗格森发现，在一至十一年级学生的阅读和数学成绩（以及成绩增益）方面，相比于学生的社会经济地位，教师专长在地区间差异中的占比更大。事实上，达林-哈蒙德强调，教师专长之间的差异是如此之大，以至于如果你暂不考虑社会经济地位等因素，黑人和白人学生之间的成绩差异，将更多地归因于教师之间资格和专长的差异。

弗格森的研究是与其他研究一起提出的，这些研究提供了一幅越来越令人不安的图景，特别是在教育公平方面。许多研究发现，在涉及为学生分配教学有效和不太有效的教师时，教育系统存在强烈的偏见；还有研究表明，非裔美国学生被分配给最低效能的教师的可能性几乎是其他学生的两倍，被分配给最高效能的教师的可能性则为其他学生的一半。

教师职前准备的差异悬殊是由另一个差异所造成的：美国各州教师培养的投资类型和程度。从国际数学和科学评估中可以看出各州之间的差距大小，美国排名靠前的州与世界上得分最高的国家不相上下，而排名较低的州与排名靠后的国家得分相似。这就是说，仅在美国境内，学生表现的差异程度就与世界各国之间的差异程度相似。

正如达林-哈蒙德所指出的，教师培养投入的差异，以及对学生成绩的影响，既可归因于选择，也可归因于必要性。她说明了“一些高增长的州颁布并维持了高标准的教师准入条件，而许多低增长的州却没有这样做”，以及在决定聘用和留任教师方面，政策似乎至少与人口统计数据一样重要。

政策问题

为了说明那些考虑教师培养的最佳方法时可用的选择，达林-哈蒙德提出了基于政策的变量，这些变量可能会实现有效教学，也有可能阻碍教学。具体来说，她根据以下情况展示了教师投入的差异：

1. 教师培养项目的录取和毕业所设定的标准

在一个高标准的州（如明尼苏达州），任何希望在高中任教的教师“必须获得学士学位，其中包括其任教学科的完整专业，并且涵盖学习理论、儿童和青少年发展、学科教学方法、课程、有效的教学策略、技术使用、课堂管理、行为和动机、人际关系以及特殊教育等课程。在这一过程中，教师必须在符合最低标准的合作教师的指导下完成至少一个大学学期的教学实习”。相比之下，在一个低标准的州（如路易斯安那州），未来的高中教师甚至不需要辅修他们的任教学科就可以获得教师资格。州政府不要求他们学习课程、教学策略、课堂管理、技术使用或特殊教育，他们只需进行六周的教学实习就可以获得教师资格。

2. 标准的执行程度

在比较那些禁止聘用不合格教师的州和那些允许聘用不合格教师的州时，她说：“例如，在1994年，威斯康星州和其他11个州没有聘用尚未在该领域取得教师资格的新中小学教师。但在路易斯安那州，31%的新入职教师没有资格证书，另外15%的教师是以低于标准的资格被聘用的。至少还有6个州允许20%或更多的公立学校新教师在没有本专业资格证书的情况下被聘用。”

3. 职前及在职教师教育的拨款分配，以及为初任教师提供入职帮助的资助或要求程度

各州的拨款分配差异程度，特别是涉及最低要求和任务时，与资金紧密相关。她发现，“对教师的教学实习要求从马萨诸塞州的5周到威斯康星州的18周不等。截至1994年，在全美范围内，同时拥有44个州中12个州的资格证书和所教学科为主修专业的高中教师比例从最低的52%到最高的85%不等。没有辅修所教专业的数学教师比例从最低的9%到最高的56%不等”。

两个州的故事

通过达林-哈蒙德所称的“地理位置相近、人口结构相似的州”的生动例子，她进一步展示了政策选择如何在现实环境中发挥作用。这些州随着时间的推移，对教师的培养和支持采用了不同的路径。她在论文中提到了多个条件各异、命运各异的州，但有两个地方特别有助于阐明她的观点，那就是北卡罗来纳州和佐治亚州。研究考察了20世纪80年代中期到90年代末期这段时间，并为优先考虑有效的教师培养时会发生什么，不这么做时又会发生什么提供了一幅幅令人信服的画面。

从北卡罗来纳州开始，达林-哈蒙德介绍了一个对教师进行持续、多方面投入的案例，展示了该州如何“在全州范围内大幅提高教师工资和改善教师收入公平的同时，加大招聘力度，并采取措施改善职前教师教育、教师资格颁发、初任教师指导和持续的专业发展”。在这种多方面的政策推动下，达林-哈蒙德指出，北卡罗来纳州的学生在数学和阅读方面的进步是全美各州中最明显的：从1992到1996年，美国“国家教育进步评价”（NAEP）分数增加了11分。

大约在同一时期，佐治亚州启动了有广泛基础的教育改革。在他们的案例中，这些努力不是集中在对教师的投入上，而是大量押注在学生考试上，将考试看作变革的驱动因素。他们建立了广泛的测试系统，并对学生、教师和学校进行相应的奖励和惩罚。

尽管佐治亚州要求对教师进行测试，但达林-哈蒙德指出了这种做法的一个关键缺陷，她强调他们没有将这些评估与新兴的教学知识或新的学习标准联系起来，也没有投资于改善学校教育或教师持续的专业发展。再加上佐治亚州很少有地区将教师拥有任教学科的学位和完整的州级资格证书作为聘用条件，在她看来，这是解释在北卡罗来纳州取得显著进步时，佐治亚州的学生数学成绩持平、阅读成绩下降的一个重要因素。

我们已经认识到，如果不重视教与学的知识，学科知识本身的作用是微乎其微的。在这里，达林-哈蒙德扩展了这一概念，以强调对教师进行深思熟虑的、强有力的投资所能产生的积极影响：一方面，投资承认教师在学科和教学实践方面的新兴知识；另一方面，投资可以根据教师卓越和成长的概念组织其支持和问责结构。

本章小结

在这一章的开头我们说过，教师乃后天培养，并非天生。为了更好地理解教师的培养过程，琳达·达林-哈蒙德提供了一个路线图，将这一领域从“不同的教师效能是决定学生学习差异的一个重要因素”，转变为专业教师“在自己的领域更有知识，并能熟练地教授他人”。

她对这一变化的阐述之所以如此引人注目，是因为她不仅考虑了我们对优秀教师的期望，而且还考虑了我们如何为锻造好教师创造必要的条件。达林-哈蒙德写道：

在琳达·达林-哈蒙德的研究之前，很少有人用这种系统的视角来研究美国的教育政策、教师职前准备和学生学习之间的联系。为了将教育政策的大局与有效的教师职前准备所需的具体条件联系起来，她首先通过参考现有文献，确定了那些理解一个优秀教师的内在特征时最值得考虑的因素。她列举如下：一般智力、学科内容知识、教与学的知识、教师资格教学认证情况。

要　点

- 教师要想成功，必须具备两种知识：学科知识和教与学的知识。
- 这两类知识是相互依存的变量：融合在一起比单独存在更有力量。
- 教师资格证如果颁发得当，则是培养优秀教师的最佳途径，因为它将学科知识和教与学的知识结合起来，能达到最佳效果。
- 在教师培养投资的类型和程度方面的政策和优先事项，在很大程度上决定了教师职前准备程度的差异，进而导致了学生成绩的差异。
- 虽然学生的人口统计学特征与学生的成绩密切相关，但这是因为社会地位较低的学生不太可能遇到有足够资格和充分准备的教师。
- 重新考虑适用于教师培养的标准、这些标准的执行程度以及对教师培养的投资程度都是改革教师培养计划的必要努力。
- 投资应着眼于改善教师对其任教学科的知识增长与他们对教与学的新理解相吻合的汇合点。

参考文献

[1]Berliner P F. Thinking in Jazz: The Infinite Art of Improvisation[M]. Chicago: University of Chicago Press, 2004.

[2]Darling–Hammond L. Doing What Matters Most: Investing in Quality Teaching[J].National Commission on Teaching & Americas Future, 1997.

[3]Darling–Hammond L. Teacher Quality and Student Achievement: A Review of State Policy Evidence[J]. Education Policy Analysis Archives, 2000, 8(1): 1–44.

[4]Ferguson R F. Paying for Public Education: New Evidence on How and Why Money Matters[J]. Harvard Journal on Legislation, 1991, 28(2): 465–498.

[5]Jordan H R, Mendro R l, Weersinghe D. Teacher Effects on Longitudinal Student Achievement: A Preliminary Report on Research on Teacher Effectiveness[J]. Paper Presented at the National Evaluation Institute. Create, Western Michigan University, Indianapolis, In.

[6]National Association of State Directors of Teacher Education and Certification. Manual on Certification and Preparation of Educational Personnel in the United States and Canada [R], 1997.

[7]Pashler H, Bain P M: Bottge B A, et al. Organizing Instruction and Study to Improve Student Learning. IES Practice Guide. National Center for Education Research 2007–2004[J], 2007.

[8]Pomerance L, Greenberg J, Walsh K. Learning about Learning: What Every New Teacher Needs to Know[M].[S.l]National Council on Teacher Quality, 2016.

[9]Sanders W L, Rivers J C. Cumulative and Residual Effects of Teachers on Future Student Academic Achievement[M]. University of Tennessee Value–added Research and Assessment Center, 1996.

[10]Surma T, Vanhoyweghen K, Camp G, Kirschner P A. Distributed

Practice and Retrieval Practice: The Coverage of Learning Strategies in Flemish and Dutch Teacher Education Textbooks[J]. Teaching and Teacher Education, 2018, 74: 229–237.

第4章　教师职业终结了吗

教师行为

章节 “教师行为和学生成绩”（Teacher behavior and student achievement）[①]

引文 “当学生在课堂上的大部分时间是在教师教导或监督之下，而不是自己学习时，他所能取得的成就更多。”[②]

为什么你应该阅读这一章节

1967年，罗兰·巴特（Roland Barthes）发表了《作者之死》（The Death of the Author），震动了文艺评论界。文章的中心论点是，我们对艺术的体验不是由艺术家决定的，而是由赋予艺术以意义的观者（或读者）决定的。在巴特看来，创作者和他们的创作是无关的，因为真正进行创造的是观察者。因此，在这篇文章著名的标题里，“作者”这个角色消亡了。

一代人以来，可以说，教师在课堂上的角色越来越接近巴特赋予作者的角色定位。换言之，对于以学生为中心的学习，出现了一种过度字面化的理解，而这种理解会使教师成为边缘角色：只是“创造空间”让学生的学习发生，而不是对学生的学习产生直接影响。

杰里·布洛菲（Jere Brophy）和托马斯·古德（Thomas Good）详尽回顾了对教师行为及其对学生成绩影响的研究，阐述了教师在课堂上可以产生的影响，这些影响是如何发生的，以及对学生的所有不同影响。作者通过在教师行为和学生成绩之间建立联系，然后将他们的发现整合成一系列基于研究的关于教师行为如何最大限度地提高学生成绩的结论。在此过程中，作者重新定位了教师在课堂中的重要性，并为我们界定了首先由其对学生学习的影响来决定的教学实践。

---

① Brophy J E, Good T L. Teacher Behavior and Student Achievement[M]// M C Wittrock. Handbook of Research on Teaching. 3rd Ed. London: Macmillan, 1986: 328–375.

② Ibid., p.361.

章　节

布洛菲和古德首先给出了他们的术语界定以便跟所有人达成共识。他们明确表示，该综述将针对“教师效果”（teacher effects）而非“教师效能”（teacher effectiveness）。特别是，他们认为比起宽泛的“效能”一词，“效果”更加具体，它专指把教师效果投入（侧重于教师行为，而不是“学生与同伴的互动”或“课程材料”等其他变量）和教师效果产出（侧重于“学生成绩的提高”，而不是如“个人、社会或道德发展”等其他变量）作为研究的基础。

界定“教师行为”和“学生成绩”

尽管他们强调了那些影响学生“掌握正式课程”的教师行为，但这并不是说教师的角色不应该包含更广泛的“效能”特征，比如使学生社会化并促进其情感和个人发展。只不过，在这里布洛菲和古德更关心教师如何帮助学生获得那些需要记忆的内容。

情境至关重要

布洛菲和古德警醒我们，在阅读这项（或任何）研究时应该牢记：“许多发现必须根据年级水平、学生特征或教学目标来加以考量。”他们不会提供一份可以“复制、粘贴”到任何环境中的通用教学方法清单，而是提醒我们“有效的教学包括（从更大的范围中）选择教学行为并精心编排，使之适合当下的环境和教师目标”。

正如布洛菲和古德的文章的目的一样，对于任何循证的教学方法来说也应该是这样的：不存在“永远有效”的硬性规则，但存在对学生学习产生更为积极结果的教师行为。用我们同事佩德罗·德布鲁伊克的话来说：每样东西都会在某处有用，但没有东西是处处有用的。

如何将有效的做法整合到一个不断发展的良好教学模型中，是所有教师都面临的挑战。布洛菲和古德在他们的综述中希望促进的正是这种对注重效果的实践的整合。

教师作为信息传递者

布洛菲和古德在检阅了大量研究后，将所有这些研究综合成了一个教师对学生成绩影响的模型。他们的结论涵盖了许多广泛的教师行为——但就本章而言，我们将重点放在一个常常被人忽视但我们认为非常重要的特征上：**教师是向学生传递信息的人**。

也许我们所拥有的教师的原型形象，正如大众文化中所描绘的那样，是一个站在教室前面向学生传达知识的人物。然而，当谈到教学在该行业中的地位时，这种实践观念已开始被认为过时了——尤其是与那些宣称“将学生置于自己学习的中心”的方法相比。

不要误会，我们同样认为学生应该是学习的中心——作为学习的主要受益者——但这并不意味着学生应该对所有应发生的学习负主要责任。与此观点相一致，布洛菲和古德的工作有力地承认了教师工作的很大一部分内容是向学生传递信息。

信息的组织和排序

我们知道，如果信息和相关的知识项目共同处在一个有组织的结构中，那么这些信息就更有可能留在我们的长期记忆中，也更容易被检索。举个例子，专业的国际象棋棋手可以记住棋盘上每一个棋子的布局，并同时在多个棋局中下棋；但假如让专业棋手去记忆一个违背象棋规则且随机放置棋子的棋盘布局，那么这些象棋大师在记忆棋盘方面会表现得和其他人一样平庸。

这是因为学习是高度依赖于情境的，也是因为我们的学习不是发生在孤立的单元中，而是作为相互联系的知识网络的一部分，这种知识网络被心理学家称为“图式”（schemata）。在上述例子中，其图式（或者说mental model，即心智模型）就可以准确地标记“棋子的可能位置”。这个心智模型里有一整套相互关联的知识，包括棋子如何移动以及它们应该出现在棋盘上的什么位置。所有这些知识使得一个专业棋手在这种记忆类型上表现出色，而在另一种记忆类型上表现一般。

对于教师来说，我们如何在记忆网络中处理、保留和提取信息的理论是非常重要的，因为有效的组织能使知识块内部和知识块之间的关系变得清晰，同时还能揭示这些知识块是如何结合在一起的。

布洛菲和古德提醒我们，教师可以通过关注如何对信息呈现进行组织和排序，从而为确保信息吸收发挥重要作用。为此，他们参考了莱尔·史密斯（Lyle Smith）和凯·桑德斯（Kay Sanders）对序列结构的研究，也考察了盖奇和他的同事们从20世纪60年代开始的工作——巴拉克·罗森海因（Barak Rosenshine）于1968年对这些研究进行了回顾，后来被称为斯坦福研究（Stanford Studies）。

由此，布洛菲和古德强调了三种可以有效整合到实践中的知识组织方法：

■ **关于记忆内容的概述和提纲：**任何将特定知识项目置于更广泛背景下的信息组织结构，都有助于学生将部分知识整合到一个总体的、连贯的结构中。

- 在生物课上，教师可能会分享一个图表，上面列出植物的各个部分，然后根据每个部分在特定过程中所起的作用（如光合作用或授粉）对其进行定位。在这个例子中，一个特定的知识项（植物的一部分）被认为是与围绕它的更广的知识项网络（植物的其他部分和过程）相关联的。

■ **规则—示例—规则模式：**让学生将特定的信息片段与它们所处的更

广泛的概念或规则联系起来。

- 在历史课上，教师可能会首先介绍一些宽泛的意识形态概念，然后请学生探究历史上特定的领导人和国家，判断他们在多大程度上可以被合理地认定为某种典型的意识形态。在这个例子中，教师先是建立规则（意识形态），再引入示例（领导人/国家），然后询问模式（领导人或国家在多大程度上可以被视为该意识形态的典型）。

■ **学习的总结和排序，对关键概念和相关规则进行重温和回顾：** 用布洛菲和古德的话来说就是“整合和巩固对于关键点的学习”。

- 在一系列基础数学课上，教师可能会从“数位上的数”转到“加法和减法”，但仍会对第一个概念进行常规的低利害测验[①]。在这个例子中，由于学生经过学习数位建立了一定的心智模型，而理解如何把加减法匹配于这个心智模型对学生来说非常重要，所以可以测试以防止原先的知识消退，并促使学生通过参考先前的学习内容来理解新知识。

通过提问来传递信息

还有一种被低估的传递信息的方式，即仔细地表达问题，以引起学习者的努力思考。我们有时的假设是，我们问学生问题只是为了确定哪些知识被“记住”了，而不是作为一种使之被记住的手段。为了解决这一问题，布洛菲和古德展示了教师如何通过深思熟虑的提问来传达、定位和巩固新信息[②]。

他们首先考察了有关有效提问的研究，包括菲利普·温（Philip Winne）的研究，并注意到关于我们倾向于如何解释问题实质的一个重要差异：一个问题的认知水平与难度水平是不同的概念。换句话说，一个问题所涉及的主题或内容是直截了当的，并不意味着回答这个问题所需的认知需求也是直截了当的，反之亦然。将问题中发现的内容的复杂性与问题的认知需

① 测验结果对于与测验有关的受测者、项目或机构仅仅造成有限的或间接影响的测验。

② 有关这一观点的更多信息，请参见第14章，该章探讨了罗伯特·比约克在合理难度（desirable difficulties）方面的工作。

求混为一谈会导致问题出现。例如，考虑“为什么天空是蓝色的？”或者“飞机是如何飞行的？”这样的问题时，即使对一个孩子来说，问题中使用的术语可能是直接的且“可知的”，但是回答这个问题所需的相关认知内容要复杂得多。

因此，精心设计问题，使之能构建和加深理解，这比看起来要更棘手——对于何时以及如何使用某些提问方法，目前的研究仍然没有达成一致，这一事实令人更加困惑。布洛菲和古德再次指出，造成这种不一致的原因是对情境的依赖，即要在正确的时间问正确的问题。他们认为，问题的有效性总是需要“考虑到教师的目标、问题的质量（清晰度、相关性等）以及问题的时机和适当性（基于活动的流程）”。

尽管如此，他们承认有用的提问路线图确实存在。他们分析了之前的一些理论框架，比如安德森等人开发的框架，该框架阐释了那些对学生学习最具有积极影响的教师提问行为。具体来说，他们提出了两种情景，在这两种情景中，学习环境的不同将决定对提问方式的选择：

■ **让学生对一个想法提出可能的应用，然后探究该应用运作的细节：**这需要先提出要求较高的问题，然后再提出要求较低的问题。

■ **尝试引起学生对相关事实的注意，然后促使他们整合这些事实，并得出一个重要的结论：**这需要先提出要求较低的问题，然后再提出要求较高的问题。

除了调整问题的复杂性以适应当前情况，布洛菲和古德还提醒我们，教师还可以决定何时提出学生可能知道答案的问题，何时提出能让学生得到有效拓展的问题。他们再次指出，该研究得到的结果喜忧参半，但对于某些方法已有了足够的共识，这些方法已被证明是与积极的学生成果相关的。

他们说：“似乎很明显，大多数（也许四分之三）的教师提问应该得到正确的回答，而其余的问题则应该得到公开的实质性回答（不正确或不完整的回答），而不是根本没有回答。”这与后来众所周知的“质疑问难”（productive struggle）是一致的，即教师不应该只提出那些学生知道的问题。

尽管这可能会让教师感觉更好，但总是问那些容易回答的问题不会让学生进行更深入、更广泛的学习。

因而，我们所面临的挑战，就是在难以回答和不太难回答的问题之间找到平衡，而这些将会决定学生何时且如何得到拓展。与之前相同，布洛菲和古德就一种方法在何时可能优于另一种方法提出了很好的思路，这取决于具体情境：

■ 基本技能教学需要大量的训练和实践，**因此，频繁而快节奏的训练复习课更适合此类情境，在此过程中大多数问题都应得到快速且正确的回答。**

■ 当教授复杂的认知内容时，或者尝试激发学生归纳、评估或应用他们所学习的知识时，**教师需要提出一些很少有学生能正确回答的问题，以及一些根本没有单一正确答案的问题。**

无论学生回答的质量如何，这里向我们传达的意思就像是“不管怎样，都要让学生回答”。这让人想起一句古老的体育格言，说任何比赛中做的决定都可以分为三类：（1）做正确的决定，（2）做错误的决定，（3）允许不确定性占主导地位而不做任何决定。大多数教练会告诉你，他们更喜欢（1），他们也不太介意（2），但（3）是不可原谅的。同样，布洛菲和古德非常清楚地表明了他们的观点：无论学生对某个问题的回答是对是错，重要的是让他们去面对问题并给出一些见解，而非沉默。

本章小结

布洛菲和古德得出的一个重要结论是他们所说的“积极教学”（active teaching）的重要性。在定义这一概念并阐明其意义时，他们使用了最简单的措辞：当学生在课堂上的大部分时间是在教师教导或监督之下，而不只靠自己学习时，他所能取得的成就更多。

鉴于我们已经指出了过度理解学生中心论的危险，若还对积极教学进行类似的绝对化解释，就会显得有点虚伪。因此，为了防止布洛菲和古德的标题导致读者误以为所有教学都应该采取教师主导的讲授形式，我们想明确地说，他们把积极教学看作通常的课程，在这种模式中，教师通过讲授和演示来呈现信息、构建概念，并在对复习或问题讨论给出的反馈中详细阐述这些信息。但同时，他们也认为积极教学可以看起来像是教师在让学生独立学习之后监控任务的进展，并进行合适的反馈且在必要时再次教学（参见第11章和第12章关于“直接教学”和“显性教学”的内容）。此外，他们指出：教师亲自把内容传递给学生，而不是靠课程去完成此事；教师主要是通过简短的陈述，然后通过复习或应用来传递信息。

如你所见，致力于积极教学并将教师定位为信息传递者并不等同于全面覆盖的教师主导授课，也不是指压迫学生的、自上而下的课堂状态。布洛菲和古德明确提出，学生主导的学习有着重要的地位，但它要结合教师主导建立的共同理解才会更加有效。这就使得，与其说它是一个按相对重要性排序的问题，不如说是一个操作顺序的问题。为了让学生自己学习，必须要先有一些他们可以围绕并思考的主题，否则便无异于让学生看似勤奋但又在无关紧要的活动中做无用功。

换句话说，不管最近的趋势如何，我们仍应记住：教师的工作首先是教。这并不是要剥夺学生作为学习者的主观能动性，而是要承认：先传授相关知识，然后是如何运用这些知识，这才是学生学习的最佳机会。学习能否以这种方式发生，最终取决于教师——这便是布洛菲和古德的文章向我们传达的发人深省的道理。

要　点

■对学生掌握正式课程有最积极影响的教师行为是可以阐明的。

■一种被证明具有积极影响的教师行为是教师以信息传递者的名义开展“积极教学”。

■教师可以通过组织和排序教学知识（关注知识是如何构建、保持和检索的）以及提问（关注问题具有怎样的认知需求，和怎样用问题引导学生进行不同深度的思考）来实现这一点。

■所有的教学实践都高度依赖具体的情境，因此，与其全盘接纳、采用某些方法，不如将它们整合到你不断发展的好的教学模式中。

■学生的学习不应该完全以学生为中心，也不应该认为积极教学完全是教师主导的。更有效的教学方法是教师传递知识，然后帮助学生掌握、操作、调整和迁移知识。

参考文献

[1]Anderson L, Evertson C, Brophy J. Principlesof Small–Group Instruction in Elementary Reading (Occasional Paper No. 58)[J]. East Lansing, MI: Institute For Research on Teaching, Michigan State University, 1982, 58.

[2]Brophy J E, Good T L. Teacher Behavior and Student Achievement[M]// M. C. Wittrock. Handbook of Research on Teaching. 3rd Ed. London: Macmillan, 1986: 328–375.

[3]Rosenshine B. To Explain: A Review of Research[J].Educational Leadership, 1986, 26: 275–280.

[4]Smith L, Sanders K. The Effects on Student Achievement and Student Perception of Varying Structure in Social Studies Content[J]. Journal of Educational Research, 1981, 74: 333–336.

[5]Winne P. Experiments Relating Teachers' Use of Higher Cognitive Questions to Student Achievement[J]. Review of Educational Research, 1979, 49: 13–50.

第5章　我思故我教

教师效能

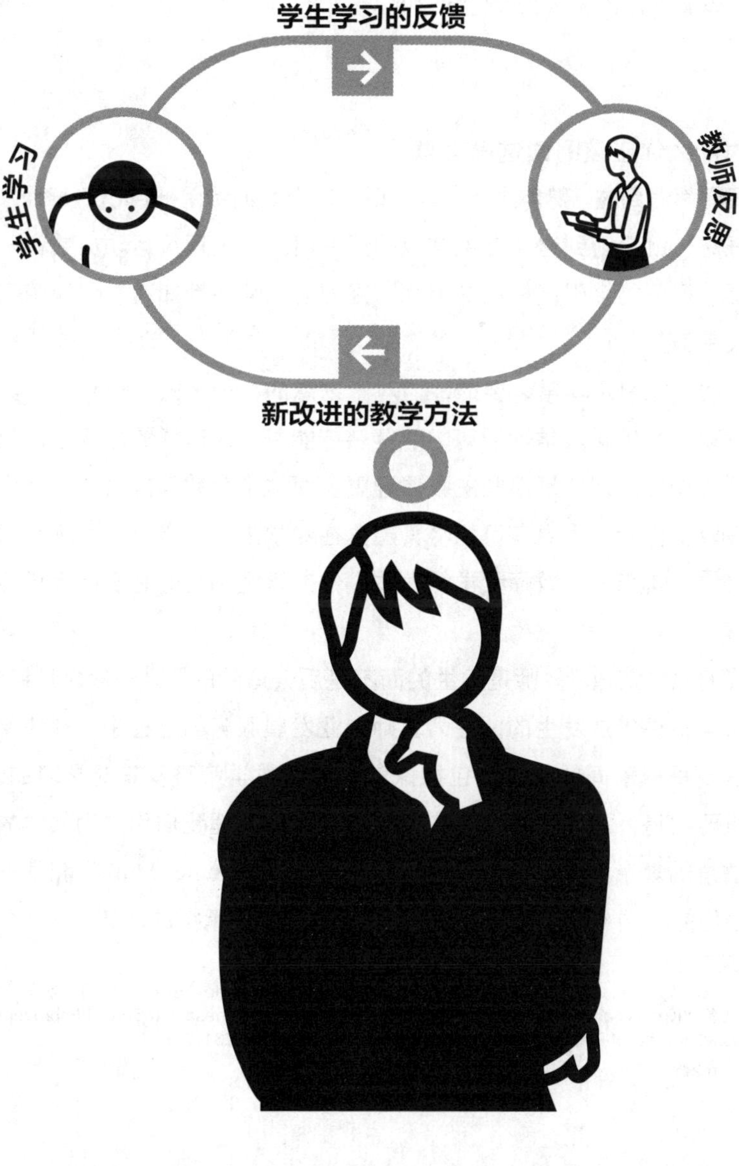

文章｜《教师效能和专业学习的现状》(State of the art – teacher effectiveness and professional learning)[①]

引文｜“如果教师要成为自主学习者，并对自己的学习负责……那么教师就必须为自己和学生设定学习目标。”[②]

为什么你应该阅读这篇文章

我们都遇到过“熟能生巧”这句话：每当我们希望把自己的某种才能变得更好时，就会用到这句老生常谈的话。但对一个顶级运动员或音乐家说这句话，很可能会引起他们的担忧。因为他们清楚地知道，仅靠练习并不能使人完美。

是的，练习是非常必要的，但对于刻意的、渐进式的进步，尤其是当涉及运动、音乐和教学等活动中的复杂技能时，像这样的陈词滥调只能起到很小的作用。即使是那些主张倡导更全面地了解教学能力如何产生和发展的教育工作者，也更有可能将其建立在对学生的意义上，而不是对自己的意义上。实际上，教师教学能力改进作为学生学习的必要前提更应受到关注。

我们已经知道“教师是天生的而不是后天造就的”这一信念是错误的，好的教学不是偶然发生的。在为教师专业发展服务的过程中，解决相同的问题需要采取不同的方法，包括探索有效的教学策略及其对学习的影响，但更重要的是，需要仔细探究如何才能更好地处理我们称之为教学的这一不可估量的复杂问题。这就是丹尼尔 · 缪伊斯（Daniel Muijs）和他的同事们在他们的论文《教师效能和专业学习的现状》中承担的任务。

---

① Muijs D, Kyriakides L, Van Der Werf G, Creemers B, Timperley H, Earl L. State of The Art–Teacher Effectiveness and Professional Learning[J]. School Effectiveness and School Improvement: An International Journal of Research, Policy and Practice, 2014, 25(2): 231–256.

② Ibid., p.247.

在缪伊斯和他的合作者看来，现在的研究在预测教师如何以符合情境的方式进行教学改进这个方面做得还不够，这意味着专业发展往往被“一刀切”和“一时一地”的方法所误导。相反，他们提供了一种思考专业学习的方式，将我们对教师如何教学的认识与教师如何学习和提高的新理念结合到一起。缪伊斯的“更好”概念的核心是，教师和他们的学生一样，都能通过元认知得到更好的服务，即把改进本身视为智能设计的对象。

文 章

在试图想象教师发展的不同方法时，缪伊斯首先断言，学校改进工作已经在传统上将学生视为变革的必要目标，而不是教师，甚至关注教师效能的工作也倾向于关注有效的教学实践是什么样子，而不问实践如何可以实现改变。正如缪伊斯所说：“如果教师行为是教育有效性的关键，那么我们需要关注我们可以改变实践的方式，以及探究什么是有效的实践。”缪伊斯以此作为他的激励原则，开始寻找一种新的方法。

从“最佳实践”转向动态的专业发展模式

缪伊斯探索了过去35年的研究中表明与学生成绩有最积极和可预测关系的教师行为，包括学习机会和任务时间、有效的教学和互动、课堂氛围、教师期望和不同的教师效能。他还指出元分析是如何结合不同研究的结果来揭示教师效能的作用的，特别是关于强化和反馈对学生成绩的强大影响。

尽管提供了一个有用的“什么是有效的”图景，但缪伊斯很快就注意到了这些研究基础的局限性，指出这些研究严重偏向英语和数学教学，而忽视了更广泛的教学背景。他还认为，这些研究仅仅代表了以一种相对有限的方法来完整地编纂教师效能，特别是当与学生学习更强大的文献相比较时。因此，缪伊斯使我们超越了“好的教学是什么样的”简单理解，而是转向多维多角度地欣赏教得更好是什么样的。

为此，他求助于教育理论建模的领军人物之一伯特·克里默斯（Bert Creemers），他在20世纪90年代和21世纪初的工作中提出了教育是一个复杂系统的想法，教育拥有相互关联的层次，这些层次需要在或孤立或一致的情况下进行更好的理解。克里默斯的“教育有效性综合模型”（Comprehensive Model of Educational Effectiveness）提出了这种相互联系的系统思想，该模型特别强调不同层次有效性之间的关系，特别是不同层次之间和不同层次内部有效性特征的一致性。一致性，意味着所有教师都应表现出有效教学的特征；控制，意味着应该对学校政策和目标的达成进行评估。

显然，一旦我们以这种方式看待教育，试图将教学视为固定在某一时空的单维最佳实践，就会形成一种完全不合适的专业学习方式。通过追踪这一思想的演变，缪伊斯展示了教师是如何作为相互关联的系统的一部分而存在的，就像该系统的所有部分一样，受制于他们自己的渐进式改进。为此，他转向克里默斯和基里亚基德斯（Kyriakides）及其提出的教育有效性动态模型。

与通常列出的有效教学行为固定特征清单相比，他们的动态模型有两个重要的区别。第一，这个动态模型关注的是有效且可观察的教学行为，而不是诸如教师信仰或人际交往能力等潜在因素。我们可以用“有效的教师行为是什么样的？”这个问题来概括。第二，它假定每个因素都可以根据其具体应用和改进潜力来进行动态的定义和测量。我们或许可以用这个问题来概括：我如何才能理解和提高这些教师行为的有效性，并朝着设想连续不断地改进？

实际上，这些问题是通过对学生学习具有最大潜在影响的教学实践中的可观察元素来解决的（见表5.1），并结合测量标准，即“每个有效性因素都可以用五个维度来定义和测量：频率、重点、阶段、质量和差异”，从而为每个因素的实施和观察方式提供了动态组成部分。

表5.1　教师因素及主要组成元素的动态模型

<table>
<tr><th>因　素</th><th colspan="2">主要元素</th></tr>
<tr><td rowspan="2">1.目标</td><td>a</td><td>提供具体任务/课时/系列课时的目标</td></tr>
<tr><td>b</td><td>挑战学生，让他们找出课上进行某项活动的原因</td></tr>
<tr><td rowspan="3">2.结构</td><td>a</td><td>从目标的概述或回顾开始</td></tr>
<tr><td>b</td><td>概述要涵盖的内容并示意内容之间的过渡</td></tr>
<tr><td>c</td><td>提请注意并回顾主要观点</td></tr>
<tr><td rowspan="3">3.提问</td><td>a</td><td>以适当的难度提出不同类型的问题（即过程和产出）</td></tr>
<tr><td>b</td><td>给予学生做出回应的时间</td></tr>
<tr><td>c</td><td>处理学生的回应</td></tr>
<tr><td rowspan="3">4.教学示证</td><td>a</td><td>鼓励学生使用教师或其他同学提出的解决问题的策略模式</td></tr>
<tr><td>b</td><td>邀请学生制定策略</td></tr>
<tr><td>c</td><td>激发学生建模思维</td></tr>
<tr><td rowspan="2">5.应用</td><td>a</td><td>使用课堂作业或小组任务以提供所需的练习和应用机会</td></tr>
<tr><td>b</td><td>使用应用程序任务作为下一步教与学的起点</td></tr>
<tr><td rowspan="2">6.课堂作为学习环境</td><td>a</td><td>通过互动（即师生互动和生生互动）建立任务执行行为</td></tr>
<tr><td>b</td><td>通过制定规则、说服学生尊重规则和运用规则来处理课堂混乱和学生竞争问题</td></tr>
<tr><td rowspan="2">7.时间管理</td><td>a</td><td>组织课堂环境</td></tr>
<tr><td>b</td><td>最大限度地提高参与率</td></tr>
<tr><td rowspan="3">8.评价</td><td>a</td><td>使用适当的技术来收集关于学生知识和技能的数据</td></tr>
<tr><td>b</td><td>分析数据以确定学生的需求并向学生和家长报告结果</td></tr>
<tr><td>c</td><td>教师评价自己的实践</td></tr>
</table>

在克里默斯的帮助下，缪伊斯提供了一个多维的教师效能图。这个动态模型不是把有效的教师行为看作固定的特征，而是承认它们存在于一个复杂的系统中，并且就像这个系统一样，随着时间的推移，它们的有效性也会发生变化（上升或下降）。

走向专业发展的统一模型

在确立了不断发展的教师效能为一个动态系统之后，缪伊斯认为，采用动态模型需要我们转变对教师发展的理解和看法，特别是与传统的学生成长观念相比。他认为，“对促进学生学习的过程和条件的‘最前沿的’理解，通常不会被用来为教师构建适当的学习环境”。他指出，在我们对学生学习的高度发展的理解和不太发达的教师改进领域之间，存在内在的不协调。事实上，可以说，这造成了一种现象：教育工作者认可专业学习作为一种概念的价值，但在实践中却往往不能充分地体验到专业学习。

正如我们对“学习是如何发生的”的理解变得更加复杂一样，我们所知道的对学生有益的东西和我们作为教师所经历的之间的差距似乎变得更加明显。为了解决这个问题，缪伊斯借鉴了布兰斯福德（Bransford）等人的工作，说明有效学习的条件对学生和教师都是共同的，且可以建立联系、发展元认知意识，并通过自我调节来控制自己的学习。缪伊斯参考了哈莫尼斯（Hammerness）等人的一项研究，强调了不采用元认知策略的代价。该研究表明，每当教师在现有知识和新知识之间无法建立联系时，他们要在现有的框架内解释新的想法，当需要更深层次的改变时，只能对教学实践进行表面的改变。这可以用“过度同化”一词来描述。

缪伊斯进一步探讨了教师和学生之间的这些关联点，他参考了更多的元分析和不断发展的国际研究证据，这些证据表明，学生如何学习与教师如何发展之间的关系比大多数地区的教学系统所承认的要密切。

缪伊斯将教师专业发展研究的结论汇总起来，整理成一份类似学习优先事项的清单，任何正直的教育工作者都会为了他们的学生而认可这份清单，即：

■组织学习应该考虑到环境的特殊性，而不是依赖于现有方法的过度泛化的转化。

■学习应该集中在具体和明确的问题上，而不是广泛的挑战之上。

■成功的定义应该由解决上述问题的进展决定，而不是由结果驱动。

■在了解人们如何学习的基础上，应当发展出一种改进的心智模型，不让“什么才是有效的”观念误导人们。

在缪伊斯看来，这些都是专业学习的激活成分。如果说过去几十年的文献基础开始向我们展示了好的教学是什么样子的，那么克里默斯的教师效能动态模型不仅向我们展示了好的教学是什么样子的，还展示了在这方面做得更好意味着什么，而像这样的元认知过程就是揭示教师“如何”改进的关键。他们通过为教师的发展提供自主权，并为教师提供他们所需的工具，以弥合不断发展的教学实践理念与不断发展的教学实践之间的差距。

统一模型

那么，将我们迄今为止探讨的所有方面整合到一个单一的专业发展模型中意味着什么？对于缪伊斯，这样的模型如图5.1所示。

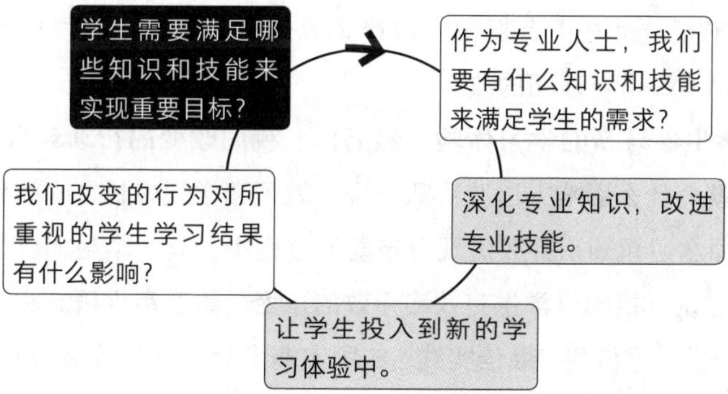

图5.1　教师探究和知识建构周期以促进学生的重要成就

（来源：Muijs et al., 2014, p.247）

这个统一的模型展现了目前为止已探索的教师发展历程中最重要的

部分：

■ **我们的学生需要哪些知识和技能来实现重要目标？** 该周期始于理解学生的“目标与现状之间的差异”，学习“如何收集相关证据并发展必要的理解”，掌握学生当前和未来的学习状态，这些对于第一步至关重要。

■ **作为专业人士，我们要有什么知识和技能来满足学生的需求？** 从这里开始了学生学习和教师成长之间的分形关系，因为“如果教师要成为自主学习者并对自己的学习负责……那么教师必须为自己和学生设定学习目标”。与上一步一样，教师必须建立起对自己所拥有的与所需要的认识。教师不清楚自己不知道什么的风险会影响这个阶段，因此，与在特定探究领域具有特定专长的人一起工作很重要，无论是教学知识领域还是特定内容知识领域。

■ **深化专业知识，改进专业技能。** 这一步是“传统的专业发展方法通常的起点”。如果未能完成前两步，可能会导致教师面临答非所问的问题，通常表现为外部来源，如政策制定者或研究人员向他们提供未经征询的改进意见。相反，一个因地制宜的探究和知识建构过程开始发挥作用。正如对学生一样，这一步承认学习发生于“通过将现有知识与新知识联系起来”。因此，改进类似于一个不断发展的心智模型，即成为一名更好的教师需要什么，而不是教师在现有框架内解释新思想，当需要更深层次的改变时，只能对教学实践进行表面的改变。

■ **让学生参与新的学习体验，然后问：我们改变的行动对我们所重视的学生成就有什么影响？** 这些步骤体现了教师和学生成长之间的界限关系，允许“教师学习新知识并改进现有技能的过程中，有一个更加反复的过程，在实践中尝试，找出对学生有效和无效的东西，重新审视概念和错误概念，并再次尝试”。这就是“最佳实践”的固定概念让位于自我调节和动态的专业改进方法。如果教师所学的和所能做的事情与学生最终所学的和所能做的事情密切相关，那么这个阶段就是要了解教师的学习目标以及这些目标的实现是如何先于学生学习并为其提供信息的。

该模型的美学展现了一个整齐的循环，但值得注意的是，尽管从外表看上去它是连续的，但在现实生活中，它更多的是反复的。它涉及建立多个反馈回路，旨在更好地了解学生学习和教师成长，并提供多个理解、修改和完善实践的机会。换句话说，这是一个实用的动态专业学习模型，可以应用于现实世界的教学中。

本章小结

缪伊斯提出的模型及其理论基础提醒我们，要抵制教学中“最佳实践”的固定概念。它不将研究和证据定位为单一的知识体系，而是将其定位为教师可以使用的思想和数据流，并将其注入不断发展的教学心智模式中。

缪伊斯还敦促我们抵制固定的教师观念。他的论文提醒我们，教师不是被动接受和过度吸收思想和指令的自动装置。相反，他阐述了一个动态模型，将教师视为自我调节的实体，尊重他们的发展是复杂的、反复的、针对具体情境的，并与学生的学习条件密切相连。

对于缪伊斯来说，教师可以而且也应该为自己思考，而这篇有影响力的论文就是他为教师如何做到这一点而制定的路线图。

要　点

- “一刀切”或“一时一地”的专业发展不会以有意义、可持续的方式改变教学实践。
- 教学的“最佳实践”方法假定教学特征是固定的，也是脱离情境的。
- 教师效能的动态模型承认情境的重要性，并认为实践是相对于该情境的不断改进。
- 专业学习应以学生需要知道的和能够做的为基础，从而需要相应地阐明教师所需要知道的和能够做的来满足学生的需求。
- 教师和学生一样，可以从采用元认知、自我调节和将学习与新信息联系起来的学习方法中受益。因此，专业发展应遵循把教师视为适应性学习者的组织原则。
- 我们应该做更多的工作来阐明这些最前沿的教师学习和发展方法，就像近年来对学生如何学习的理解一样。

参考文献

[1]Bransford J D, Brown A L, Cocking, R. R. How People Learn: Brain, Mind, Experience, and School: Expanded Edition[M]. Washington, D.C.: National Academy Press, 2000.

[2]Creemers B P M. The Effective Classroom[M]. London: Cassell, 1994.

[3]Creemers B P M, Kyriakides L. Critical Analysis of the Current Approaches to Modelling Educational Effectiveness: The Importance of Establishing a Dynamic Model[J]. School Effectiveness and School Improvement, 2006, 17: 347–366.

[4]Hammerness K, Darling–Hammond L, Bransford J, Berliner D, Cochransmith M, Mcdonald M, Zeichner K. How Teacher Learn and Develop[M]// L Darling–Hammond.Preparing Teachers for A Changing World: What Teachers Should Learn and Be Able to Do.Hoboken, NJ: John Wiley & Sons, 2005: 358–389.

[5]Muijs D, Kyriakides L, Van Der Werf G, Creemers B, Timperley H, Earl L. State of The Art–Teacher Effectiveness and Professional Learning[J]. School Effectiveness and School Improvement: An International Journal of Research, Policy and Practice, 2014, 25(2): 231–256.

第6章　思行合一

反思性实践

图书 《反思性实践者》(*The reflective practitioner*)[①]

引文 “我们在行动中获得认知。”[②]

为什么你应该阅读这本书

曾经有一个坐落在河岸边的村庄。一天，当村民们在附近的田地里干活时，他们看到了一个惊人的景象：一个婴儿顺流而下向他们漂来。他们冲过去帮助婴儿，将其抱到安全的地方，但他们的担忧还远远没有结束。几分钟后，他们又看到一个婴儿顺流而下，片刻之后又漂来第三个婴儿。在接下来的几周里，婴儿源源不断地漂来，他们很快就明白了必须做些什么。

出于迫切的需要，村里建立了瞭望塔以防止婴儿在不知不觉中漂流而过；他们建立了一个专门的日托机构来照顾这些婴儿；社区会议转向儿童的长期福利问题，他们需要充满爱的家庭和良好的教育。与此同时，一位刚刚从河里捡回婴儿的村民豁然开朗。他径直跑到一个正在进行的社区会议上，猛地推开门，提出了一个没人想到的问题：“什么时候才有人向上游走去，看看那些婴儿是如何掉进河里的！”

这个寓言经常被用来审视根本原因，它也是一项关于深思熟虑的即时反思力量的研究。在这个故事中，与整个社区的反应行为相反，一个村民突然停下来，重新厘清形势，并确定一直隐藏在表面之下的是什么：一个潜在的可解决的问题，只有先阐明它才能处理好其他问题。

在从事一项任务时，仔细思考并对其做出反应是一项困难但并非不可能的技能。它要求一个人在行动中反思，并考虑我们视野之外存在的可能

① Schön D. The Reflective Practitioner[M]. New York: Basic Books, 1983.

② Ibid., p.49.

性。事实上，专业人士一直在进行这种反思，至今关于这种做法最有影响力的书之一，也是本章的重点，即唐纳德 · 舍恩（Donald Schön）的《反思性实践者》。

图　书

舍恩在书的开头断言，我们自认为对专业知识和实践的了解，大多基于对最初的职业结构的错误理解——他将这种现象称为技术理性。

技术理性的基本前提建立在我们可以称之为**"秩序的幻觉"**的基础上。也就是说，我们错误地认为，某一实践的知识与其成功实施之间是一条直线。为了向我们展示他的意思，舍恩转向埃德加 · 舍因（Edgar Schein），舍因描述了专业知识的三个组成部分：

1. 实践所依赖或发展的基础组成部分是学科或基础科学。
2. 许多日常问题诊断程序和问题解决方案派生于应用科学或工程。
3. 涉及对客户服务的实际表现，除基本和应用知识的综合运用外，还包括技能和态度组成部分。

对于舍恩来说，以这种方式组织任何专业领域都代表着秩序的幻觉，因为它依赖于专业结构的一部分与另一部分之间不切实际的整洁的、可预测的关系。根据这样的结构，任何准备进入一个职业的人都必须首先学习它的基本原则，然后考虑它们的应用，最终实践这种理解。

长期以来，我们的教学方法都是如此。我们经常假设教师必须首先在理论意义上了解教学，然后才能达到理解水平，这意味着他们已经"准备好"实践。这类似于让一个五岁的孩子完成六个月的自行车理论学习，然后才认为他们"准备好"第一次骑自行车。

技术理性还假定专业知识的进步是朝着固定方向整齐地流动的。因此，当成为职业人士的某人面临一个需要解决的问题时，他们需要做的就是一步步回溯，控制问题的应用性理解和基本原理，然后，"嘿，瞧！"解决方案就会出现。同样，这看起来有点像五岁的孩子在第一次尝试骑自行车时从车上摔下来，然后回去看他们的学习笔记以诊断哪里出了问题。

我们的假设是，解决问题所需的一切都可以在我们之前长期建立的先验知识中找到：这让人想起河流寓言中的村民，他们知道如何建立瞭望塔、日托机构和学校系统，但却陷入了仅依赖先验知识的便利中，将其作为漂浮婴儿问题的假定答案。

舍恩认为，这种关于知识如何在实践中整齐地来回传递的概念，代表了它未能理解一个基本真理：世界远比这复杂得多。为了说明他的观点，他举了一个医学界的案例：

医生一旦发现麻疹病例，可以将其映射到诊断、治疗和预后技术系统中。但是，一个独特的案例不属于应用理论的范畴；一种不稳定的情况从这些范畴下溜走了。医生不能将标准技术应用于书中没有的病例。

在这个例子（我们希望你将看到它很快可以迁移到教学领域）中，舍恩揭示了技术理性幕后的现实。首先，病例不会以医生完全放弃病人而告终。在现实世界中，医生永远不会说，"啊，答案不在我的教科书里，所以……祝你好运，孩子！"类似情况也不会出现在教师身上。在现实世界中，专业人员会试图找到诊断问题的方法，不是因为技术理性，而是尽管存在技术理性，也还是要这样做。为了阐明技术理性所忽略的东西，舍恩转向解决问题本身。

从问题解决到问题设置

对于舍恩来说，技术理性的主要局限性在于，它很少谈到关于真实的人如何解决真实的问题。他指出："从技术理性的视角来看，专业实践是一个解决问题的过程。"为此，选择或决定的解决方法是从现有方式中选择的一种最合适的方法。

既然我们已经在河流的寓言中看到，问题并不总是给我们带来"既定目的"，解决问题就不足以描述如何应对这些挑战。借用约翰·杜威（John Dewey）的话，"实践情境不是需要解决的问题，而是具有不确定性、无序性和不明确性的问题情境"，并且由于现实世界的问题"不会以给定的形式呈现给实践者"，它们必须是由令人费解、不安和不确定的问题组成的。换句话说，当面对不确定性和复杂性时，仅仅用“已知”来解决问题往往是不够的。基于此，舍恩为专业人员的实际工作提供了一个更现实的定义，即问题设置。

为了说明这种差异，舍恩提供了工程师修路的例子。工程师不是简单地“修路”，而是处理一个复杂且不清晰的情况，其中地理、拓扑、金融、经济和政治问题都混杂在一起。对于舍恩来说，这些混杂的担忧在技术上不能被定义为“一个问题”，就像“如何处理漂浮在河里的婴儿”还不是完整意义上的问题一样。相反，这些是有问题的情境，首先需要用可以处理且可以合理回应的术语进行设置（或提出疑惑）。因此，舍恩将问题设置定义为“我们命名自己将要处理的事务，并构建将要解决这些事务的情境”的过程。

那么，无论是医生、工程师还是教师，人们如何在自己的实践中从问题解决转向问题设置呢？为了回答这个问题，舍恩向我们介绍了两个基本的重要概念：行动中的知识（knowledge-in-action）和行动中的反思(reflection-in-action)。

在行动中认知与反思

关于问题本质以及我们如何应对问题，舍恩的论述与他关于知识和行动的思想密切相关。正如我们已经探讨过的，技术理性会让我们相信知识先于行动，是我们面对挑战的逻辑先导。对于舍恩来说，这是错误的，因为“我们的认知过程通常是缄默的，隐含在我们的行动模式和我们对正在处理的事物的感觉中”。事实上，他接着指出，知与行可能同时发生：“似乎可以说，我们的知（knowing）在我们的行（action）中。”

随后，舍恩对“行动中的知识”这一概念提出了逻辑上的扩展，他用看似简单的术语引入了这个概念。他明确地指出“我们有时会思考我们在做什么”，这就是为什么我们用如此多的方法来描述“随机应变”（think on your feet）或“灵活多样”（keeping your wits about you）。当行动中的知识变成行动中的反思时，这就是我们语言的转变。

舍恩提供了各种行动中反思的例子，例如走钢丝的人（他知道如何在平衡中随时做出微小但挽救生命的调整），棒球投手（开始对球有“感觉”以及如何在一系列投球动作中操纵它），或者爵士乐手（他们可以用一首曲子的基本结构，即兴创作出更具创造性的变奏曲）。所有这些例子都表明，人们既表现出行动中的知识，也表现出行动中的反思：思考和行动（然后反思、调整和再次行动）的能力似乎完全一致，具有明显的流动性，而且往往以难以定义的方式进行——即使是做过这项任务的人也难以定义。

实现行动中的反思

如果知识和行动中的反思可以用描述的方式识别，那么就必然有人们希望效仿的特定特征。为此，舍恩分解了专业实践中在行动中反思的特征。我们将在这里探讨其中的一些特征及其在教学情境中可能是什么样子。

了解自身“问题设置”的性质

在考虑“设置”一个问题意味着什么时，舍恩提醒我们有一些重要的问题，有效的实践者往往会在过程中问自己：

- 我能解决我设置的问题吗？
- 我喜欢我解决这个问题后所得到的吗？
- 我是否使情况连贯一致？
- 我是否使它与我的基本价值观和理论一致？
- 我是否一直在进行探究？

在最后一个问题中，“保持探究”的想法本质上意味着：一旦一个复杂的情况被重新构建为一个需要解决的问题，这个问题就会成为一个新的背景，因而需要新的探究。学校领导可能会发现，学校对阅读分数下降的看法是基于一个不准确的前提产生的，最后却用另一个被误导的理论取而代之。舍恩提供了一种新的方法，审视自己通过设置问题所创造的新世界是否是你想要的以及你需要的世界。

将已有经验应用于新情况

支持原有知识对新问题的影响似乎是矛盾的，特别是考虑到我们迄今为止对技术理性的看法。当然，漫不经心地应用已获得的知识很少能满足一项新挑战的需要。

舍恩认为：

■ 先前的经验为实践者提供了“一系列示例、图像、理解和行动”。

■ 当实践者理解一个新情况时，他们“将不熟悉的情况视为与熟悉的情况既相似又不同”。

■ 熟悉的事务“起着先例或隐喻的作用……对于不熟悉的”意味着我们可以“将不熟悉的情况视为熟悉的情况”。

我们的每一次经历都有助于塑造一个不断增长的心智模型，无论是典型经历还是非典型经历，这些可以让新情况逐渐变得熟悉。一个经验丰富的教师可以走进一个陌生的教室，并立即获知当前状况。这是因为他们曾经进入过的每一个教室，都变成积累的智慧以帮助他们理解当前这个教室。

进行现场实验

如果技术理性定义了经典意义上的“实验”，那么行动中的反思则采用了一种更务实的方法，在这种方法中，现实世界的不确定性并不总是像在实验室条件下一样得到精密控制。舍恩为反思性实践定义了三种形式的实时实验：

■ 探索性实验（Exploratory Experiments）被描述为“探索性的、有趣的活动，通过它我们去感受事物”。它发生在“当采取行动只是为了看到接下来的事情，而没有伴随的预测或期望时”。一个教师在新年的前几周花时间去了解他的学生，并找到让他们相互了解的方法。这样做的成本很低，其主要目的是建立关系，但这些早期的互动中有很多值得反思的地方。

■ 移动测试实验（Move-Testing Experiments）发生在我们将一些新事物引入一个新的情境中时。对舍恩来说，“从这个意义上说，任何有目的的深思熟虑的行动都是一次实验”。根据对学生的了解以及开学几周课堂的运作动态，先前那位教师在反思新的座位计划对课堂动态的影响之前，尝试设计了一个新的座位计划。

■ 假设检验实验（Hypothesis-Testing Experiments）包括根据可观察的证据，在确认或否认所讨论的假设之前，对我们认为在特定情境下会发生的事情做出预测。还是这位教师，他在新的一年开始了解学生，然后采取行动为学生编排新的座位计划，现在他正在观察，考虑到之前的选择，在这种情况下，什么样的教学方法最适合这些学生。

与经典的假设实验不同（因为担心结果的偏差，所以实验的主体不会被干扰），行动中的反思不可避免地导致直接参与，因为实践者必然是被观察的一部分。事实上，当实践者同时展示并发现自己是所有三种实验形式的一部分时，也许行动中的反思会被最完美地捕捉到。

在先前这位教师身上就可以看到：根据学到的东西观察课堂动态；确定座位计划在支持学生完成给定任务方面的有效性；实时调整教学实践，以适应每一种新教学情境的需求；几乎尽可能快地设置和解决问题。换句话说，这就是我们所说的教学。

本章小结

舍恩的思想被证明具有巨大的影响力，因为他邀请我们重新思考我们与周围世界的关系，我们带来的与之有关的知识，以及我们参与的思想和行动——所有这些都是同时进行的。一旦你关注起反思与日常生活现象的反复，它就会开始感觉像一场舞蹈，正如舍恩所说："一个实践者与一种情境的反思性对话。"

为了进行这样的对话，舍恩提醒我们必须保持专注：专注于我们自己，专注于我们作为实践者所做的选择，专注于我们与之交流的那些情境的"回应"。舍恩谈到，行动中的反思需要一种"双重视野"，我们必须按照我们的观点行事，同时对现实保持开放的态度，并且我们总是可以在以后打破它，事实上，必须打破它，以便理解我们与情境的相互影响，因为我们将通过不断发展的实践来设定、构建和改变它。

每当我们将某些事与某个情境联系起来时，这个情境就会再次变成新的，我们与它的关系也会因此更新，从而形成新的探究时机。这就是为什么像教学这样复杂而丰富的实践如此有价值，这也是为什么只要任何一个教师敢说他已经轻松解决了问题，他要么被骗了，要么就是骗子。事实上，在一个由反思性实践定义的世界里，可以真正地说“我们所有的探索/最终将到达起点/并第一次了解这里”。

要　点

■我们已经通过技术理性的视角来看待专业实践，在这种视角下，基于基本原则的理性问题解决是必经之路。

■但这种观念是错误的，因为现实世界的问题是复杂而凌乱的。

■为了应对这种复杂性，我们必须从解决问题的立场（假设我们知道自己需要知道的一切）转向一个设置问题的立场（我们首先命名并构建自己希望解决的问题的属性）。

■为了实现这种转变，舍恩向我们提供了行动中的反思——思考、反思和改变我们的实践的能力，这种能力与实践直接相关，有时难以从实践中分辨。

■实际上，通过理解我们面临的问题的性质以及我们“设置”这些问题的方式，任何一个实践者都可以将过去的经验应用于新的情况，并进行现场实验来确定我们的假设和行动是否有助于实现我们期望的目标。

参考文献

[1]Dewey J. Logic: The Theory of Inquiry[M]. New York: Holt, 1938.

[2]Eliot T S. Little Gidding[M]. London: Faber and Faber, 1942.

[3]Mckinlay J B. A Case for Refocusing Upstream: The Political Economy of Sickness[M]// J d Enelow, J B Henderson. Applying Behavioral Science to

Cardiovascular Risk. American Heart Association, 1975: 9–25.

[4]Schein E. Professional Education[M]. New York: Mcgraw–Hill, 1973.

[5]Schön D. The Reflective Practitioner[M]. New York: Basic Books, 1983.

第二部分

课程开发与教学设计

《爱丽丝漫游仙境》是由刘易斯 · 卡罗尔（Lewis Carroll）创作的童话，1865年首次出版。7岁的爱丽丝漫游仙境，东游西晃，她想知道怎样才能回到家。这时她遇到了笑面猫，并发生了接下来的对话：

爱丽丝："请你告诉我吧，我应该走哪条路?"

笑面猫："那在很大程度上取决于你想去哪里。"

爱丽丝："我不太关心去哪里。"

笑面猫："那么你走哪条路都无关紧要。"

爱丽丝："…… 只要我能到达'某个地方'。"

笑面猫："哦，你一定能到达，只要你走得够久。"

在对话的最后，笑面猫对爱丽丝作了嘲讽式回应，让我们深刻地了解了自己的意图、行为的本质，以及每当我们踏上发现之旅时所产生的结果。笑面猫向爱丽丝暗示，即使她没有方向也能到达某个地方，只是很难确定这个地方会在哪里。

这种意图和结果之间的关系，也许用一句经常被认为是爱德华兹 · 戴明（Edwards Deming）的话来概括是最好的："每个系统都是为了得到结果而被完美设计的。"如果真是这样，那么问题就变成了：这个系统是有意得到某种结果，还是像爱丽丝一样，只是偶然到达"某个地方"，得到的结果并非出自故意设计？意图与结果之间，到底是怎样的关系？

这是一个长期以来一直困扰教育工作者的问题。回答这个问题的方式可以很简单，比如为期末或年末制定一套目标，比如取得一个好成绩或高评价等级；也可以很复杂，比如阐明如何以一种有意义的方式最好地教授或学习丰富而复杂的东西。

在现实世界中，我们有各种各样的地图，它们能够帮助我们到达我们想去的地方；在教育中，我们有课程设计来提供指导——正是通过课程设计和实施，教育的意图才得以实现。因此，无论学习的目的是什么，其中一个关键因素是表达、理解和实施这些意图的方式——只有落实这个因素，计划教授的内容和最终学到的内容才是紧密相关的。

在本书的第二部分中，我们通过提出以下这些问题来思考这些挑战：我们如何确保教学一致性，以便学习内容、教学途径以及结果评估形成一个一致的整体？我们如何才能最好地开发教学，以实现所设定的目标？我们如何制定教学目标，使教学效果好、教学效率高、师生更开心？

第7章　重在和谐一致

建构一致性

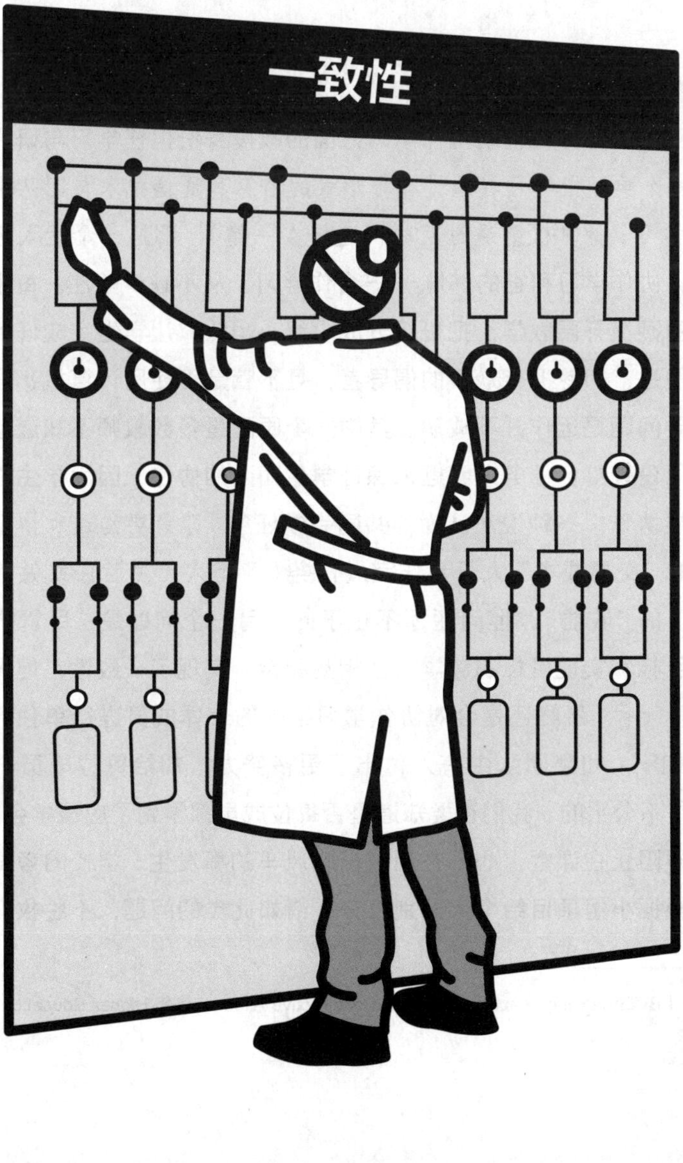

文章 《通过建构一致性改进教学》（Enhancing teaching through constructive alignment）①

引文 "当课程设置与评价方式一致时，讲授的效果会得到大幅度提升。"②

为什么你应该阅读这篇文章

保罗曾以计算机辅助协作学习方面的教授身份担任学习与研究领域的主席（协作学习指学习者通过各种形式的信息和通信技术与团队中其他成员一起学习；计算机则通过互联网连接在一起），那是一个让人极其苦恼的职位。协作学习和它的姊妹——合作学习，从不缺少关注。每个教师都跟着此番潮流开展教学，把班级分成小组、团队，让学生完成任务或解决问题。但是，即使拥有众多的倡导者，且不管是否使用计算机，这种教学法的主要问题是运作并不成功。其中一个原因是多数教师不知道或还没有学会如何设计综合任务或问题来保证学生团队的协作，因而学生之间根本没有开展协作。一种说法认为，共同完成任务（即需要沟通和协调的群体活动）的"交易成本"大于合作完成任务（即个人无法胜任或做得较糟糕的任务）的"收益"。但问题还不止于此。另一个问题是：尽管协作学习的教学目标和实现目标的教学方法相互配合，实现了一致性，但大多数教师（并非所有）最终还是会对协作学习组中的个体成员进行单独评估。个中缘由如下：如果团队中有人付出了更多努力，却给每位成员一样的成绩，这是不公平的；我们也要知道是否每位成员都学到了应该学会的东西；我们还要阻止在课堂上心不在焉或搭顺风车的事发生；学校的考试要求也不允许根据小组项目给个人分别打分。诸如此类的问题，不胜枚举。换句

① Biggs J B. Enhancing Teaching Through Constructive Alignment[J]. Higher Education, 1996, 32: 347–364.

② Ibid., 350.

话说，尽管协作学习的目标和方法旨在共同协作，但是考核却以个体为单位，充斥着竞争，如此这般，教学评价与学习目标和教学方法就不太一致。约翰·比格斯（John Biggs）在1996年启用“建构一致性”（constructive alignment）一词来描述教学目标、教学方法和教学评价的一致性问题。

文 章

建构一致性本质上就是基于三步走的系统化教学法：（1）要求学生达成的预设的教学目标或预期的学习结果在教学之前已经做出规定；（2）选择的教学方法非常有利于教学目标的实现或学习结果的达成；（3）设计的评估方法可以稳定地判断教学方法是否达到了教学目标或预期学习结果。图7.1诠释了建构一致性的概念。这与“应试教育”并无关联，而是确保学生的学习目标、教学内容、学习活动以及教学评估和学生应该知道与能够做的事情保持一致。

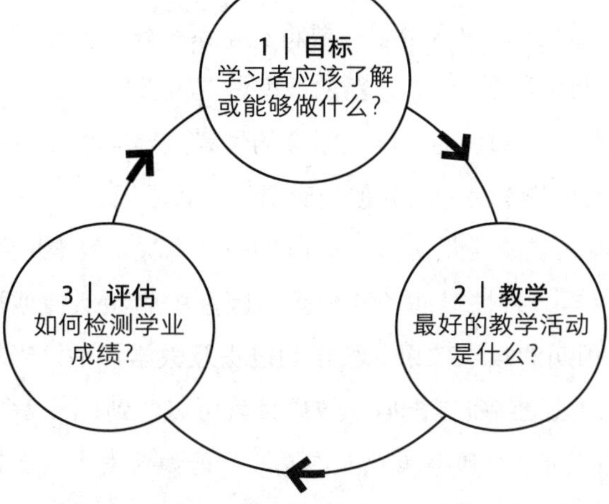

图7.1 建构目标、教学与评估之间的一致性

比格斯将他的文章定位为对教学与评估的建构主义重要特征做出解释。这点很重要的原因是，正如我们在《学习是如何发生的》一书中所提及的，建构主义是关于知识和认知的理论，而不是关于教学的理论。他找到了所

谓的“客观主义”传统与“建构主义”以及“现象描述法”之间的区别：客观主义传统基于知者与被知的二元论，这种传统下的教师职责是传递知识；而建构主义和现象描述关注的是学习者自己建构意义。他强调说，教师真正的困难是如何将关注焦点从学习者、学习者的世界以及组织教学经验转移到行动上来。他把这种现象称为“公认的理论与实际应用的理论之间的分裂”。换句话说，你如何在未经理论指导的教学中实现建构主义的原则？

教学作为一个内在统一的系统

比格斯将教学看作一个复杂的系统。在教室里，它涉及了教师、学生、教学环境、学习活动、学习结果等。这个系统的典型特征是：基本要素之间相互作用，还有一个共同的目标，即冯·贝塔朗菲（Von Bertalanffy）所说的稳定的平衡。他避谈目标和教学的字眼，而是用“主次颠倒”（tail wagging the dog）的说法来解释。他写道：“如果测试任务只涉及低于课程目标的认知活动，平衡只能在低层次上获得。教学系统就会被考试所驱使，而不是由课程来决定。改进教学需要将教学系统作为一个整体对待，而不只是添加一些好的元素，比如，新的课程设置或教学方法。”简单地说，就是当你只测试事实性知识时，学生学会的也只是事实性知识——无论教学目标是什么，无论你多努力地教他们应用事实和原理。

他借用（有人说是盗用）了科恩（Cohen）有关“教学一致性”的概念。科恩认为，“教学一致性描述了三个教学因素中刺激条件匹配的程度，这三个因素包括预期的教学效果、教学的过程及教学评估。当教学刺激的关键特征与评价的关键特征匹配时，效果量就可以达到1个、2个甚至3个西格玛”（关于布罗姆的3个西格玛效应在《学习是如何发生的》第13章中有过讨论）。眼下的问题是，科恩是在掌握学习（mastery learning）的框架中讨论这个问题的，而持有建构主义观点的比格斯认为掌握学习的框架过于客观主义倾向，太狭隘了。比格斯说：“虽然掌握学习在应对狭隘的、可量化的学业表现中取得了良好成效，但没有证据证明掌握学习有益于更广泛的学习结果。”至关重要的是（这可能也是他将“教学一致性”改为“建构一致性”的原因），当学习系统瞄准学习者自己建构意义的高认知水平目标时，建构一致性的裨益也可以涌现。

从教学目的到教学目标

从图7.1可以看出目标、教学与评估紧密相连。你可以按照前两项的要求去行动，但是如果学生了解了评估的方式和内容，恐怕他们所关心的便只有考试了。如此一来，势必造成评估指挥目标和教学的场面（一致性的末尾环节），这样便是主次颠倒了。基于这种主次颠倒效应，比格斯将学习目标划分为五个任务表现级别，分别是：

1. 前结构：错误执行任务；学生不理解要点。
2. 无结构：学生了解了任务的一点或一小部分（仅限于面上）。
3. 多结构：学生习得任务某些方面，但没有整合（只是了解）。
4. 关联结构：任务的所有方面都被整合成一个连贯的整体（理解、应用各部分之间的关系）。
5. 扩展抽象：在更高的抽象级别上重新概念化（反思、归纳和涉及元认知的远迁移）。

他和凯文·科里斯（Kevin Collis）最初在1982年提出了这个方法，并称之为SOLO分类法（可观察学习结果的结构分类，本书第27章对此进行进一步讨论）。当时，他将其看作一种根据学习结果复杂度分类的方式。这种分类方式让教师根据学习质量而不是信息的数量来评价学生。在他看来，对理解的表现性要求使教师能够明确学生需要做些什么来展示特定的理解水平。

教/学活动

下一步便是选择适当的教/学活动了。选择的方法必须让学生参与到活动中来——这些活动非常需要学生遵照教学目标设定的方式来完成学习。另一种处理方式是确定教学方法能够实现的教学活动，也就是说，选择的教/学活动（TLAs）能具体说明一个或多个预期的学业表现水平。举个例子来说，一个教师想要学生能够把一个原理灵活应用于不同情境中，他们就不能只是要学生在考试中背诵定律，或者只是应用于教师所教的情境中。最好是问他们哪些原理可用于某一情境中（为什么可用？），然后将其呈现在需要运用这些原理的情境中。

比格斯强调说，教师不仅仅负责组织个体或社会活动的教/学活动，教师还应该引导“建构知识”。首先，教师把控了主要的、正规的教学活动，比如讲座、辅导课、实验，还创建正规的合作活动，包括同伴合作，诸如讨论小组和头脑风暴等。其次，还有同伴控制活动（peer controlled activities），包括从教师发起的正式活动（如小组作业）到课堂内外的非正式或自发的合作。最后，是自我控制的活动，包括独立学习的各种活动，还有像做总结和记笔记等从文本中提取意义的具体策略，一般的学习技能和应用元认知策略。

评估与评分

评估就是根据预先确定的公开标准来判断学生的整体表现。在确定评估任务时，有必要判断它们体现出来的理解具体目标的程度，以及它们对评估单个学生的表现的适用程度。另一种方法是询问评估任务可能引发怎样的理解水平。

随后，比格斯带领读者浏览并解读他所谓的典型评估任务（记住，他是以一个建构主义的眼光来看待这一切的）。在这里，他没有区分学生在评估期间学习的内容和评估的内容。他首先讨论了唐（Tang）的一项研究，询问学生如何准备论文考试。答案包括机械记忆、发现问题、浏览论文、画重点、安排学习时间和整理学习材料、记忆等。他的结论是学生所采用的活动很少涉及高水平课程目标：

> “分析式”评分（即汇总分值）的做法在拥有多个打分者的大班上很常见，这意味着较高水平的理解能力往往不受重视……一个学生简单地列出自己的生活经历，回答了一个比较、对比性问题。她并没有回答问题，而是列出很多要点，却因此获得了全班最高分。

比格斯依据以上这些研究的答案来判断评估是否恰当！

他对客观题或多项选择题测试也持有类似的判断：有人声称这些测试可以评估高水平的思维，同时又痛斥此类题型没有得到教师的妥善使用。比格斯认为这是量化的评估方法无法克服的问题，结论是以上所有的评估模式都不适用于许多高等教育的教学。

比格斯的不当推论：一个类比

保罗演讲时，经常问听众，他们是否觉得人们应该遵循一个健康的饮食习惯。听众也总是一致地给出了肯定的回答。随后，他又让听众们列出他们喜欢吃的食物（顺便提一句：他这么做是想证明他们喜欢的并不总是最适合他们的：这就是“学习风格”效应问题）。他总是得到一样的结果，这些倍受喜爱的食物要么高脂肪、味道咸，要么太甜，甚至是二者皆有。这是否意味着听众们不想以健康的方式饮食呢？抑或，他们根本不关注自己的健康？他能做出这样的结论吗？肯定不能。唯一的结论是，虽然目标是健康地生活（类比参加论文考试），但听众所做的并不总是能实现这个目标（类比于深刻的理解）。

比格斯提供了三个选择适当评估方式的准则，在我们看来，这些准则适用于从注重记忆到实现远迁移等的所有的评估，即确定以下内容：（1）你在追寻什么样的品质；（2）评估是否应脱离其实际背景，或应在实际或学科情境中呈现；（3）谁应该制定标准、提供证明和评估证据。

最后，他总结出了他觉得简单而又直观的一种教学模式，在这种模式中：

- 教师清楚自己想让学生学习什么，以及应该如何展现学到的东西。

■学业目标按照从最可接受到最不可接受的等级（建议不同的级别）排列，构成评分系统（A，B，C，D和F）。

■学生被置于可能激发必要学习的环境中。

■学生提供证据证明其学习符合目标要求。

本章小结

有效的学习事关一致性的问题。教学目标、教学方法和教学评估必须保持一致。这里要特别注意的是，虽然比格斯的建构一致性是建立在建构主义基础上的（将“教学”改名为“建构”），但其一致性的理念具有普遍价值。即便你的目标是通过死记硬背来学习，你也需要选择一种旨在有效、高效和愉快的死记硬背式学习的教学（是的，即使是死记硬背，这三个目标也都可以实现），你也需要对死记硬背进行适当的评估。同样的道理也适用于应用、评估或任何其他教学目标。

这意味着，作为教师的你需要从现代教育专家所呈现的“一刀切”的心态（即某种特定的教学法放之四海而皆准的态度）中抽身出来。是的，团队学习在教师的工具箱中有它的一席之地，但它并不适合于任何教学内容。这样的道理也适用于练习、讲故事、解决问题或挑战项目等。并非所有的方法都能称心如意（即效果好、效率高、令人愉快、走向成功）。有些人就是不喜欢通过解决问题来学习解决问题，或者不喜欢通过发现式学习来做事，尽管发现式学习很有趣，能够调动积极性。这意味着，在获得解决问题所需的知识之后，如果你的目标是让学生自己解决问题，那么下一步就是让他们练习如何解决问题。

要　点

■教学一致性意味着预期结果、教学过程和评估之间的匹配。

■教师们必须清楚想让学生学习什么，以及他们将如何展示学到的东西。

■理解的表现性概念需要你能够对学生明确要求以便展示特定的理解

水平。

■学生需要被置于可以展示所需学业表现的环境中。

■有效的教学意味着教学一致性好。

参考文献

[1]Biggs J B. Enhancing Teaching Through Constructive Alignment[J]. Higher Education, 1996, 32: 1–18.

[2]Biggs J B, Collis K F. Evaluating The Quality of Learning: The Solo Taxonomy (Structure of The Observed Learning Outcome)[M]. New York: Academic Press, 1982.

[3]Cohen S A. Instructional Alignment: Searchingforamagic Bullet[J]. Educational Researcher, 1987, 16(8): 16–20.

[4]Tang K C C. Effects of Different Assessment Methods on Tertiary Students Approaches to Studying [D].HongKong: University of HongKong, 1991.

[5]Von Bertalanffy L. General Systems Theory[M]. New York: Braziller, 1968.

第8章　波纹环状

教学设计

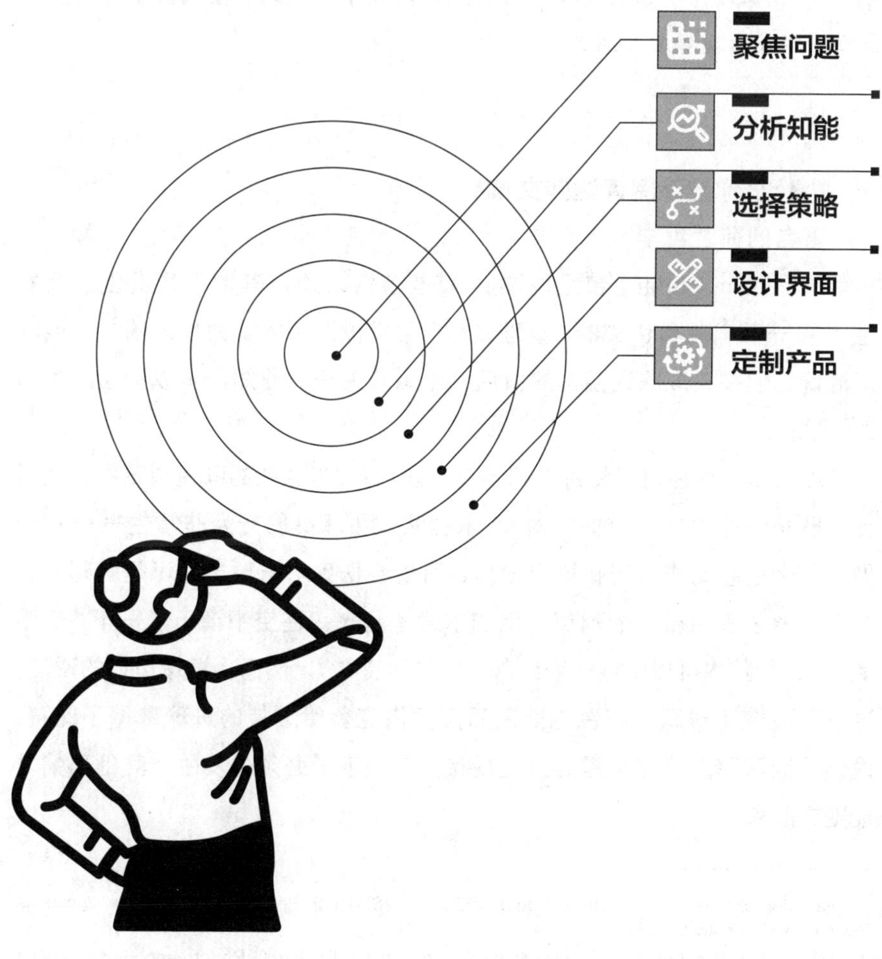

文章

《掌握综合认知能力：面向专业技术培训的四元教学设计模式》(Training complex cognitive skills: a four-component instructional design model for technical training)[①]

《"波纹环状"教学设计模式》(A pebble-in-the-pond model for instructional design)[②]

引文

"仅仅遵循一系列步骤，没有充分的教学以达到质量的要求，很可能导致出现劣质产品。"[③]

为什么你应该阅读这些文章

著名的荷兰哲学家（足球运动员，或者还有其他一些头衔）约翰·克鲁伊夫（Johan Cruijff）曾经说过："有些事情必须在其他事情发生之前发生。"乍一看，克鲁伊夫的"至理名言"常常被许多人认为是无稽之谈或陈词滥调。但在看似陈词滥调的背后，隐藏着关于专业知识难以捉摸的本质的智慧。

1995年，在阿姆斯特丹，阿贾克斯队与AC米兰队的欧冠决赛中，阿贾克斯队教练路易斯·范加尔对AC米兰队一名球员的行为非常生气——他做了一个危险动作，把腿抬得很高，可能会伤到对方球员，可是裁判没有判罚。为了表明自己的观点，范加尔跳了起来，在空中演示了一下"空手道踢"。裁判本可以给他一张红牌（但实际没有）。然而，据球员们的说法，这确实改变了球队，阿贾克斯队后面凭借克鲁伊维特的进球赢得了比赛，成为欧洲冠军。范加尔需要改变现状，有些事情必须先发生，其他事情才能随之而来。

---

① Van MerriëNboer J J G. Training Complex Cognitive Skills[M]. Englewood Cliffs, NJ: Educational Technology Publications,1997.

② Merrill M D. Apebble-In-The-Pond Model Forinstructional Design[J]. Performance Improvement, 2002, 41(7): 39–44.

③ Ibid.

当你把一颗鹅卵石扔进池塘时，你会看到一阵阵涟漪，从鹅卵石撞击水面的地方开始，然后从那里扩散出来。一件事情的发生会引起其他事情的发生。

戴维 · 梅里尔（David Merrill）在2002年提出了他的波纹环状教学设计模式，这个模式包括了一系列扩展活动，这些是由第一个鹅卵石引起的。也就是说，这是一个完整的任务或问题，即学习者将通过教学来完成要学习的内容。接下来是一组设计活动，梅里尔指出这是4C/ID模式的一个版本，该模式在1992年由杰伦 · 范梅里恩伯尔（Jeroen van Merriënboer）提出并于1997年得以扩展。

文　章

让我们从杰伦 · 范梅里恩伯尔在1997年出版的具有开创性的著作《掌握综合认知能力：面向专业技术培训的四元教学设计模式》开始，他的4C/ID模式已经成为教师、培训师和课程开发人员可应用于现实世界的教学之必备模式。根据范梅里恩伯尔和他的同事的看法，该模式解决了以前的教学设计模式中的至少三个缺陷。首先，该模式专注于特定任务组成技能的整合和协调表现，而不是知识类型、情境或教学媒体。其次，该模式在相关知能①和所需要的即时信息之间做出了重要的区分。最后，传统模式要么采用专项任务操练，要么采用完整任务操练；4C/ID模式推荐一种混合模式，即专项任务操练支持非常综合的完整任务学习。

4C/ID是一种基于真实完整学习任务的整体设计方法。这与原子式设计是背道而驰的。原子式设计通常将复杂的内容和任务简化为最简单或最细小的元素。而整体设计方法在应对复杂性的时候，不会忽略独立的元素和彼此之间的联系。在这种整体学习方法中，每一项学习任务都要求学习者具备完成任务所需的全部或几乎全部技能，包括与之相关的知识和态度。

这种方法解决了三个常见的教育问题，分别是“分割化”（即将一个整

① 与通过阐述和理解学习任务的非经常性（即解决问题、推理和决策）方面有关的信息。

体分割成不同的部分或类别)、**“碎片化”**(即将某物分解成小的、不完整的或孤立的部分,在需要时无法融会贯通)和**“迁移悖论”**(即最适合实现孤立的、特定目标的方法,并不适合实现综合目标和学习迁移)。

传统教学/教学设计存在的弊端

分割化:传统教育偏爱将知识、技能和态度分开教授。这种做法阻碍了综合学习和能力发展。

碎片化:传统教育倾向于把一个综合的学习领域分解成一小块一小块,这些小块通常与特定的学习目标相对应。然后教师一块一块开展教授,不关注各个小块之间的关系。这也阻碍了综合学习和能力发展。

迁移悖论:传统教育倾向于使用高效的教学方法来实现特定的学习目标(例如,封闭练习),却不能有效地实现学习迁移。这同样阻碍了综合学习和能力发展。

4C/ID模式的一个基本假设是,为获得复杂认知技能而设计的教育项目可以用四个基本部分来描述,即(1)学习任务,(2)相关知能,(3)支持程序,(4)专项练习(参见图8.1)。学习任务是教育方案的主干,它们从各种不同的经验中提供知识学习,并以学习迁移为明确目标。其他三个部分则连接到这个教育方案的主干。

范梅里恩伯尔和基尔施纳合作,扩展了4C/ID模式,将其转化为综合学习设计十个步骤。这些步骤被组织成四个基本部分(参见图8.2和表8.1)。

与此密切相关的是梅里尔的“波纹环状”教学设计模式,该模式以他的首要教学原理为基础。在梅里尔看来,有效的学习要聚焦问题,学习者参与到一个学习循环圈,其间包含四个不同的阶段:(1)激活旧知,(2)示证新知，（3）应用新知，（4）融会贯通。这里需要注意的是，学习者要有足够的原有知识和经验，否则解决问题的能力就会较弱（手段-目的分析）。然后，梅里尔提出了五个基本原理，即：

1. 在现实问题的情境下开展教学。

2. 确保教学激活了相关的原有知识或经验。

3. 通过教学要学习的内容开展示证，而不是仅仅给出要学习的信息。

4. 给学习者一个练习和应用新获得的知识或技能的机会。

5. 提供指导，鼓励学习者将新的知识或技能融入（迁移）到日常生活中。

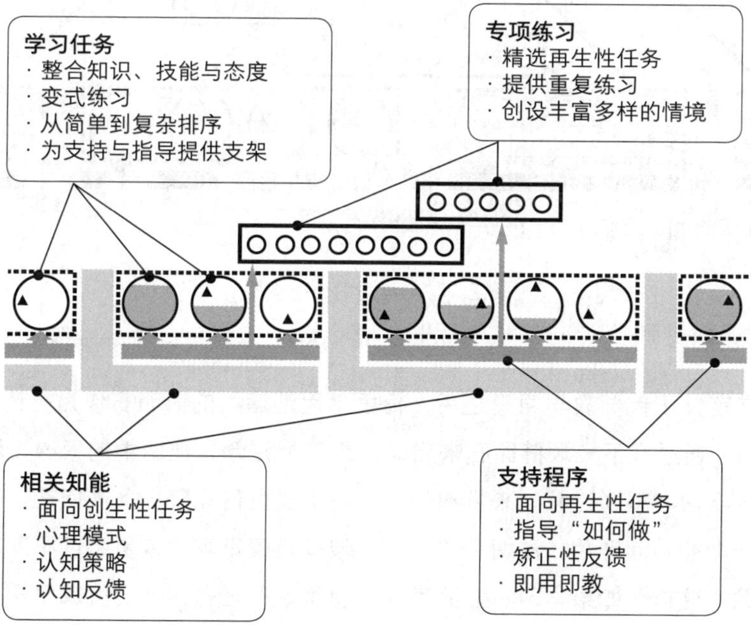

图8.1　四元教学设计模式（4C/ID）框架

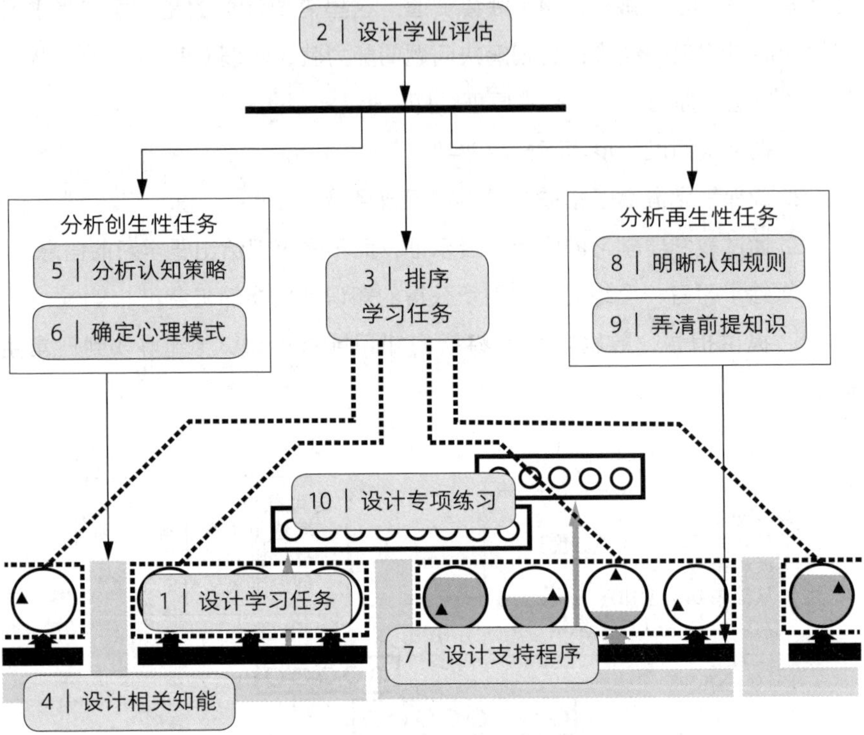

图8.2 综合学习的十个步骤

在定义了首要教学原理之后，梅里尔用池塘里的鹅卵石作为类比（见图8.3）：通过投下一颗鹅卵石来启动一组扩展活动。池塘中的第一个波纹是确定学习者将通过教学来掌握的一个特定类型的完整任务或问题。在确定了一个初始问题后，池塘中的第二个波纹是确定难度或复杂性不断增加的问题，这样，如果学习者能够完成所有确定的任务，他们就算掌握了要教授的知识和技能。池塘中的第三个波纹是确定完成每一项任务或解决每一个问题所需的知识和技能。池塘中的第四个波纹是确定教学策略，让学习者参与到问题中，并帮助他们获得完成任务或解决问题所需的组成知识和技能。池塘中的第五个问题是界面设计。在设计过程的这一阶段，要安排学习内容和学习者参与学习的策略，提供教学传递系统和学习情境或者产品的教学架构。现在，这些波纹已经扩展到了参与编制教学材料或创设教学情境。

表8.1　十个步骤

学习任务	相关知能	支持程序	专项练习
1.设计学习任务 2.设计学业评估 3.排序学习任务	4.设计相关知能 5.分析认知策略 6.确定心理模式	7.设计支持程序 8.明晰认知规则 9.弄清前提知识	10.设计专项练习
基于真实的任务提供真实的、完整的任务体验，这种体验整合了必要的技能、知识和态度。在每个阶段，对学习者提供从扶到放的支持，学习任务则逐渐加大难度，这样便形成了教育方案的主干	帮助学习者完成创生性学习任务（解决问题、推理和决策）。这样的任务可以在学习者开始学习任务之前呈现，也可以在学习任务进行中提供	告诉学习者如何完成日常学习任务（“如何做”）。最好是即用即教，在完成学习任务的过程中，学习者有需要时，及时提供给他们	此时学生通过进行日常活动来培养高水平自动化技能，专项任务练习需要大量重复，而且应该在已经引入了一个完整的、有意义的学习任务后才进行

请注意：“问题中心设计”或者“任务中心设计”与“基于问题学习”是不同的。“问题中心设计”是将学习内容置于情境中学习，而“基于问题学习”则是一种旨在解决问题的特定教学策略或学习策略，学习知识解决过程的附加物。

听起来是不是很熟悉？正如梅里尔在《首要教学原理》这篇论文中所指出的那样，范梅里恩伯尔提供了可能是最新、最全面的教学设计模式，以问题为中心，并涉及本文确定的所有教学阶段。范梅里恩伯尔的模式将较直接的教学方法与基于问题的方法结合起来，所有这些都是在被称为认知加工的背景下进行的。梅里尔甚至说自己的模式只是范梅里恩伯尔4C/ID模式的另一种版本而已。

梅里尔指出，传统教学通常以大量原子式教学目标开始，这样的教学目标实际上是“知识的抽象表征而不是知识本身”，换句话说，这是碎片化和分割化的做法。波纹环状（见图8.3）教学设计可以避免这种情况，即从学习者在接受教学后应该做的事情（要完成的整个任务或要解决的问题）开始（第一个波纹），而不是从抽象的表述目标（即学习目标列表）开始。换句话说，它从一个教学目的而不是详细的目标开始。在这之后，它指定一组问题（第二个波纹），从简单开始，并逐渐增加完成任务或解决问题的复杂性、难度、知识数量或所需的技能数量。在从简单到复杂的过程中，学习者需要运用教学目的所要求的所有必要的知识和技能来解决每一个问题。第三个波纹包括了分析和明确完成每一项任务需要哪些知识和技能。这些知识是“是什么、几部分、哪一类、如何做和发生了什么以及解决每个问题所需的技能”。第四个波纹是确定教学策略。教学策略将四种教学互动方式（明理、答问、示例和练习）与将要学习的知识结合起来。第五个，也是最后一个波纹，是梅里尔所说的编制要学习的内容和提供吸引学习者的策略，以适应学习情境或学习产品需要的传递系统和教学架构。

梅里尔的波纹环状模式和首要教学原理是非常普遍的，可以用多种方式予以实施。它们是教学的基本原理。如果这些教学的首要原理能被实施，将有助于实现效果好、效率高和参与度高的教学。

本章小结

我们可以从范梅里恩伯尔和梅里尔的著作中得出的主要结论是：课程设计和教学应该从根本上改变传统的做法，不能用原子化、碎片化和分割化的方式来定义学习目标，为每个孤立的目标设计教学，还希望最终的总和大于各个部分。相反，教学应该包含一个整体的、连贯的、统一的决策，而这来源于作为教师和教学设计师（我们确实认为教师是最终的教学设计师）的你，希望学生能够达到的最终目标是什么。在学生完成课程后，他们应该能够完成哪些任务，或者他们应该能够解决哪些问题。这就是扔进学习池塘的鹅卵石，它会激起第一个波纹。下一步是分析学生需要哪些知识和技能来成功地完成任务或解决问题。然后确定效果好、效率高、愉快的（梅里尔用了“有吸引力”这个词）方法来让学生参与到任务中，并帮助他们获得完成任务或解决问题所需的知识和技能（即确定适当的教学和学习策略）。最后，你需要设计，然后开发（即编制）教学或教学环境以达成目标。

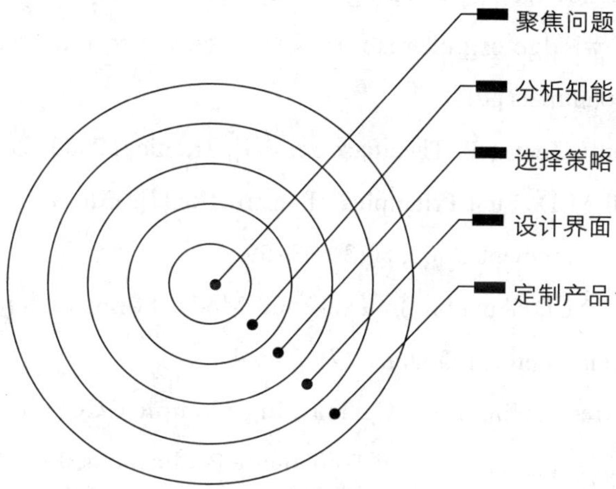

图8.3　波纹环状
（来源：Merrill，2002b）

要　点

■教师是终极的教学设计师。

■根据学生需要的各色各样的学习目标设计课程，然后根据这些目标开展教学，会导致学习碎片化和分隔化，知识的迁移程度最低。

■根据学生应该能够完成的任务或他们应该能够解决的问题来设计课程，然后根据这些目标来教学，可以使学习变得连贯统一，从而最大限度地实现知识迁移。

■请注意赖格卢特的“精细加工理论”（参见《学习是如何发生的》第16章），并在真实的整体任务的课堂中学习。从这些任务的简单版本开始，随着学生的进步，增加任务的复杂性。

■好的教学应该在现实问题的情境下呈现将要学习的内容，激活相关的原有知识和经验，示证将要学习的内容而不是只提供讲解，让学生运用新学到的知识和技能，最后在真实的情境中实现整合或迁移。

参考文献

[1]Core Knowledge. Grouping Animals [EB/OL]. [2021–09–16]. http://www.coreknowledge.org.uk/resources/science%20resource%20pack-%20year%201-%20animals.pdf.

[2]Gordon J, Zemke R. Theattack onisd[J]. Training, 2000, 37(4): 42–45.

[3]Merrill M D. First Principles of Instruction[J]. Educational Technology Research & Development, 2002, 50(3): 43–59.

[4]Merrill M D. Apebble-In-The-Pond Model Forinstructional Design[J]. Performance Improvement, 2002, 41(7): 39–44.

[5]Van MerriëNboer J J G. Training Complex Cognitive Skills[M]. Englewood Cliffs, NJ: Educational Technology Publications, 1997.

[6]Van MerriëNboer J J G, Clark R E, De Croock M B M. Blueprints For Complex Learning: The4c/Id–Model. Educational Technology[J]. Research and Development, 2002, 50(2): 39–64.

[7]Van MerriëNboer J J G, Kirschner P A. Ten Steps to Complex Learning: A Systematic Approach to Four–Component Instructional Design. 3rd Ed. London; New York: Routledge, 2018.

第9章　如何展现一个观念

表征知识

图书 《教学论探讨》(*Toward a theory of instruction*)[①]

引文 “任何观念、问题或知识体系都可以以一种足够简单的形式呈现，以便任何特定的学习者都能以一种可识别的方式理解它。”[②]

为什么你应该阅读这本书

每当一部电影涉及认知复杂的主题时，制作人便会陷入一种困境。他们希望对素材进行客观公正的处理，但既然主要目标是吸引和娱乐观众，他们就不能让观众沉浸在过于难懂的内容中。例如，如何在《美丽心灵》(*A Beautiful Mind*) 这部电影中既呈现约翰 · 纳什 (John Nash) 关于博弈论思想的精妙之处，同时又不会分散大部分不太能理解高等数学的观众的注意力?

电影制作人将此视为表现问题，并采用大量的视觉和故事技巧来传达 (或至少暗示) 这种复杂性。在《美丽心灵》电影中，纳什的想法是通过类比的方式以及数学符号的视觉表达等多种形式呈现出来，比如有一个著名的场景，纳什和他的两个朋友用博弈论来决定应该和三个女孩中的哪一个在酒吧里约会。还有一些通过数字符号来呈现的场景，观众可以看到纳什在书房的窗户上写方程式。

人们很容易嘲笑好莱坞对这类内容的描述，认为它们要么简化了内容，要么完全歪曲了最初的想法。毕竟，数学家们曾批评这种类似酒吧的场景在理论上的不精确性。除非我们从一开始就理解纳什的理论，否则看到罗素 · 克劳 (Russell Crowe,《美丽心灵》中约翰 · 纳什的扮演者) 在窗户上写方程式，实际上是无法告诉我们任何关于纳什理论的信息的。不过，故事讲述过程中呈现出的挑战，在某些方面与我们对教学的了解是一致的。

---

① Bruner J. Toward a Thfory of Instruction[M]. Cambridge, MA: Harvard University Press, 1966.

② Ibid., p.44.

每当我们设计教学时，我们思考的中心应该是如何表达一个想法或一组想法。这是因为知识无法从一开始就以最完整、最原始的形式传达，尤其是如果学习者有机会理解、记忆、提取和有效地使用知识。因此，教师可以，而且应该以有利于持久学习的方式表达思想，同时准确地传达所学内容的必要特征。

与好莱坞电影不同，教师不能用诗意破格（poetic license）来掩盖知识的重要细节。然而，就像任何有天赋的讲故事人一样，事实证明，教师们有一些方法来呈现信息，这些信息会让人难忘，并且同时能保持其基本品质。

图　书

杰罗姆·S.布鲁纳（Jerome S. Bruner）的开创性著作《教学论探讨》主要关注的问题是，如何在考虑知识习得的前提下最好地呈现信息。

教学即讲述一个观念的故事

布鲁纳的教学理论能与讲故事关联起来，因为两者都与表征结构有关。对于布鲁纳来说，任何观念、问题或知识体系都可以用足够简单的形式呈现，这样，任何特定的学习者都可以用可识别的形式来理解。这是一种令人耳目一新的应对复杂性的方式，不简单地依赖于学生对学习的“准备程度”或“能力”这种表面的概念。准确地说，这种方式的关键在于信息的整合方式是否便于学生学习——这也正是教师教学的职责所在。

在探索“观念”如何才能让学生便于学习时，布鲁纳列出了获取知识的三个结构特征，即表征方式、简约性和影响力。每一个特征都会影响学习者的掌握能力。

表征方式

在布鲁纳看来，当考虑如何在学习中呈现观念时，采用何种表现形式表达观念是最重要的因素。同样，我们要讲好一个故事，也需要用心考虑具体的表达方式。布鲁纳的假设是任何一种知识都可以用群组形式加以表征：

1. 选取可以达到既定结果的适当行为来表征（动作表征）。

2. 使用总结性图片或者图示来表示无法明确定义的概念（图像表征）。

3. 从符号系统中提取的符号或逻辑命题，是由形成和转换命题的规则所支配的（符号表征）。

为了做进一步的详细解释，布鲁纳采用了一个类似于跷跷板的类比方式。图9.1直观展示出，坐在跷跷板一侧的孩子从中间位置渐渐向两侧移动的过程是可以增加倾斜的力度的（动作表征）。年龄大一点的孩子能够通过画出动作或用文字描述来表现同样的现象（图像表征）。最后，跷跷板运动的细微差别可以通过参照物理学中的牛顿定律，使用数学符号加以描述（符号表征）。

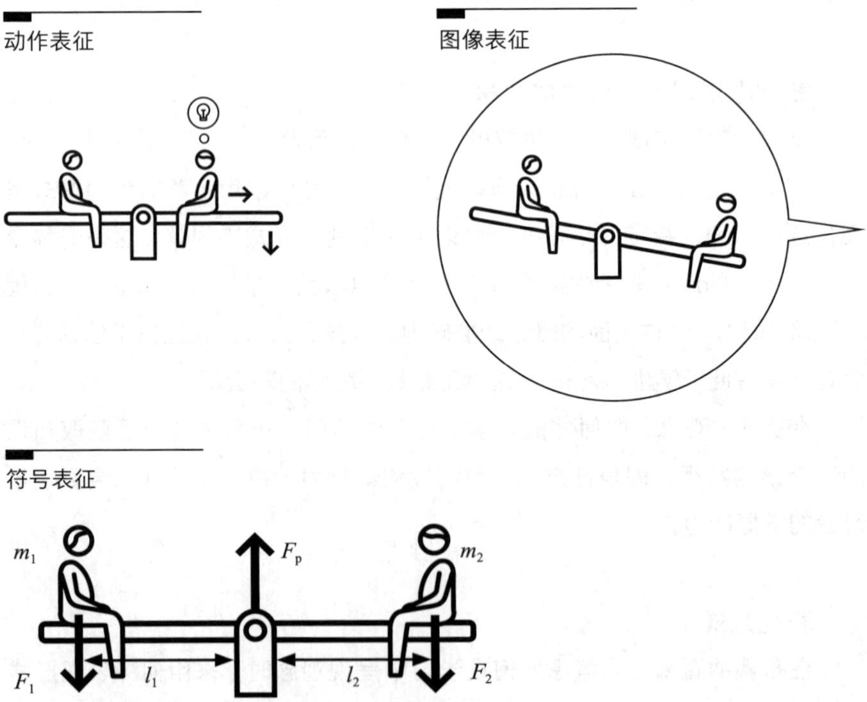

图9.1　布鲁纳的三种表征方式

正如你从布鲁纳的例子中所看到的，虽然呈现形式不同，所呈现的基本内容是相同的（将重心进一步放到支点的边缘，会增加这一侧下降的可能性），但在三种情况下，传达该基本知识点的“表征方式”是不同的。因此我们需要理解为什么每一种表征方式都非常重要，并将不同的表征方式应用到教学模式中。当然，这也是我们稍后将予以讨论的内容。

简约性

我们现在所说的认知负荷理论，布鲁纳早期就对此提出了建议。在描述任何领域的知识时，布鲁纳将简约性定义为能够被记住并加工以实现理解的信息量。就像讲故事的人希望让听众听得明白又不会云里雾里一样，教师也必须找到“宜居区”，即介于信息超负荷以至于无法应对与重要信息过少之间的区间。在解决这一矛盾时，布鲁纳帮助我们明白所谓“信息过载vs信息缺失”的问题，实际上可能一开始就是一个虚假的选择。相反，要用简约性的视角来描述知识，这意味着我们可以将知识转化为更加紧凑和易懂的形式。布鲁纳再一次用简练的例子来表达他的意思（从而阐明他的观点）。

布鲁纳的第一种表征来自数学，他认为，用公式 $s=\frac{1}{2}gt^2$ 来表达自由落体的特性，比把一系列数字以表格形式汇总，展现在不同引力场中不同物体下落不同距离的大量观察结果更为简约。第二种表征是从读写能力中提取出来的，假设尽管“This is the squirrel that the dog that the girl that the man loved fed chased”（这就是那个被男人爱的女孩喂的狗追着的松鼠）这句话和“This is the man that loved the girl that fed the dog that chased the squirrel”（这个男人爱的女孩正在给追着松鼠的狗喂食）这句话意思完全相同，但在后一句话中简约明了，让读者能够心领神会。布鲁纳将前一种表达称为“繁复累赘”，后一种表达则是“明白通晓”。

你可能已经开始注意到，布鲁纳关于如何表征知识理论的方法并不是孤立的。例如，上面关于坠落物体的方程依赖于符号表征，以使其更加简约。对于教师来说，这是一个很有说服力，同时又有点讽刺意味的启示：

尽管表征方式从更简单的观念呈现开始，进而变得越来越复杂，但你越让学习者理解和学会使用这些更复杂高级的方式，他们自己就越容易表达和理解新信息。

呈现方式和简约性之间的这种关系为学习者提供了一个巨大的挑战，并且有助于指导学习者更好地理解复杂信息：你知道的越多，你就越能准确、完美地表达你所知道的东西。多年来，许多思想家已经无数次表达过类似的看法，但也许歌德说得最好："只有在受限制的情况下，大师才能真正展示自己。"

影响力

布鲁纳将影响力定义为知识的其中一个特征，这可能是三者中最抽象的一个，并且与歌德所主张的以上观点类似。布鲁纳认为，在表征观念时所呈现的影响力是指学习者将表面上看起来彼此孤立的事情联系起来的能力。这类似于季清华（Michelene Chi）等人在《学习是如何发生的》第1章中讨论的新手和专家之差异。

简而言之，布鲁纳认为影响力等同于直接用途。也就是说，在某种程度上对学习者有用的知识（因为它在某些方面可以被迁移并应用到其他环境中），以及对学习过程本身有用的知识（因为学习者对知识是如何构建的以及学习是如何发生的有了更多的了解）。

正如前面所述，布鲁纳指出，影响力和简约性之间是相互联系的，尽管两者在理论上是独立的。他提出，"很明显，一个结构可能是简约的，但缺乏影响力。但在任何领域，强大的结构化表征很少不是简约的"。对于布鲁纳来说，现有的知识之所以有影响力，正是因为其简约。他认为，这可以解释为什么许多科学家都相信自然即简约，也许只有当真理变得理性简单时，人们才能理解它。

这是一个深刻的认识，对我们作为一名教师如何进行知识表征有着重要的影响。在教学中，简约性常常被视为一种必然的错误。就像好莱坞电影那样，为了让观众保持娱乐而简化了事实。每当教师授课的时候，必须努力去掉那些原本丰富的元素，这样才能让人容易理解。而布鲁纳提醒我们，知识的丰富性和简约性是可以共存的，并且，知识的丰富性恰恰刚好表现为其简约性本身。对布鲁纳来说，简约之美正是知识的力量所在；它可以呈现所有简单的思想之美，这也是所有教师都应该追求的目标。

从结构到序列——建立知识基础

值得注意的是，我们应该明晰知识应该如何结构化，这与它的顺序有关。尽管我们可以对某件事情有深层的理解，将其呈现为完美的简约性，但这并不意味着一个人必须直达终点而不应在沿途的车站停留。事实上，我们已经看到了简约性往往是精通知识的标志，因此我们不能假设大多数学习者都能立即掌握这种简约性的知识表征技能。

布鲁纳认为："如果智力发展的一般进程的确是从世界的动作表征到图像表征再到符号表征，那么最佳序列很可能会朝着相同的方向演进。"他甚至承认这一点："当学习者有一个完善的符号表征系统时，跳过前两个阶段也是很有可能的。"他还补充说，学习者需要自己承担风险。

因此，为什么我们呈现信息的顺序和它所采取的呈现方式同样重要，或者它所包含的简约性和影响力也是等量齐观？为了回答这个问题，我们可以再次回到布鲁纳关于表征方式的观点，回到在方式之间的差异中所观察到的三个重要观点，以及对教学的重要影响上：

1. 理解表征方式之间的差异，有助于教师使用一种让学习者更容易理解的方式来组织内容的表达形式。这就是为什么初级数学教科书会使用跷跷板图示，而研究生的数学教科书更可能选择牛顿定律代数表达式。

2. 由于每种方式都提供了一个比以前的呈现方式都更复杂的图示，教师可以认识到，学习者的知识越多，他们可以学以致用的事情也就越多，这就是为什么一个高级数学家能够比一个四岁的孩子更多地告诉我们跷跷板运作的细微差别，以及为什么他们能使用数学语言做到这一点。

3. 布鲁纳通过对学习者接受新观念的过程进行观察，展示了知识表征序列的复杂性和学习者如何逐渐加深学习不断取得进步。他表示，即使学习者从具体的简约性知识转向更抽象和微妙的符号表征知识，在遇到新的和不同形式的知识情况下，他们仍然会回到并依赖那些原始的、简单的表征形式。换言之，即使数学家已经理解跷跷板工作的系统化和纯数学理论知识，他们几乎肯定还会依赖某种图像表征（比如跷跷板图片）或动作表征（比如在跷跷板上的体验），这样可以帮助自己理解这些抽象的代数术语。

本章小结

布鲁纳提出的最后一点有着特别深刻的意义，因为它向教师表明，知识的结构化和序列化不只是简单地提供脚手架，或是向学习者提供信息来满足他们即时的需求，它也可以呈现知识本身是如何建立起来的。因此，当我们回忆并将其应用于新的情况时，即使是看似简单的基础知识，也是值得信赖的。正如布鲁纳所说："抽象化概念一旦形成，学习者学起来就会得心应手，不过他仍然会继续依赖图像表征……通过探索问题并将其与已经掌握的问题联系起来的方法。"

从这个意义上讲，布鲁纳表征理论解决了长期以来对建构主义在教育中的性质和作用的误解——建构主义是一种教学理论，表明学习者在积极构建自己的知识和理解时的学习效果最好。相反，对布鲁纳表征理论的理解实际是将建构主义更靠近心理理论，表征理论解释了我们如何通过构建更精细化的表征方式来构建知识。了解这一点对教师进行教学实践来说是很有帮助的，不是因为它促使我们偏爱"发现式学习"，而是因为它告诉我们如何搭建知识的结构并且使用何种方式表征知识，这对学生如何学习知识具有重大的意义。

要　点

■ 任何观念、问题或知识都可以使用非常简约的方式呈现，这样，任何特定的学习者都能以可识别的形式理解它。

■ 只要教师考虑了知识的表征方式、简约性和影响力，学生一定可以识别和理解知识。

■“表征方式”可以辅助学生进行知识的构建和排序，分别是动作表征、图像表征与符号表征。

■即使当学习者学习到更高阶的知识，开始以更加抽象化、更符号化的方式来学习知识时，他们仍然愿意把这种复杂的表现形式扎根于他们早期的动作表征阶段所获得的基础理解中。

■综上所述，不要总是询问学习者是否准备好理解某类知识了，而是要看重知识以何种表现形式便于学习者理解。

参考文献

[1]Bruner J. Toward a Thfory of Instruction[M]. Cambridge, MA: Harvard University Press, 1966.

[2]Chi M, Feltovich P J, Glaser R. Categorizaton and Representation of Physics Problems By Experis and Novices[J]. Cognitive Science, 1981, 5: 121–152.

[3]Esterhammer A. Romantic Poetry[M]. Amsterdam: John Benjamins Publ Co, 2002.

[4]Kirschner P A, Sweller J, Clark R E. Why Minimal Guidance During Instruction Does Not Work: An Analysis of The Failure of Constructvist, Discovery, ProblemBased. Experiential, and Inquiry-Based Teaching[J]. Educational Psychologist, 2006, 41(2): 75–86.

第10章　如果你不知道要去哪里，就可能会迷路

授课目标

图书 《准备教学目标》(*Preparing instructional objectives*)[①]

引文 “教学成功或有效取决于其是否达到了设定的目标。”[②]

为什么你应该阅读这本书

不妨想象一下，你正和几位友人在外地进行为期一天的徒步旅行。你由于更具经验而志愿担任团队的向导。你在行前印好含中转站的地图，还写上了每段行程的预估时间，并将其分发给队员，然后团队斗志昂扬地启程了。

差不多走了八个小时，团队成员的心情因疲劳而开始变得糟糕、沮丧且失落。旅途充满争辩和吵闹，友人一路都在质疑你的方向决策，或直接坚称你带错了路。

太阳快落山了，大家决定安营扎寨。这时你意识到问题所在：刚开始分发地图时，你不知怎地将资料混在了一起，以至于团队成员手中的路线图各不一样，因此，你和你的朋友们每个人的目标和到达目的地的路线都不一样，这成为旅行注定会失败的原因。

再想象一下，如果同样的事情发生在课堂——教师是那位颇具经验的“远足领队”，各种相互矛盾的地图代表对学习的不同看法。你怎么知道自己关于学习的方向设想和学习者头脑中的期望是一样的？如果这趟学习旅程出现矛盾，这对学习又可能产生什么影响？

如你所见，在没有任何规划以及不能准确描述教学内容的情况下就开始教学之旅，会使师生双方陷入困难的泥沼。探索教学目标的重要性体现在不会在过程中迷失方向，这也是罗伯特 · F.梅格（Robert F. Mager）创作

① Mager R F. Preparing Instructional Objectives[M]. New York: Fearon, 1962.

② Ibid.,p.l.

其开创性著作《准备教学目标》之目的所在。

图　书

梅格在其著作开篇就对教学目标做出表述：教学成功或有效取决于其是否达到了设定的目标。这一表述听起来简单直接，但如果我们不致力于此，就会忽略相当多的事情。

梅格认为，只要推动学习者朝着预期的方向前进，那教学就是成功的。因此，为了确保实际的学习不偏离其初衷，我们必须准确界定学生需要学什么，需要做什么。在梅格看来，若非如此，教师就像是买了张不知道终点的车票，或者在不确定打算制造什么的情况下就建造工厂，或者在不知道投喂对象的情况下就扔出馅饼。

教学目标为什么重要

为了具体说明和方便理解，梅格随后总结了定义明确的教学目标的效用：

■它能帮助你选择适合开展工作的工具——外科医生在知道手术目的之前是不会选择器具的。梅格声称："如果你不知道要去哪儿，你怎么知道要走哪条路？"

■它帮助你围绕主要学习路径应对各种变化——爵士乐手可以即兴演奏并不是因为没有音乐结构，而是因为存在一个能够围绕乐曲主题即兴重复的曲调。梅格认为："有了目标就可以释放教师的创造性和灵活性。"

■它帮助你取得一致的成果——如果你让一群学习者去参加三级跳比赛，显然，每个人跳得远近是不一样的。但如果你从开始就明确每个人都至少能在学程结束时完成单足跳、跳绳和跳跃，就会设定明确且可行的期望。有一个共识是，形成性评价能明确学习的目标——本书将在第26章讨论布卢姆等学者的这个观点。梅格指出："尽管有的学习者会学到比目标要求更多的东西，或达到超出目标的水平，但教师还是可以期望每个人至少实现其中一条目标。"

■ 它帮助你衡量学习的结果——如同“会骑自行车”这一教学目标的唯一示证方式就是确保此人能够骑自行车。如果目标替换为“理解骑自行车这件事”，那么示证的手段就会变得模糊不清。梅格指出：“如果没有明确的目标，就没有某种能帮你明晰去处的衡量手段。”

■ 它帮助学习者组织学习——如果在对未来天气一无所知的情况下开始徒步旅行，意味着旅行者无法选择出行的衣服和装备——所有这些要么给你带来不必要的压力，要么会让你承担无准备的风险。梅格认为：“当教师明确了教学意图并告知学习者时，他们也就不再需要去凭空猜测教师的要求。”

■ 它帮助你精简和指导教学——你为汽修师开设如何发现齿轮箱故障迹象的课程，再为他们布置修理的任务。如果他们失败了，你不应感到惊讶。这是因为你教他们的是如何发现故障，而不是如何解决问题。要注意到这些区别来为教学清障。梅格指出：“有了好的教学目标，可以大大缩短现有的教学进程……（或者）至少不会做无用功了。”

教学目标的应用及其局限性

近年来，梅格关于教学目标的观点受到了“恶性突变”的影响。特别是上述三级跳比赛的例子让人想起了一种目标设定的方法，许多人认为这种方法会影响专业工作的工作量。具体来说是一些学校的教师耗费过多时间用于表述连续的学习期望（有些人会这样做，大多数人会这样做，所有人都会那样做），用以反映学习者的能力水平，这是对梅格方法的过度解读。我认为大家会同意这是教学目标准备方法的误用和对教师时间的浪费。

除了因误解梅格的思想而增加超额的工作量之外，我们也有理由担心教学目标所采用的形式不当。由于语言往往过于模棱两可，难以准确无误地表达出教师希望学生知道和能够做的事情，我们面临着在编制目标中丢失内容的风险。梅格可能会声称，这正是我们需要首先精心推敲所使用的语言的原因所在——但迈克尔·波兰尼（Michael Polanyi）关于“隐性知识”的观点和唐纳德·舍恩（Donald Schön）关于“思行合一”的论断（参见本书第6章），强调了当我们试图阐明学习中不可言说的部分时可能会出现的问题。根据最近的研究，我们知道如何以工作样例的形式做出示范，以及如何比较正例和反例，使用这两种方法，以较少依赖于语言歧义的方式帮助传达预期质量的水平——这都是对本章主题的重要贡献。关于工作样例，我们将在本书第15章中讨论。

有用目标的品质

如同本章开篇所描述的那次失败的徒步旅行，设定教学目标的关键挑战之一是沟通的清晰程度。表述不清的教学目标会对教师和学习者构成负面影响，即使编制者认为已经明确描述了一个教学目标，听者的理解还是能让他们大吃一惊。正如梅格所言，最优目标的陈述应该能够最大限度地排除实际意图以外的可能含义。

为了帮助建立能够准确表达真实意思的教学目标，梅格提出了三个重要的特征：学业表现、条件和标准。

学业表现

梅格将“学业表现”定义为“期望学习者能够达到的应用水平”，然后将其分为外显的和内隐的两种类型。

外显的学业表现更为直接，其中两个已在“会骑自行车”的案例中得以展示。但有一些不太明确的学业表现可能会混淆视听。梅格的一个格言发挥了作用：“如果语句中不包括一个可见的学业表现，那它就还不是一个目标。”他用两个例子阐明意思：

- 能写一篇新闻稿
- 能够培养对音乐的鉴赏力

鉴于我们能分辨出某人是否成功写出一篇新闻稿，这就满足“可见的学业表现”的定义；鉴于我们不能判断某人何时（或是否）能够欣赏音乐，那就不是“可见的学业表现”。这里的关键之处是集中于那些表示可证明行为的动词。所以，“陈述、写作、绘制、列出”要比“开发、评估、欣赏和内化”更好。后者描述的是一个知道的过程，前者描述的是一个人能把“知道”的东西“展现”出来。

当外显的学业表现变得内隐时会发生什么呢？梅格指出：并非所有的学业表现都是裸眼可见的。所以需要增加一个额外的步骤。在这里我们得益于梅格的另一主张：只要目标所述的表现是内隐的，就增加一个学业指标。

为了说明这一点，梅格对目标的形式做出解释，“识别出不得体的谈话”不是一种可见的学业表现，因为个体可以在他人观察不到的情况下做出这一行为。那么，如果我们把它改成“每次听到不得体的话就按铃”，会发生什么呢？这就变成了可以在行动中看到的表现。梅格提醒我们，需要“看到”学业表现，这是至关重要的，因为它使学习的这些方面变得清晰，否则我们在实际中难以把握。

“学业表现”的不同用法

“学业表现”一词在指代不同的事情时其含义略有变化，取决于你请教哪个教育专家。

梅格使用该词“主要”表示实施或完成事情，这就是为什么他经常这样说，学习者应该“能做”所学到的事情。

伊丽莎白（Elizabeth）和罗伯特·比约克（Robert Bjork）将“表现”视作学习后能立即做某事。对于他们而言，这是在教学中可以观察或测量的东西，也是用来推断学习实际上是否发生的手段。

你可以在上一节所述的外显学业表现和内隐学业表现的条件中看到这两种解释的痕迹。

条　件

梅格将“条件”定义为“预期发生的学业表现的条件”。这是为了说明当未明确陈述教学目标的条件时，可能会失去什么。梅格用“能够百米冲刺”和“能赤脚百米冲刺上滑坡”说明两者之间的区别。

为了防止“条件”的缺失，梅格提供以下三点指南：

- 学习者在实现学业表现时应该使用什么（例如，工具、表格）？
- 学习者在实现学业表现时不允许使用什么（例如，清单或其他辅助工具）？
- 学业表现基于何种真实条件发生（例如，在旗杆顶上，在水下，在一群观众面前，在驾驶舱里）？

我们可以在这个列表中添加某些特定的目标不需要情境的可能性。比如“能够骑自行车……”而不需要用“……在自行车上”。但可能以“在山间小路上”为结尾说明学业表现应当在那一背景下发生。

标　准

梅格将“标准”定义为一个人要表现得多好才能被认为有能力。他认为每当我们加上“衡量实现目标的要求”等信息时，可以产生显著的增强效果，包括：

- 你将有一个标准来测试教学成效

- 学习者将知道如何判断他们是否达到或超过学业表现期望
- 你将有基础证明学习者可以实实在在学会你教给他们的东西

在最后，梅格反驳了以下论点：某些学科的某些方面是“无形的”，因此要“抵制简单定义的标准形式”。他认为教师在其领域中已经意识到获得专业知识意味着什么（因为他们已经这样做了），而且他们已经在决定学习者是否能具备令人满意的学业表现。在这种情况下，唯一缺少的是命名这种满足感的基础，也就是是“成功标准”。

速　度

即一个人做某事需要的时长会对他们如何去做产生质的影响。是考虑给某人30秒画一幅自画像呢？还是三个小时？三个星期？这里的每一个时间点都代表一种个体准备做事的方式。当然，说明其他术语（学业表现和条件方面）仍然很重要，但时间会在传达期望中发挥自己的独特作用。

为了帮助我们理解速度和时机所发挥的作用，梅格提供需要牢记的三个考虑因素，所有这些因素都会影响当前的任务进展：

- 考虑须以多快的速度完成某件事（例如，在五秒内）
- 考虑在另一个事件开始之前必须做什么（例如，在红灯亮前）
- 考虑每单位时间必须做某事的频率（例如，必须在两秒内发射至少三发子弹）

准确性

做某事和准确地做某事，两者之间天差地别。例如，“踢足球”与“越过一堵防守人墙，进入球门的右上角，射门的同时避免触到守门员伸出的手臂”相去甚远。也就是说，更高的准确性并不一定会使任务更加困难。通过梅格的例子，大家都应该对此感到熟悉：

- 解答必须精确至最接近的整数
- 材料称重至最接近的克数
- 正确计算小数点后至少三位有效数字

这样看来，详细说明对准确性的期望与在目标范围内建立“条件”具有类似的效果。有时候，任务的特殊性会有明确和简化的效果，确切地知道一个方面需要什么可以减轻学生的注意负担，让他能专注于学业表现的其他组成部分。

质　量

如果有人担任烹饪比赛的裁判，他们不太会在意参赛者准备这道菜的速度（除非这是比赛中规定的因素）或遵循烹饪指导书的准确性（除非影响最终菜品）。更重要的是有一个恒定标准，成功的关键在于参赛者烹制菜肴的质量。

尽管质量很难确定，但这还是有可能的。梅格在以下目标中通过错配准确度标准的示例来定义质量标准：“能够以90%的准确率创作一首奏鸣曲。”这样一个目标让人觉得奇怪，因为创作一首奏鸣曲显然依赖于质量而不是准确性。因此挑战应该是：你要如何展现奏鸣曲的品质，以便准备作曲的人能够理解在练习中什么是“好”？在这种情况下，对作曲练习生来说，明确这样的定性标准比任何对准确性或速度的期望都更为有用。

本章小结

20世纪90年代早期，一种名为朗希尔的快干木材染色剂的广告是英国最受欢迎的广告之一，它的广告语在短期内变得家喻户晓：“朗希尔快干木材染色剂，效果写得一清二楚。”这种新颖而实在的市场营销之所以成功，是因为产品广告除了产品能做什么之外什么都没说。朗希尔快干木材染色剂——在木头上染色，恰到好处。如果我们要从这一章中学到什么，那就是：有效的教学目标的力量也是如此。

如前所述，近年来对梅格的著作反应不一。毕竟，开创性的工作总是会有争议，成功或者不成功，一定有人抱有不同意见，或者在某个时候推广应用起来大为走样。我们不认为梅格的理论会异化为教师填写的冗长的学习目标表。我们同意最近的建议，即向学生展示卓越是什么样子的，这将发挥强大的效用。尽管如此，我们相信，在对教学目标进行深思熟虑的表述方面，仍有很多东西要向梅格学习——特别是一个有效的目标应该像朗希尔快干木材染色剂那样写得一清二楚。

要　点

- 如果教学达到了设定的目标，它就是成功的。
- 说明你希望学习者知道什么、能做什么，为教学提供一个重要的路线图并帮助学习者组织学习。
- 高质量的教学目标密切关注学业表现（期望学习者能够做什么）、条件（预期表现的发生条件）、标准（一个人的表现有多好才能称之为有能力）。
- 任何有价值的教学目标都应该认真交代、清晰明白。

参考文献

[1]Bjork E, Bjork R. Making Things Hard on Yourself, But in a Good Way: Creating Desirable Difficulties to Enhance Learning[M]// Psychology and The Real World: Essays Illustrating Fundamental Contributions to Society. New York: Worth Publishers, 2011: 56–64.

[2]Mager R F. Preparing Instructional Objectives[M]. New York: Fearon, 1962.

[3]Richland L E, Zur O, Holyoak K J. Cognitive Supports for Analogies in The Mathematics Classroom[J]. Science, 2007, 316(5828): 1128–1129.

[4]Zhu X, Simon H. Learning Mathematics from Examples and By Doing[J]. Cognitive Instruction, 1987, 4: 137–166.

第三部分

教学方法

我们从克尔凯郭尔（Kierkegaard）那里知道，即使岁月悠悠，生活滚滚向前，也要向后看。当我们第一次学习某样东西时，我们的生活经验和事后理解之间的区别尤其明显。

怎样画一只猫头鹰

（新手开心与创意指南）

第一步：先画两个圆。第二步：再画猫头鹰的其他部分

学习的一个定义是把以前混乱的信息整合成连贯的、可识别的和可检索的形式。以这种方式组织知识往往会导致我们错误地将学习行为本身描述为类似的有序和简单的事情，但事实远非如此。

例如，你可能会认为学习骑自行车或说一门新语言是一段自然的、持续的发展过程，但其实它应该是一段不断刻意修正的过程。事实上，学习是一个混乱和违反直觉的过程，必须拆解才能完全理解。

学习是如此，教学也是如此。事实上，教师在教学中经常遇到的一个问题是，认为教学也是直观的、可预测的，永远遵循一种“刚刚发生”的自然秩序，不需要经过深思熟虑的设计和实施。所有这些都可以总结为这幅画。

这种“网络模因”（又叫梗图，即meme）让人发笑的原因是，我们会对教学的线性必然性做出假设。就好像教学倾向于是一种神奇的思维方式，而忽略或跳过了使教学发挥作用的最重要因素。值得庆幸的是，有很多方法可以思考教学和教学方法是如何实际发挥作用的，我们将在本部分中探讨这些方法。

为了理解这些概念，我们首先要问：什么是直接教学（DI）？它与直导教学（di）有什么不同？什么是显性教学？它与填鸭式教学有什么差异？我们知道学习不是被动的，也不应该是被动的，但我们如何让它变得主动、自发？

第11章　没有教不好的孩子

直接教学

图书 | 《直接教学》(*Direct instruction*)①

引文 | “学生将通过学业成绩增强自尊和自信，以便为后续任务提供动力。”②

为什么你应该阅读本书

关于NASA的科学家如何将火箭送入太空，或者考古学家在挖掘古代遗址时要做什么事情，我们也许会想象出一些场景——但我们真的知道吗？我们能说清细节吗？我想，大家的统一回答都是“不能”。既然这样，那为什么大家会对教学会发生什么有直观感受呢？即使在教学行业中，也很早就存在另一种误解：教师认为他们知道什么是“直接教学”（Direct Instruction）。在缺乏事实的前提下，教师认为直接教学就是机械式操练、填鸭式教学，即教师讲，学生听。

齐格弗里德·恩格尔曼（Siegfried Engelmann）的直接教学（DI）既是一种理论，也是一种基于一个前提或假设的教学设计模型，这个前提或假设是：“学习者感知事物，并在事物相同的基础上进行概括。”在这里，我们需要重申他的研究重点：（1）直接记录什么是（和不是）直接教学；（2）学习他工作中的智慧。

图　书

这里我们需要注意的一件事是，DI不是一种学习理论，而是一种教学理论。学习理论涉及人是如何学习的，而不在乎使用什么样的教学方法（例如斯威勒的认知负荷理论，赖格卢特的精细加工理论，帕维奥的双重编

① Engelmann S. Direct Instruction[M]. Englewood Cliffs, NJ: Educational Technology Publications, 1980.

② Magliaro S G, Lockee B B, Burton J K. Direct in Struction Revisited: A Key Model Forinstructional Technology[J]. Educational Technology Research & Development, 2005, 53(4).

码理论……这些都在《学习是如何发生的》一书中讨论过）。另外，教学理论是指教学本身，暗示甚至提倡会有一种“最佳方法”来实现效果好和效率高的教学。例如，比格斯的建构一致性理论（见本书第7章）或梅里尔的首要教学原理、范梅里恩伯尔的四元教学设计模式（见本书第8章）。

直接教学（Direct Instruction，DI），正如恩格尔曼所描述的，这是一种明确的、精心排序的、脚本化的教学模式。它是一种正式的、高度脚本化和格式化的集合，其具体表现形式为课程、教科书及其教学内容安排。

直导教学（direct instruction，di），是巴拉克·罗森海因（Barak Rosenhein）根据自己的教师效能研究提出的术语。在该研究中，他发现了一组与学生成绩显著相关的变量。这是一种教学策略，而不是课程体系。在最初的文献中，他将其称为“显性教学”（explicit instruction，请参阅第12章）。

齐格弗里德·恩格尔曼是科学家和教育家，以发明直接教学（DI）而闻名，他将其描述为一种方法，一种理论，能够让教师有效并高效地教授任何技能。这里需要重点指出的是，当谈到恩格尔曼的直接教学理论或模型时，我们使用的是大写字母“DI”。

虽然首个直接教学程序是关于教授基本的阅读、写作和数学技能的，但从向学习障碍儿童教授新知识到鼓励那些消极的高年级学生，直接教学几乎适用于所有教学问题。它还适用于大学水平技能的教学以及通过传统方法无法很好地教授阅读、拼写、算术和科学学科的教学。

直接教学背后的哲学理念是非常积极的，恩格尔曼认为：

- 没有教不好的孩子。
- 教育得当，每个孩子都能学得好，并能获得积极的自我形象。

■ 有了合适的培训和教学材料，所有教师都能成功。

■ 表现不佳或处于劣势的学习者需要以更快的速度接受教学内容，因为只有这样他们才能赶上同伴的进度。

■ 必须仔细计划和控制教学，以避免学习者误解教学内容，并从“教学的强化效应”中受益。

直接教学的核心是与学生进行明确的交流，教学理论的基础是让沟通完美无缺，在此基础上观察学习者的表现。为达成这一目的，恩格尔曼提出了七条教学沟通常规，即：

1. 上课时使用的语言必须清晰明白、准确无误，并确保类似的任务可以用相同的措辞。正如他和我们已经说过的那样，这就要求“学习者感知事物，并……在事物相同的基础上进行概括”。

2. 教学速度要快，以提高学生的注意力和学生的表现。

3. 教师应该向小组提出多项任务，让孩子们同时（一致地）做出反应。

4. 教师应该使用清晰明确的信号，让学生确切地知道他们应该什么时候做出反应，以确保不是只有几个学生做出反应，其他人则简单复制反应。

5. 布置小组任务后，教师应轮流检查，以收集有关每个学生掌握与否的信息。

6. 学习是一个试错的过程，每个教学程序都应预设和明确一些步骤，用于纠正较为常见的错误。

7. 如果使用“给予表扬和提出挑战、经常督促并对学生的表现表示出惊讶”的方式，学习者的良好表现和努力工作得到强化，那么他们将会爱上这个学科，并能更好、更勤奋地开展学习。

恩格尔曼的第一个直接教学模型是与卡尔 · 贝赖特（Carl Bereiter）合作创建的，这本身就有点奇怪。卡尔 · 贝赖特是知识建构的坚定支持者，即一种建构主义的学习方法，是当时他与玛琳 · 斯卡达马利亚（Marlene Scardamalia）一起开发的［即计算机支持的有意义学习环境（CSILE），后促成了“知识论坛”（Knowledge Forum）］。相比之下，恩格尔曼的教学方法牢固地根植于行为主义。恩格尔曼与贝赖特在1966年提出的直接教学模型包含一个三阶段的过程，持续评估在每个阶段都发挥着作用。第一阶段，根据原先掌握的知识和技能介绍要学习的新内容，即刷新以前所学的内容。第二阶段，讲解新课，即讲解要学习的新内容。这是一种快节奏的、脚本化的解释或演示过程，这样设计是为了引出有关概念的一种解释，这种概念由“适当的正例和反例来强化”。第三阶段，是很多需要即时反馈的练习。这种练习从完全由教师指导的活动开始，要求全班学生一致回应教师预先设置的一系列问题。这些基于小组的互动使教师能够确定学生对目标内容的掌握程度，并纠正可能出现的任何误解。当教师确定学生已经掌握新的事实、概念和技能时，由教师控制的练习将被学生独立练习所取代，当然教师还需要密切监控，以确定学生能正确应用习得的事实、概念和技能。以上做法一直是恩格尔曼直接教学模型后续所有迭代的基础。

恩格尔曼认为，直接教学要求“对要教授的技能进行仔细分析，对学习者进行仔细分析，并非常仔细地执行用于‘教学’或建立新行为的演示”，因此需要大量的工作。恩格尔曼指出，在直接教学模型中，课程和任务（几乎）完全是脚本化的，原因有两个。第一个是控制影响学习者表现的每个可控变量。第二个是，正如马格里亚罗等人指出的那样，让教师专注于以下内容：

- 呈现信息并与学生交流。
- 确定学生执行目标任务所需的必备技能和能力。
- （通过任务分析）识别学生可能遇到的潜在问题。
- 通过分析学习者成功的例子以及他们成功时使用的策略来了解学生的学习方式。
- 学习如何安排精心设计的任务。

这里值得注意的是，恩格尔曼提出，直接教学的关键是他相信学生“会通过学业成绩增强自尊和自信，为后续的任务提供动力”。奥利弗·卡维格利奥里（Oliver Caviglioli）在图11.1中总结了直接教学的9个关键特征。

直接教学发挥作用了吗?

我们可以继续讨论直接教学，但问题实际上是“它有效吗?”。为此，我们请读者关注“追踪项目”(Project Follow Through)[①]，由美国于1967年发起的一个持续10年的项目。该项目的设立是为了确定如何最好地教从幼儿园到3年级的处于高风险中的儿童(即处于第20百分位上下的儿童)，因此通常设置在那些最贫困的地区。最初预计覆盖178个社区的200000名儿童，并比较三种方法集下的22种不同教学模式。第一个方法集：基本技能模型，包括恩格尔曼的直接教学。这些方法侧重于获得读、写、算的基本知识和技能，并假设高阶思维、解决问题的能力和自尊心的获得都源于基本技能的掌握。这基本上是一种自下而上的学习方法。第二个方法集：认知概念模型，强调发展高阶认知技能。这更像是一个自上而下的方法，以思维和解决问题能力为目标，假设在掌握复杂问题的同时，会自动获得低阶的基本技能以及自尊心。这与当今许多学习“21世纪能力”的方法相同。第三个方法集：情感模型，专注于提高积极的自尊心以改善学习和发展，并假设提高孩子自尊心的经历将为学习和成绩提供动机催化剂。这与我们如今提倡的“成长型思维模式”(Growth Mindset)和“坚毅”(Grit)理论相似。

用于确定不同教学模式有效性的措施，包括广泛应用并经过验证的问题解决能力测试、自尊心测试、成败责任测试，以及少量标准化的语言和数学成绩测试。当所有结果都出来时，那些接受基本技能模型教学的孩子，尤其是接受直接教学模型教学的孩子，与接受了其他两种方法集教学的孩子相比，不仅有明显更高的学术成绩，而且在自尊和自信方面的得分也更高。具体来看沃特金斯(Watkins)的一项研究，他考察了“追踪项目”最初的国家评估，以及对数据三次主要的重新分析，得出以下结论：

---

① “追踪项目”是美国政府资助的一个项目，旨在开发和评估多种有效的模式，以教育低收入家庭的小学生。作为“领先计划”(Head Start)的补充，“追踪项目”始于1967年，涉及10万多名学生，持续了10年。从成绩、认知技能和自尊的各种衡量指标来看，直接教学是最有效的教学方法。——译者注

<table>
<tr><td>本 · 戈登（Ben Gordon）

布莱克浦中学校长助理（数学教学）</td><td></td><td>循证课堂研究系列
恩格尔曼的直接教学</td></tr>
<tr><td colspan="3">巴拉克 · 罗森海因在有效教师的研究中确定直接教学形式之一来自齐格弗里德 · 恩格尔曼的直接教学。你有没有想过它的特色是什么？</td></tr>
<tr><td>①树立信念
恩格尔曼相信所有的孩子都能塑造和发展积极的自我形象。他认为学习失败的责任在于课程和教学设计不到位，而不是孩子的能力或智商问题。
</td><td>②精讲新知
每节课只有15%的内容是新的。85%是通过复习、练习、应用和测试的原有知识。这样的做法通常与大多数传统授课相反。

</td><td>③统合课程
每节课都是围绕多个技能或主题组织的，而不是围绕单个技能或主题。然后，通过复习、练习、应用和测试，将技能合理分配到后续课中。
</td></tr>
<tr><td>④阶梯难度
学生从基本概念开始，随着时间的推移，不断提高应用的难度。如果学生还没有准备好，则不要急于求成，并在必要时进行重新分组。
</td><td>⑤合理排序
对示例先后、内容链接和课时安排都要精心思考。做到对容易混淆的概念进行区分，先讲清共性的要求，再注意例外的情况。
</td><td>⑥同质分组
确保学生在单元中根据其掌握水平（而不是预先设想的能力）被分配到合理的小组中，这一点至关重要。
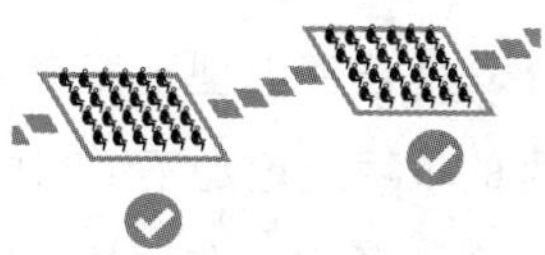</td></tr>
</table>

（接上图）

⑦完美交流	⑧多样互动	⑨学会概括
完美交流应当有非常具体的要求，这样学生就不会形成“错误规则”。使用脚本是一种为了确保一致性的常见做法。	一节课要有6—12分钟时间用于教授新内容，其余时间重在应用新知识，教师面向全班学生，不断提问和反馈，让学生共同做出回答。	直接教学的目标是教授各种能应用于最大范围情境中的概念和策略。首先教授概念的特定实例，然后是一组可概括的实例。

图11.1　恩格尔曼直接教学模型的关键特征

（来源：Oliver Caviglioli）

■强调基本技能的模型在帮助孩子获得这些技能方面比其他模型更好。

■那些将重点放在基本技能以外的模型，在没有“追踪项目”的支持下，孩子们的技能测试得分更低。也就是说，其他几种模型产生了负面影响。

■在提高认知概念技能的分数方面，没有哪种模型是更出色的。

■强调基本技能的模型在自我概念测试中产生的效果比其他模型更好，换句话说，基本技能模型比专门设计的项目能产生更好的情感效果！

令人遗憾的是，尽管“追踪项目”的所有评估都清楚地表明直接教学的有效性，但原始评估的结果被美国教育部压了下来，后续的评估也是一样，直接教学要么被忽视，要么被妖魔化。当时的教育专员欧内斯特·博耶（Ernest Boyer）在一封信中写道：“既然只有一个教学模型（直接教学）比其他任何模型更能产生持续的积极效果，那么传播这个包含所有教学模型的项目结论是不适当的和不负责任的。”是的，你没看错。因为只有一种模型被证明是有效的，所以让公众知道什么不起作用是“不适当的和不负责任的”！为什么会这样？直接教学的理论和方法与当时美国教育家倡导的、占主导地位的建构主义思想不一致，现在仍然如此。他们没准备好接受这样的发现：只有一个教学模型在基本技能和认知技能、阅读、拼写和数学方面表现出色，并且还能培养孩子更积极的自我形象。博耶承认结果与专家的预测不符，因此他压下了结果。许多政策制定者和所谓的教育创新者把直接教学逼到了一个角落，认为它对儿童不友好；就算有什么好处的话，也只对认知有好处。实际上，结果恰恰相反。可惜，刻板印象、体系和教条还是战胜了数据。

本章小结

直接教学是有效的。一方面，这是一种高度脚本化和教师导向的教育形式；另一方面，它是一种动态的且被证明行之有效的教学方式。这需要大量事前考虑和精心计划。它要求教师在计划和准备时投入大量时间，而产生的成效不仅体现在学生的认知发展上，还体现在情感学习和发展上。

那么，为什么直接教学受到如此诟病？答案既简单又悲伤。直接教学的方法及其基础理论与以儿童为中心的更进步、更浪漫的教学哲学——建构主义相冲突。建构主义哲学认为教育应该允许儿童决定他们学习什么和如何进行学习，儿童如何学习取决于他们的发展阶段，儿童可以并且应该自由地建构或获得知识。当尊重和利用儿童独特的学习风格或学习偏好时，他们就能学得最好。

对于许多教师来说，还有一个事实是，他们在课堂上教什么以及如何教的自主权是他们身份认同的核心部分。

第12章将继续以这种方式讨论巴拉克 · 罗森海因的直导教学（di），或者如他所说：显性教学。

要　点

- 直接教学是一种基于原有知识、脚本内容和大量练习的激励性和多样化教学方法，并在这三个方面提供大量的反馈。

■直接教学包含：

1. 交流学习目标。

2. 检查学生是否具备理解新课的知识和技能。

3. 通过清晰的教学讲述新课的关键原理。

4. 通过提出问题、提供例子和纠正错误来检查学生对知识的掌握和理解情况。

5. 提供指导性练习。

6. 评估学生表现并就指导性练习提供反馈。

7. 通过小组或课堂，或家庭作业中的个人活动提供独立练习的机会。

■直接教学是基于掌握标准，也是系统有序的。

■直接教学不仅可以提高孩子的学习成绩，还可以提高自尊心和更好的自我认知。

■摒弃那些迎合时尚潮流的教学策略、未经验证的方法和已被证明不起作用的方法，它们会伤害那些处于高风险中的学生。

参考文献

[1]Bereiter C, Engelmann S. Teaching Disadvantaged Children In The Preschool[M]. Upper Saddle River, NJ: Prentice Hall, 1966.

[2]Coombs M K. Honestfollow–Through Needed on this Project [N]. The Washington Times, 1998–03–24.

[3]Engelmann S. Direct Instruction[M]. Englewood Cliffs, NJ: Educational Technology Publications, 1980.

[4]Engelmann S, Carnine D. Theory of Instruction: Principles and Applications[M]. [S.l.]Adi Press, 1991.

[5]Magliaro S G, Lockee B B, Burton J K. Direct in Struction Revisited: A Key Model Forinstructional Technology[J]. Educational Technology Research & Development, 2005, 53(4): 41–55.

[6]Watkins C L. Project Follow Through: A Case Study of the Contingencies Influencing Instructional Practices of the Educational Establishment[M]. Littleton, MA: Cambridge Center for Behavioral Studies, 1997.

第12章　别被显性教学吓到

显性教学

文章 | 《显性教学研究综述》(Synthesis of research on explicit teaching)[①]

引文 | "对教学的十年研究已经坚定地确认了系统化、有序化教学的有效性。"[②]

为什么你应该阅读这篇文章

大家经常说，显性教学令人生厌，让人兴趣索然，如果我们相信肯·罗宾逊(Ken Robinson)的话，它甚至会扼杀学习。有人甚至说，这对年轻的学习者来说尤其如此。我们应该让学生自由玩耍，发现新知，自我指导学习。但事实真是这样吗?

保罗经常骑自行车带孙女艾尔莎去日托中心，她坐在自行车前置的儿童座椅上。爷孙俩一路上聊了从独角兽到《汪汪队立大功》(*Paw Patrol*)的各种趣事。遇到红绿灯时自然也会有"爷爷，我们为什么要在这里等?"的对话。当艾尔莎稍微长大一点时，爷孙俩在城里散步，接着发生了下面的对话：

保罗：艾尔莎，我们能过马路吗? 灯是红色的。

艾尔莎：不，爷爷，现在是红灯，你告诉过我的。

保罗：现在呢? 信号灯变成了绿灯。

艾尔莎：是的，我们可以走了!

保罗：先不急，等一下。

艾尔莎：为什么，爷爷?

保罗：因为我们要先看看是否有车开过来(夸张地向右看)。艾尔莎，右边是哪边?(等着艾尔莎回答，并且知道她说得出来)。再看左边(夸张

---

① Rosenshine B V. Synthesis of Research on Explicit Teaching[J]. Educational Leadership, 1986, 43: 60–69.

② Ibid., 464.

地向左看)，然后再看右边(同样夸张地向右看)。

艾尔莎：为什么，爷爷？他们是红灯，我们是绿灯！

保罗：因为可能有些淘气的人闯红灯不停车，撞了我们。

艾尔莎：哦，但是为什么我们要第二次看右边呢？

保罗：因为也许当我们向左看的时候，有一辆汽车或自行车正好转过街角，可能还会撞到我们(看着已经变绿的灯)。现在可以过马路了吗？先让我们看看左边和右边。两边都没有淘气的人，我们能走了吗？

艾尔莎：是的，爷爷(她想要开始走)。

保罗：好的，拉紧我的手。

保罗(在下一个十字路口)：好了，艾尔莎，现在你可以自己走了。

这是一个显性教学的例子，并没有令人生厌，也没有让人兴趣索然。相反，显性教学既生动又好玩，而且优质高效！它包括明确解释(教学)、检查原有知识和是否学到了新东西(评估)，鼓励独立练习但也离不开教师的指导，等等。事实上，这对教学双方来说都很有趣，还给了艾尔莎一种成就感(保罗也会有成就感，牵着艾尔莎的手也会感受这一点)。我们真的不敢去想，如果保罗让艾尔莎说说笑笑、自发探索如何安全穿过繁忙的街道，会发生什么事情！很明显，显性教学与一些添油加醋的稻草人有很大不同。本章介绍巴拉克·罗森海因关于“显性教学究竟是什么”文章中的观点。

文　章

在前一章中，我们讨论了恩格尔曼的直接教学(DI)，并具体说明了它的实施方法。在1976年和1979年，巴拉克·罗森海因提出了他自己的“直导教学”(direct instruction, di)主张：(1)强调学习目标，(2)确保学习者参与学习，(3)选择具体学习目标并监控学习者的进度，(4)组织学习活动并给予即时的、围绕学习的反馈，(5)创造一个以任务为导向但宽松的学习环境。1986年，他进一步将其称为“显性教学”(explicit instruction)，用他自己的话来说，“研究人员发现，当好教师直接教授概念和技能时”学生学得更好。

罗森海因在他1986年的文章中，以研究人员发现的教授概念和技能的有效方法作为开篇，即：

■ 通过简明扼要地陈述授课目标来开始上课（让学生明确知道对他们的期望）。

■ 通过回顾学习的前提和先决条件来开始上课［在《学习是如何发生的》一书中，我们讨论了戴维·奥苏贝尔（David Ausubel）的前提：学习中最重要的因素是学习者已经知道的东西］。

■ 以小步骤呈现新材料（降低内部认知负荷），并在每个步骤后开展练习（确保存储在长期记忆中）。

■ 确保教学和讲解是详细具体且清晰明白的（降低外部认知负荷）。

■ 提供并要求积极练习（需要通过认知努力来加工信息，以便更好地习得和记忆）。

■ 通过提问检查学生的理解程度，让所有学生都做出回答（让师生都知道是否学到了什么，这种提取练习也有一个有利于学习的“合理难度”限定——参见第14章）。

■ 在学生的初始练习中给予指导（指导可以降低外部认知负荷，同时也要从扶到放，适时撤除）。

■ 提供系统的反馈和纠正（纠正性、指引性或认知性反馈，可以是上馈、反馈或前馈，请参见《学习是如何发生的》）。

■ 持续练习，直到学生完全掌握并充满自信（习得和过度学习有助于将所学知识自动化，使其在新情况下立即可用，即从长期记忆中提取出来）。

防止生搬硬套

使用上面提到的“显性教学”的几条做法，可能会出现生搬硬套的情况。因为有些教师（和教师培训师）会倾向于将其视为一组清单或算法（即过程或一组规则，将我们带到理想的最终状态：学习）；还有的教师认为每节课都要遵循这样的做法（事实并非如此），认为这是一种可以且应该适用于所有学生的模式。罗森海因认为："小步骤方法适用于所有学生或所有情况，这是错误的。对于年幼的学生，学得慢的学生，当然要将任务拆分成小步骤；当材料是新的、有难度或有梯度时，对于所有的学生来说也要采用小步骤教学。但当面对年龄大一些的孩子、比较聪明的学生时，或者在一个单元的中间部分时，教学的步子可以迈大一些，也就是说，讲解的时间长一些，花在检查理解或指导练习上的时间少一些，可以开展更多的独立练习，因为此时学生不需要过多的帮助和监督。不过，即使在这种情况下，当材料难度加大时，还是要考虑用回小步骤教学，教学会更有效。"

罗森海因从对人类信息加工的研究中得出了这些方法，比如人的工作记忆是非常有限的，太多的新信息容易导致信息过载；练习能帮助人将信息从工作记忆迁移到长期记忆中（例如，使用精细加工、复习、复诵、小结或强化等现在被称为生成学习活动或合理难度的做法）；持续学习直到熟练掌握为止，以便在需要时毫不费力（即自动）地从长期记忆中回忆起所学的内容。

罗森海因还研究了优秀教师的工作（教学效果研究）。在总结这些研究时，他把自己发现的内容总结为六种教学功能（见表12.1）：复习、讲解新材料、指导性练习、反馈和纠正、独立练习、周复习和月回顾。

表12.1　六种教学功能

活动（是什么）	实现（如何做）
复习	■ 全班一起回顾前一天的作业。 ■ 回顾相关的学习内容，具体做法是呈现内容，或使用测验、抽认卡等提取练习方法。 ■ 复习必备知识和技能，解释其与即将学习的新内容的相关性。
讲解	■ 明确授课目标或提供一个具体的教学大纲。 ■ 把要教的内容拆分成几个小步骤。 ■ 示范一个过程，不仅包括做什么，还包括为什么要做（或为什么不做）。 ■ 提供具体明确的正例和反例。 ■ 讲解清晰，避免使用难懂的术语，但也要解释和适当使用专业术语。 ■ 提问，点名，或要求每个人都把答案写在白板上，不断检查学生的理解情况。 ■ 不要离题发挥或使用诱人的细节。
指导性练习	■ 允许学生独立练习，但要有教师适当指导。 ■ 在练习过程中还要经常提问，督促学生思考。 ■ 不要求学生举手回答，而是让所有学生回答（小组回答、点名、运用白板）。 ■ 确保学生在进入下一步练习之前获得高成功率，达到掌握的要求。
反馈和纠正	■ 不仅要给出结果性反馈（即哪些正确，哪些不正确，应该如何改正），还要给出过程性反馈，特别是当学生给出了正确答案但是犹豫不安时。 ■ 必要时重新教学，但应该采取不同的做法。
独立练习	■ 一旦你相当确定学生已经达到（或者接近）掌握水平，让学生独自完成新任务或解决新问题。 ■ 只在必要时提供协助。
周复习和月回顾	■ 每个星期开始时，复习前一周学过的内容。到了月底，复习学生在过去四周所学的内容。 ■ 进入后续阶段的学习或通过考试后，不要让学生忘记过去学过的内容。

在这篇文章中，罗森海因详细阐述了上述所有功能，参考了许多研究并探讨如何在课堂上贯彻落实。特别有趣的是他所说的指导性练习和主动参与，在他看来，指导性练习的目的是监督学生在一项技能上的初始练习，并提供将新知识从工作记忆转化为长期记忆所必需的主动练习、强化精进和精细加工。

主动参与

罗森海因提倡在显性教学中让学生主动参与，但如何在课堂上做到这一点呢？他提出了一些促进学生主动参与的方法，例如要求所有学生：

- 把自己的答案讲给同伴听。
- 做一个简短的总结（一到两句话），并与同伴或全班同学口头分享。
- 把答案写在白板上，然后举起来，让教师看看谁理解了，谁没有理解。
- 当他们认为自己有答案的时候，竖起大拇指，这样教师就可以检查一下全班，然后直接选出一两个学生回答。
- 当答案不一致时，举不同颜色的牌子。

罗森海因还就如何调整显性教学以适应不同的学习者提出了一些建议。他指出，当学生有学习困难，如知识储备较少，或年龄较小，或材料复杂、理解困难，需要更多的复习时，教学步子应该更小些，讲解的内容也应该更少些（即展示的新事物更少）。此外，学生需要充分的帮助和监督，所以在课堂中要开展精心指导的练习和独立练习。另外，当学生学习速度较快，或年龄较大，或学习材料难度较低时，只需少量复习，可以花更多的时间来讲解新知识，课堂上也可以减少指导性练习，布置更多的独立练习让学生完成，因为此时学生不需要那么多的帮助和监督了。

在这篇文章之后，罗森海因在美国教师联合会会刊《美国教育家》（*The American Educator*）杂志上发表了一篇影响广泛的文章。在文章中，他提出了十项教学原则（见图12.1），而这些原则是从以下研究中提炼出来的：（1）大脑如何获取和使用新信息（即认知心理学研究）；（2）成功教师的课堂实践，其学生表现出最高的学习收益（即教师有效性研究）；（3）向学生教授学习策略的研究结果（即实证干预研究）。

01 每节课开始时，先简短地回顾一下学过的内容。每天复习可以加强以前的学习，便于回忆。 	02 分小步骤讲解新知识，每一步都有练习。任何时候，先只讲解少量的新材料，再在学生练习过程中提供帮助。 
03 多提问题，并检查所有学生的回答。提问帮助学生记忆新知识，并将新知识与之前的学习联系起来。 	04 提供示范。为学生提供示范和样例可以帮助他们更快地学会解决问题。 
05 引导学生练习。成功的教师会花更多的时间指导学生练习新知识。 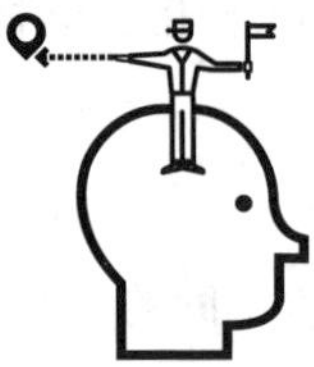	06 检查学生理解程度。检查学生在每个节点上的理解程度可以帮助学生减少错误。 
07 获得高成功率。学生在课堂教学中获得高成功率至关重要。 	08 为困难的任务提供帮助。教师为学生提供临时支持，帮助学生克服学习困难。 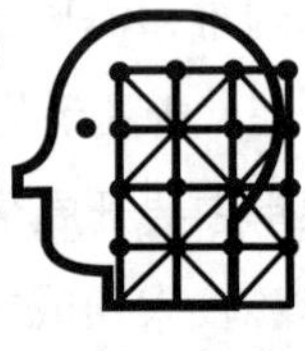
09 要求并监督独立练习。学生需要广泛的、成功的、独立的练习，才能熟练掌握知识和技能。 	10 让学生进行每周和每月复习。学生需要进行广泛的练习，以做到融会贯通，实现知识与技能的熟练掌握。 

图12.1　罗森海因十大教学原则

在文章中（以及他在2010年为联合国教科文组织撰写的一本小册子中），罗森海因讨论了这十种教学原则。他先是简短地讨论了这些方法背后的研究成果（为什么），然后再说明课堂实践的应用（如何做）。例如，在讨论第一个原则“开始上课时先简要回顾学过的内容”时，罗森海因首先讨论了日常复习如何加强学过的内容并带来流畅的回忆，然后继续提出了一些在课堂贯彻落实的具体方法。他提出，教师可以考虑在日常复习中做以下事情：

- 纠正作业中的错误。
- 复习在作业中练习过的概念和技能。
- 请学生说出在哪里有困难或错误。
- 复习那些需要过度学习的知识，即让新获得的技能的掌握程度超出标准程度，再开展一些练习，从而达到熟练的程度。

罗森海因认为，为了有效地学习，学生首先必须获取新知识，复诵一遍，并将其与自己已经知道的知识联系起来。虽然许多活动可能需要在实践中进行，但它们总是要在学习与获得基础知识之后才能顺利完成。此外，教师必须花大量的时间开展指导性练习，多提问，再检查理解程度和纠正错误。

本章小结

罗森海因是一位非常特殊的研究人员。一方面，他做了大量关于教师有效性的研究，这是一个研究最成功的教师所使用的教学程序的研究领域。另一方面，他热衷于实证研究，研究大脑如何获取和使用信息，以及研究人员发现的如何帮助学生学习的程序。这两个领域的融合使得罗森海因的著作对理论和实践都更加重要。罗森海因在给联合国教科文组织撰写的小册子中总结了我们应该从他的工作中得到的结论和启示，他写道：

这三个来源（认知科学理论、课堂观察、有关教学的认知研究）都对课堂实践提出了建议，这些建议都包含在这本小册子中。我们发现一个有趣的事实，来自这三个来源的教学建议之间根本没有冲突。换句话说，这三个来源是相辅相成的。事实上，来自三个不同来源的教学思想相互补充，使我们对这些发现的可靠性抱有信心。

要　点

让我们用罗森海因自己的观点，加上我们自己的观点（第一条）总结如下：

- 显性教学不是说教，不会无聊，不会让人兴趣索然。别被显性教学吓到！
- 开始上课时可以纠正前一天布置的作业或复习最近学过的内容。
- 提醒学生这节课的目标，然后一次讲解一点新知识。
- 示范程序，给出清晰的例子，经常检查以确保学生理解。
- 在教师指导下开展大量练习。
- 多问问题，让学生正确地重复或解释一个过程或概念。
- 在指导性练习中给予充分反馈。具体观点和做法请参阅《学习是如何发生的》第20章。
- 让学生开展独立练习，只在必要时进行干预。
- 让学生开展互帮互学。
- 每周开始时复习上周学过的内容，月底时复习过去四周学过的内容。

参考文献

[1]Rosenshine B V. Classroom Instruction[M]// The Psychology of Teaching Methods, 75th Yearbook of The National Society for The Study of Education. Chicago: University of Chicago Press, 1976.

[2]Rosenshine B V. Content, Time, and Directinstruction[M]// P L Peterson, H J Walberg. Berkley, CA: McCutchan Publishing, 1979: 28–56.

[3]Rosenshine B V. Synthesis of Research on Explicit Teaching[J]. Educational Leadership, 1986, 43: 60–69.

[4]Rosenshine B V. Principles of Instruction; Educational Practices Series

[EB/OL].(2010–09–21). https://tinyurl.com/udcc7k5c.

[5]Rosenshine B V. Principles of Instruction: Research–Based Strategies That All Teachers Should Know[J]. American Educator, 2012, 36(1): 12–39.

第13章　学有所成

生成学习

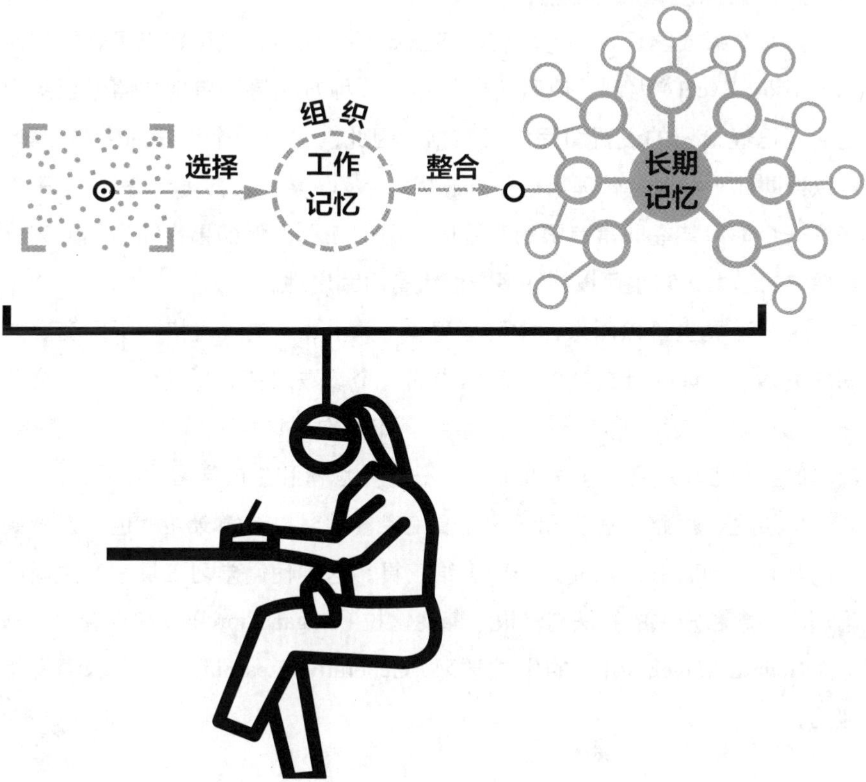

文章 《促进生成学习的八种方法》（Eight ways to promote generative learning）①

引文 “思想……它不是一个被动的信息消费者，相反，它积极地构建自己对信息的解释，并从中推断。”②

为什么你应该阅读这篇文章

作为教师或学习者，我们有很多工具可以使用。以微软电子表格软件（Microsoft Excel）为例。使用这个程序的一种方法是简单地按照你已经学过的或已经给出的设置填写电子表格。因此，它是一个很好的生产工具，可以帮助你跟踪课堂管理（支出、花费的时间、学生及其进度等）。电子表格是一个你只能在非常有限的范围内使用的工具，但如果你知道如何充分发挥它的潜力，它也可以在许多方面大有用武之地。

这一工具也可以用来让学习者思考（并生成）电子表格中不同变量之间的关系，理解为什么当电子表格中的一个参数改变时，其他参数也会改变，并将电子表格视为一个动态系统。如果你以这种方式使用电子表格，简单的生产工具就变成了思维工具——一个思考和生成学习的工具。

按照这一思路，教学和学习工具（即教学法、教学策略）也可以做到不同凡响，创意非凡，成为一种思维工具。这种使用学习工具来产生新的想法、观念和知识的做法与洛根·菲奥雷拉（Logan Fiorella）和理查德·梅耶（Richard Mayer）引入的生成学习（Generative Learning）这个术语是相似的。

① Fiorella L, Mayer R E. Eight Ways to Promote Generative Learning[J]. Educational Psychology Review, 2016, 28: 717–741.

② Wittrock M C. Generative Processes of Comprehension[J]. Educational Psychologist, 1989, 24: 348.

文　章

2015年，理查德·梅耶和洛根·菲奥雷拉出版了《学习作为一种生成活动》（*Learning as a Generative Activity*）一书，说明了八种生成学习的策略。它们被称为“生成性”（有时也称为“产生性”），是因为它们要求学习者重新塑造所学知识，并在此基础上创建自己的内容输出，如内容小结或绘制图示。换句话说，学习者会根据自己所学的知识产生新的东西，得到新的认识。

梅耶和菲奥雷拉将生成学习的根源追溯到弗雷德里克·巴特利特（Frederic Bartlett），他在1932年首次将人类头脑中的知识结构称为图式（schemas），他认为学习是一种图式构建的行为。这样的认识影响了梅林·维特洛克（Merlin Wittrock）提出的生成学习模型，该模型基于学习者产生与他们原有知识一致的感知和意义，以及“理解学习是一个涉及从个人的背景、态度、能力和经验中产生和转换刺激与事件意义的过程”。

在梅耶和菲奥雷拉的文章中，他们提出了八种旨在促进生成学习的学习策略，即善作小结、结构映射、绘制图示、联想要义、自我检查、自我解释、乐于教人和具身体验。每种策略都提示学习者应用梅耶的选择、组织和整合（SOI）学习模型。该模型的主张是：有意义的学习涉及三个认知过程，即从所呈现的信息中选择相关信息，将所选择的信息组织成连贯的

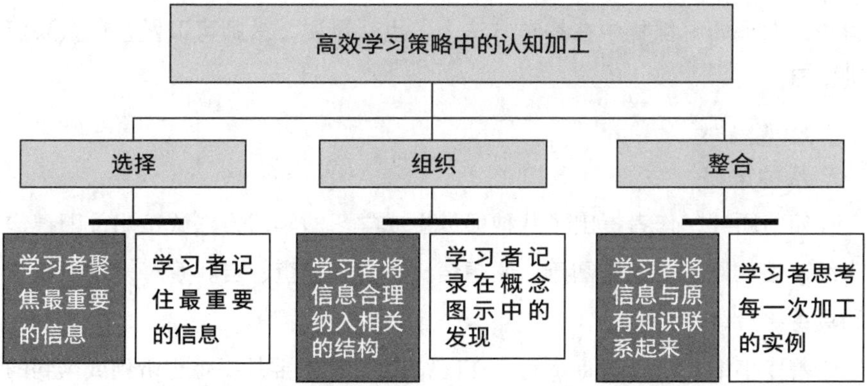

图13.1　梅耶的选择、组织和整合（SOI）学习模型

表征，以及将所呈现的信息与现有知识整合（见图13.1）。

这些策略可以确保学习者以一种积极的认知方式参与到学习中，确保学习者借助多种教学方式，寻找并连接信息碎片，在语词或图示上生成和示范不同信息之间的关系，并据此构建自己独特的思考。有的读者可能会联想到《学习是如何发生的》，书中第一部分关于大脑如何工作的讨论说明了人的认知架构。这个SOI模型与认知架构是完美契合的（见图13.2）。

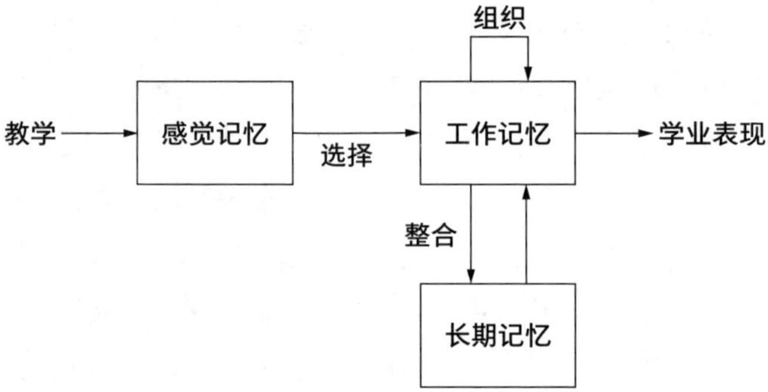

图13.2 SOI模型与认知架构的关系

简而言之，生成学习是将输入的信息（如语词和图示）转化为可用知识（如心智模型、图式）的过程。因此，生成学习不仅依赖于关于信息如何呈现给学习者（即教学方法），同时也和学习者如何理解（即学习策略）有关。很多研究都集中在教学方法上，也就是说，教师可以做些什么来促进学习。

八种策略

如前所述，作者提出了八种促进生成学习的学习方法或策略，即善作小结、结构映射、绘制图示、联想要义、自我检查、自我解释、乐于教人和具身体验。

善作小结（summarising）：用自己的话简明扼要地提炼出听到或读到的内容的主要思想。要想实现生成学习，小结不应当仅仅是对课上知识点逐字逐句抄写，或者从读过的内容中写下准确的单词或短语。善作小结要求你从一节课中选择关键观点加以组织，并将其与你已经知道的知识相结合。通常，它还包括你自己基于原有知识对新内容做出什么样的解释。

结构映射（mapping）：结构映射不是一个具体的东西，而是一组方法，将书面的或口头的信息转换为语词的空间排列和彼此连接的链接。以下是结构映射的三个例子：概念图、知识图和图示组织者。

结构映射的三个例子

概念图（concept maps）描述的是一节课的主要概念和思想的可视化表征，通常采用方框或圆圈加以呈现；概念之间的关系则通常是线条或箭头加上指定彼此关系的连接短语。

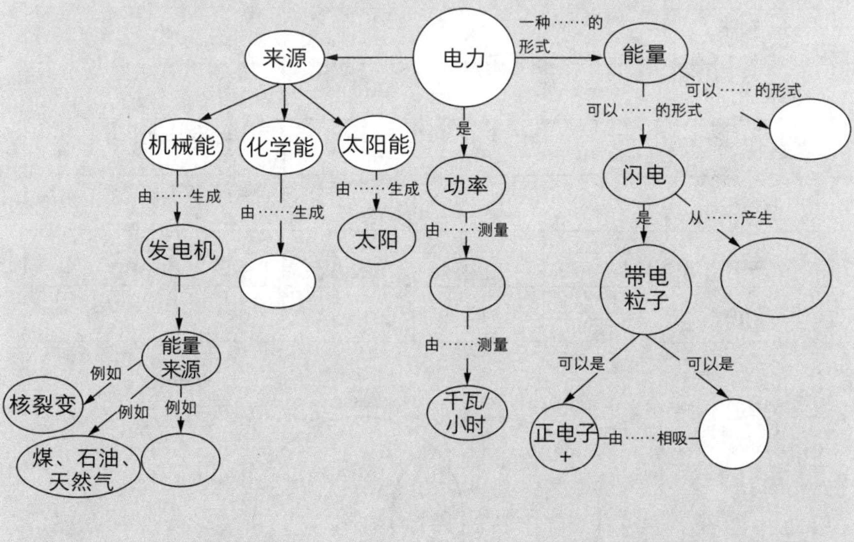

知识图（knowledge maps）是一种特殊的概念图，其中的联结被限制在一组基本的预定义关系中，如总分、类型、导向和特征。

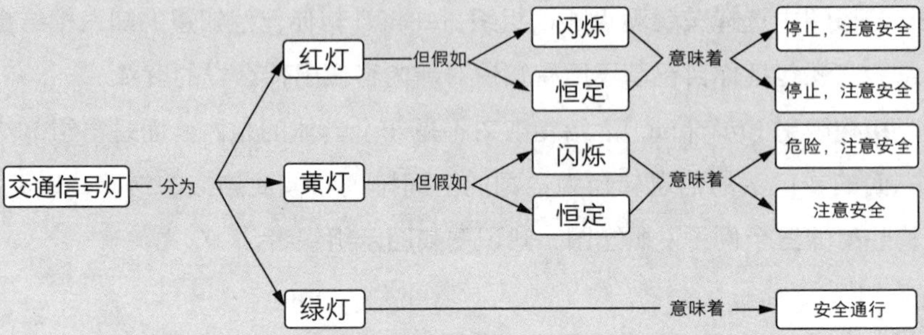

图示组织者（graphic organiser）本身就是图示的集合，但是其中的关键概念被置于预定义结构中，例如矩阵、流程图或层次结构，可用于对比、因果关系分析和分类层次结构。

食物营养比较矩阵示例

营养成分	西兰花	牛 排	面 包	比 萨	苹 果
蛋白质					
动植物油					
碳水化合物					
脂肪					
盐					
其他					

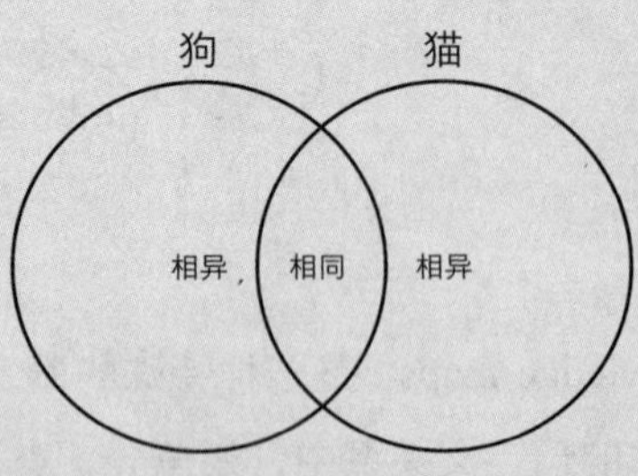

绘制图示（drawing）：绘制图示时，创建一个描绘授课内容的图画。你可以用纸笔手绘，也可以用电脑绘制。绘制图示时，你必须将文本（文字或音频）转换为图像表征。这需要从授课内容中选择关键知识点，在空间上予以组织，并利用自己的原有知识来阐明其含义及其与图画的关系。

联想要义（imagining）：在联想要义时，对阅读或听到的内容在脑海中形成图像。

自我检查（self-testing）：自我检查是一种提取练习（测试效应），通常包括在一段时间内多次测试或测验，学习者必须从记忆中回忆知识，使知识在头脑中牢固扎根。在《学习是如何发生的》一书第19章中，这部分内容以学习评估（assessment for learning）为主题，开展了专门讨论。

自我解释（self-explaining）：自我解释是指在学习时向自己解释课程内容。约翰·邓洛斯基（John Dunlosky）及其同事将其定义为“向自己解释新信息如何与已知信息相关联，或解释在解决问题时所采取的步骤”。在某种程度上，这类似于教师在使用精细询问（elaborative interrogation）时的做法。例如，如果你正在阅读一篇关于汽车制动器工作原理的文章，你可以试着向自己解释盘式制动器和鼓式制动器的差异，专注于与盘式制动器及其使用有关的结论或推论（为什么以及在什么情况下某一种制动器更好或更差），确定你需要澄清或已经澄清的内容，以及思考哪种情况下哪一种制动器更好。

乐于教人（teaching）：通过乐于教人（同伴教学）学习类似通过自我解释学习，但在此时你必须向别人解释要学习的内容，目的是帮助同伴理解和学习。因此，你需要站在一个可能比你知道得少的同伴的角度来考虑问题。你需要想出能够帮助同伴的例子，能够让他们更清晰地理解旧内容与新内容的类比。理想情况下，你还应该测试同伴是否理解知识，这就涉及了一种自我检查的形式。

具身体验（enacting）：具身体验包括了在学习过程中完成与任务相关的行为，例如做出与课程内容一致的操作或手势。举个例子，把玩偶摆成类似于《麦克白》中三个女巫在著名的大锅场景中的姿势。具身体验为什么管用？这通常是用认知和教学的具身理论来解释的。该理论认为认知过程是以我们自身与周围环境的身体相互作用为基础的。

本章小结

菲奥雷拉和梅耶除了提供这些策略如何以及何时起作用或不起作用的科学证据，还就如何实施这些策略，以及如何解决障碍或问题给出了实用建议。我们将在这里做一些简单总结。

善作小结：这不是没有教学和练习就能自然形成的。只有当学习者获取、练习并掌握小结的艺术时，它才会行之有效。学生，尤其是年轻的学生，需要在善作小结（即选择主要观点并用自己的话陈述）方面进行大量的训练。当然，大部分方法都需要大量训练！

结构映射：菲奥雷拉和梅耶指出了结构映射的两个主要障碍，一是学生需要大量的培训来创建有用的链接；二是他们有时可能会对此失去兴趣，因为比较烦琐和耗时。

绘制图示：在绘图时必须小心。学生需要非常具体的指导，明确应该画什么，不应该画什么。作者还建议尽量减少绘画技巧，给学生一个预先绘制的背景和容易复制的简单元素。

联想要义：教师需要了解在脑海中产生有用图像的潜在困难。首先，学生需要足够的原有知识来合理想象，尤其是当新知识对学习者来说较为复杂的时候。其次，提供非常具体的提示，告诉他们想象什么，甚至明确地告诉他们应该包括什么。

自我检查：与前面的方法不同，自我检查不需要大量的训练。如果你运用自我检查，记住练习测试应该结合即时反馈来纠正错误或误解，同时要常态化和反复进行。

自我解释：自我解释并不是万能的。它对理解和弄懂复杂的概念非常有效，但对简单的事实来说效果却不尽如人意。这是因为自我解释旨在帮助学生反思自己对材料的理解，识别错误的概念，并纠正错误的思维模式。当学习涉及复杂的图表或例子时，自我解释也非常有用。

乐于教人：教学不仅仅是讲解（你比任何人都清楚！），它包括准备、解释和互动。学生需要理解这些阶段并依次经历。还有，学习一些东西，知道你要把它教给同伴，有助于在实际的同伴教学时进行更高质量的解释。回答同伴的问题也能激活更深层次的认知过程，因为推动自己做出反思，并对学习材料做出了深入思考。

具身体验：为了有效地运用具身体验，教师需要在如何完成旨在促进学习的具体行为方面做出指导，指导如何将具体的动作与解决问题的策略联系起来，或者如何将其他身体动作或特定物体操作与故事中描述的基本事件联系起来。

要　点

■生成学习包括选择相关信息，将其组织成连贯的表征，并将其与原有知识整合起来。

■生成学习确保学习者以一种积极的认知方式介入到所学习的内容中，使之在各种形式的教学中寻找并联结学过的内容。

■生成学习的方法是需要后天习得的技能。大多数情况下，学生需要在实际运用之前先学习和练习。

■学生不会自动自发地开展活动。研究表明，如果让学生自主学习，他们会回到“反复阅读”或“画线标记”的状态，这两种方法都被证明是无效的。这意味着应该教学生如何开展生成学习，有意识地体验到一些“合理难度”（参见第14章），有助于学习，并最终在没有外部指导的情况下运用自如。

■没有什么东西是无所不包、无往不胜的，所以教师要根据目标和内容精心选择合适的策略。

参考文献

[1]Dunlosky J, Rawson K A, Marsh E J, et al. Improving Students’Learning with Effective Learning Techniques: Promising Directions from Cognitive and

Educational Psychology[J]. Psychological Science in The Public Interest, 2013, 14: 4–58.

[2]Fiorella L, Mayer R E. Eight Ways to Promote Generative Learning[J]. Educational Psychology Review, 2016, 28: 717–741.

[3]Mayer R E. Learning Strategies for Making Sense out of Expository Text: The SOI Model for Guiding Three Cognitive Processes in Knowledge Construction[J]. Educational Psychology Review, 1996, 8: 357–371.

[4]Mayer R E. Cognitive Theory of Multimedia Learning[M]// The Cambridge Handbook of Multimedia Learning. 2nd ed. Cambridge, UK: Cambridge University Press, 2014: 43–71.

[5]Wittrock M C. Learning as a Generative Process[J]. Educational Psychologist, 1974, 11(2): 87–95.

第14章　学习中不付出便难有收获

合理难度

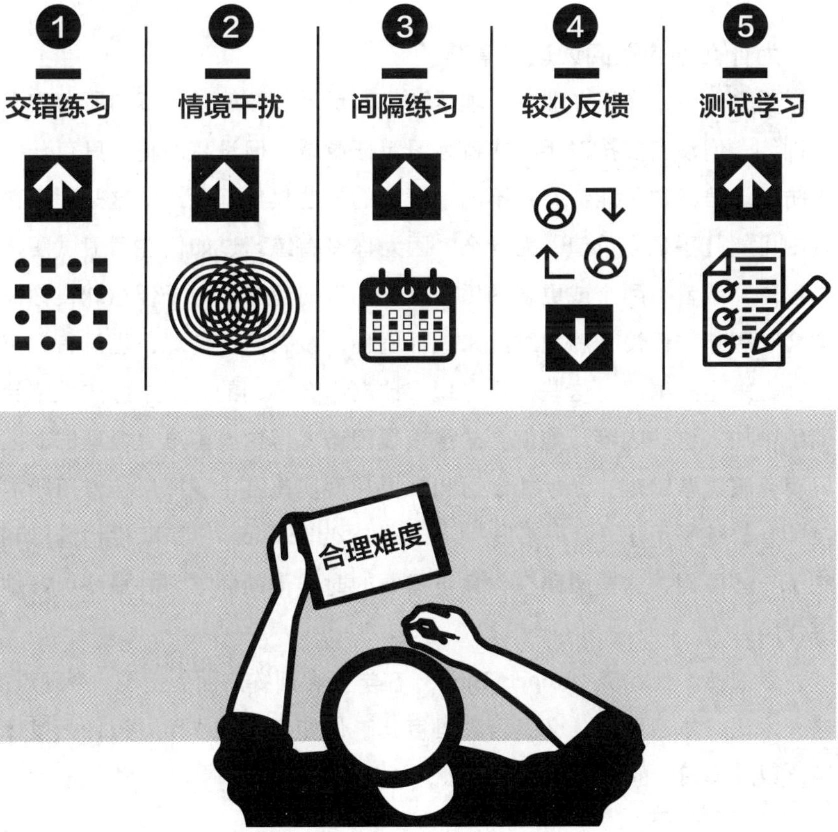

章节 | “人类训练中的记忆和元记忆”（Memory and metamemory considerations in the training of human beings）[①]

引文 | “在训练期间产生高正确率反应的条件可能无法支持训练后真实环境中的表现；相反，在训练期间减缓或阻碍表现的条件可能会增强随后的真实环境表现。”[②]

为什么你应该阅读这一章节

想象一下，你正在训练一项运动，如足球，教练对比赛的所有方面进行训练，但没有安排对手；或者练习踢任意球，但没有门将，只有一排假人防守。虽然你可能会完善不同情境下的一些具体问题，但这些训练在比赛中可能几乎毫无价值。为什么？因为你没有练习过如何在后卫试图抢球时运球，或者当两个或更多的后卫向你逼近时运球。对于任意球，你已经学会了踢球，但没有后卫跳起来或冲向你，没有队友传球，也没有门将试图扑上来阻挡射门。这些都是在现实比赛中会遇到的。一个好的教练会在训练中加入这些内容，他们会故意设置困难，但这些困难是合理的，因为只有克服这些困难，你才能学习和掌握在现实比赛中发挥最佳作用所需的技能。教练采用了“合理难度”（desirable difficulties），策略性地选择和实施了一些障碍，这些障碍在你真正需要的时候帮助你学习并最终更好地发挥作用。

罗伯特 · 比约克（Robert Bjork）在学习和训练方面创造了“合理难度”这一术语。本章讨论什么是合理难度，它们如何发挥作用，为什么发挥作用，以及学习上的合理难度是什么。

---

① Bjork R A. Memory and Metamemory Considerations Inthetraining of Human Beings[M]// J Metcalfe, A Shimamura. Metacognition: Knowing About Knowing. Cambridge, MA: Mit Press, 1994: 185–205.

② Bjork R A. Institutional Impedimentsto Effective Training[M]//D Druckman. Learning, Remembering, Believing: Enhancing Individual and Team Performance. Washington, D.C.: National Academy Press, 1994: 295–306.

章　节

教育或教学的目标是，或者至少应该是，学习者能够在学习结束后很长时间内记住并回忆起他们所学的知识，并且能够将所学的知识迁移到学校内外的新情境中。换句话说，学习效果应该是持久的，不仅能通过考试，还能保持到学期结束，甚至在一段时间不使用它后，它在下一个班级、另一所学校以及往后余生中仍能发挥作用。

教育的第二个目标是帮助学习者形成一种表征（我们称之为心理图式或认知图式），在需要的时候，他们可以快速、轻松地获取知识或技能。学习者可以在与原情境不同的情境中利用这种图式，并将其推广到新情境中。用比约克的话说：从人类记忆的角度来看，我们希望培训项目不仅能在长期记忆中产生目标知识的存储表征，随着时间的推移和情境线索的变化，还能产生一种保持访问（回忆）的表征。

人类的记忆很特别，我们不是把信息以文字形式逐字逐句地储存在长期记忆中，在需要时回放，而是以语义的形式予以储存，即它对我们意味着什么，以及它如何与我们记忆中的其他事物相关联。这就是记忆的第一个特点。

语义记忆和情景记忆

语义记忆是在长期记忆中积累的，关于我们了解周围世界的知识。它由事实、想法和概念组成，与经验纠缠在一起，并取决于文化因素。语义记忆的例子包括：记忆十四行诗的行数及其使用的韵律，知道什么是北极光，如何烘烤饼干，以及知道什么动物是哺乳动物和哺乳动物的特征。

情景记忆是另一种长期记忆，涉及对我们遇到的具体事件、情境和经验的回忆（即生活中的情景）。情景记忆的例子有：第一次读十四行诗时的感觉，祖母烤制的饼干的味道和气味，和伙伴在芬兰露营时观看北极光的场景，以及在博物馆展览中看到树鼩和蓝鲸并得知它们都是哺乳动物时的惊讶感受。

存储（编码）的次数越多，方式越多，记忆效果就越好。记忆的第二个特点是，提取信息本身是一个强大的学习事件。我们所回忆的信息并不停留在提取之前的状态。提取信息实际上使该信息在未来更容易得以回忆。比约克把提取行为称为“记忆改良器”。提取信息的次数越多，方式越多，未来的回忆就越好，越容易。他认为，作为一个学习事件……一次成功的提取可以让我们在未来的日子里更容易回忆（这个提取内容）。一次成功的提取比一次额外的学习机会要有效得多，特别是在促进长期记忆方面。换句话说，持久而灵活的学习，部分取决于信息如何被编码与存储（即是否以及如何理解），部分取决于对提取过程的练习。

为学习者设置合理难度

比约克提出了一个问题：无论是从训练后表现的衡量标准来看，还是从基本的记忆表征来看，什么具体的训练做法最能促进训练的长期目标？虽然认识到各种方法的精准混合是有争议的，但这种混合的一个普遍特点是，它将为学习者带来困难和挑战。比约克就此介绍了五种我们今天称之为“合理难度”的做法。

第一种设计合理难度的做法是改变练习的条件。与范梅里恩伯尔在他的四元教学设计模式（即4C/ID，见本书第8章）中提出的观点类似，比约克指出，在训练环境中引入变式或不可预测的因素会给学习者带来困难，但会改善他们长期的学业表现，特别是增强将训练的知识迁移到新的且相关的任务环境中的能力。我们现在把这称为“交错练习”（interleaving）。在相同的情境下反复练习同一件事，会使当时完成任务的速度和准确度提高

（例如练习计算10个直角三角形的面积，一天后再做一个钝角三角形面积计算，以此类推），但如果要面对所有不同类型的需要计算面积的三角形，在学习和练习过程中把所有不同类型的三角形混合起来加以练习，效果会更好。以随机的方式练习任务，而不是按任务类型进行练习，可能会削弱学习期间的表现，但会提高长期的学业表现。

第二种设计合理难度的做法是提供情境干扰。这与第一种做法非常相似，“以一种至少暂时给学习者造成干扰的方式”，让任务环境，而不是任务本身，更加多变或不可预测。在某些环境因素影响的条件下，学习任务难以快速和顺利掌握，如改变难度或信息的冗余度（有时出现某些信息，有时没有出现）。例如先排除故障，然后补救，如蒸馏威士忌。在一项任务中，该过程被一个因素（烧火的热量）所扰乱，而在另一项任务中，发芽的大麦中的糖量被扰乱。任何学习蒸馏威士忌的人都必须与这些情境干扰作斗争，而像这样的练习已被证明比在非干扰条件下的练习能带来更好的记忆保持和迁移能力。

第三种设计合理难度的做法是在给定的任务中分散练习。教师和学生倾向于将大量练习或学习过程集中在某一特定时间段里（例如，考试前夜临时抱佛脚），虽然这将产生更好的短期表现，但是将练习或学习过程分散到给定的任务上（例如，将考试学习分散到几个较短的学习过程中），对长期表现或考试记忆明显更好。

第四种设计合理难度的做法是减少对学习者的反馈。人们普遍认为给予反馈有助于掌握技能，而且反馈越即时、越频繁、越准确，对学习和表现越有利。相反，比约克指出，根据施密特及其同事的研究，降低反馈频率会使学习者在训练过程中感到更加困难，但可以提高他们在训练后的表现。原因是频繁的反馈可以引导学习者达到预期的表现，同时也会产生一种依赖，即学生会依赖反馈来指导自己的行为。当这种情况发生时，在保持和迁移方面产生熟练的训练后表现所需的学习要么不发生，要么只发生在较低的水平上，当很少或没有反馈时，学习者就处于不利地位。

第五种，也是最后一种设计合理难度的做法是将测试作为学习事件，即我们现在所说的“提取练习”。在促进未来的回忆方面，提取已经学过的东西比重新学习要好得多，有利于长期保持。另外，预先测试会增强后续学习（即阅读、测试，然后重读）的效果。正如其他合理难度一样，在学习过程中，利用测试而不是重新学习或增加测试难度，以学习结束时的测试来衡量学习效果，似乎会适得其反，但在延迟一段时间后会得到更好的回忆效果。如果每隔一段时间进行一次测试，那这种做法的成功率就会增加（见第三种设计合理难度的做法）。

一个至关重要的问题

那么问题来了，如果我们知道所有这些方法，那么为什么“大量的练习、过度的反馈、固定的训练条件和有限的提取练习机会，以及其他无益的做法，仍然是现实世界中训练项目的常见特征”？比约克对此归结出以下三个原因：教师的误解、对元记忆的考虑和学习者的误解。

“教师的误解”是一些现象的总称。首先，教师过度暴露在学生的日常表现和评价反应中。用比约克的话说，教师很容易受到“一种操作性条件反射的影响，在这种情境下，学生的表现和幸福感的提升是强化事件”。其次，教师的评价往往是以学生的表现和满意度为标准的。学生的短期表现和学习的难易程度决定了教师评价的分数，而不是长期的学习和迁移效果。最后，教师看不到长期的结果。学生升学去了其他年级、其他教师的班级，甚至去了其他学校，所以后来的学习成功或失败是教师看不到的。

学业表现与学习

当我们谈论“**学习**”时，我们谈论的是长期记忆或行为中相对持久的或永久的变化。另外，当我们谈论“**学业表现**”时，我们谈论的是知识或行为的暂时变化或短期变化，这通常是在学习

> 经历中或直接在学习经历后决定的。换句话说，学业表现是一种短期变化，而学习是长期变化。一个是可以观察到的，而另一个则基本上是看不见的。

“元记忆”，也就是我们现在所说的“元认知”，是指学习者能够合理可靠地判断自己的学习程度或能力水平。比约克指出：“那些高估自己的理解力或能力的人比那些正确评估自己缺乏某些必要信息或技能的人对自己和他人造成的危害更大。”判断自己的学习能力并不是儿童或青少年（往往也是成年人）非常擅长的事情。重新阅读会给人一种学到了东西的错觉，因为当你重读某些东西时，你会想“是的，我懂了”，但认识你以前读过的东西与以后能够回忆起来这些东西，这是完全不同的。另外，当你连续十次计算同样的三角形面积时，所经历的快速进步会让你感到欣慰，但这可能很少有学习发生；纠结和犯错是令人感到痛苦的，但真正的学习可能正在发生。这种对进展的误读会导致学生倾向于选择不太有效的学习策略。

在一个指标被用来预测另一个指标的情境下，“学习者的误解”会抑制使用成功的策略。例如，学习者可能被自己在学习过程中的成功所迷惑。他们观察自己在学习过程中的表现，然后认为自己在学习情境中的成功（即在十次集中任务中的第四或第五次后，能够计算出一个直角三角形的面积）预示着未来的成功，而合理难度中的失败（即不同的练习条件或背景干扰）预示着未来的失败。实际上，他们依靠一个“不可信的指标，即当前获得正确答案的难易程度来衡量更广泛意义上的学习已经实现的程度”。第二个不可信的指标是“熟悉度”或“流畅度”。当某样东西对你来说很熟悉时，就像刚才提到的重读，你把这种熟悉度错误地作为学习成功的标志。

这些误解代表着，学习者和教师都没有得到关于学习与教学过程的有意义的客观信息，得到的是被误导的主观体验。这样一来，我们就有可能剥夺两者对其当前知识状态进行有效评估所必需的反馈。

把教学看作一种天赋是有害的

教学是一项复杂的技能，需要强有力的基础学习，也需要有效的和终身的、正式和非正式的学习。学校管理人员和教师往往认为教学不是学来的东西，而是某些人的天赋。如果你认为教学能力是与生俱来的天赋，那么对你教学工作的批评，无论多么富有启发性且具体明确，都会被你视为对你的人身攻击，随后会被拒绝，并导致你的不良情绪出现。有时候你可能也会接受善意的批评，但这随后会被视为你作为教师的潜力有限的证据，可能使你在未来不太愿意寻求建议和反馈，并限制你探索其他策略和方法。

这种“天赋”的观念非常普遍。在午餐和其他地方闲聊时，我们互相谈论家庭、政治、体育、天气、股票市场。但很少，如果有的话，谈论教学策略和方法，好像谈论这些事情是不被允许的。可能是因为这个话题有可能暗示同事作为教师的失败，或者是对自己作为教师的“天赋”津津乐道。

本章小结

确保学习者：（1）学习所学知识，并且在很久以后还能记住并回忆起所学知识；（2）能将所学知识迁移到学校环境内外的新情境中，实现这一目标的最好方法是让学习者的学习过程在短期内变得更困难一些。做到这一点的方法是引入学习和教学策略，如改变训练条件，诱发情境干扰，在不同时空上分配练习，降低反馈频率，以及将测试作为学习本身。这需要教育系统在方方面面进行一些重大改革。

在教师层面，罗伯特·比约克的工作揭示了教师必须收集有关学生学习的信息，这些信息不仅来自他们提供的测试和考试，还来自长期评估经验。这也意味着他们需要摆脱以学生满意度和教学流畅度为标准来评判自己教学的束缚。学生喜欢教学，觉得教学有趣，认为他们已经理解并学会了，可以快速通过课程，这些往往并不意味着他们真的学到了什么，更不用提在长期和不同的情境下回忆和应用。

与此同时，还需要进行另外两项改革。第一，教师必须向学生证明（而不仅仅是向他们展示），步子走得慢一点、学习难度加大一点并不是坏事。也就是说，“不付出难有收获”这句话对学习来说是千真万确的。第二，学校和其他组织必须停止从学生的表现、满意度或课上与学期结束时的自我判断来评价教师和相应的教学。教师需要对真正的、长期的学习进行全面客观的分析，观察学生后来在远离初始学习和教师的环境中的成功和失败。

要　点

■直觉和标准化做法对教学是无益的。

■学习和学业表现并不是一回事。

■引入一个或多个合理难度会实现更好的、长期的学习和迁移；不付出就没有收获。

■以随机的方式分配练习任务，而不是按任务类型进行集中练习，虽然可能会影响学业表现，但会提高长期的学习效果。

■与在无干扰条件下的练习相比，提供情境干扰会实现更好的保持和迁移表现。

■在一个具体任务上进行分散练习而不是集中练习，对于长期表现或回忆来说有明显优势。

■尽管降低反馈频率会使学习者在训练期间觉得十分困难，但这可以提高他们在训练后的表现。

■将测试作为学习事件，而不仅仅是评估工具，这比重新学习更有利于记忆的长期保持，促进未来的回忆。

■使用合理难度会受到教师误解、元认知和学习者误解的阻碍。

■采用合理难度需要改变教师对自己的教学和学生学习的评估方式，也需要改变学校和组织对教师的评估方式。

参考文献

[1]Bjork R A. Institutional Impedimentsto Effective Training[M]// D Druckman. Learning, Remembering, Believing: Enhancing Individual and Team Performance. Washington, D.C.: National Academy Press, 1994: 295–306.

[2]Bjork R A. Memory and Metamemory Considerations Inthetraining of Human Beings[M]// J Metcalfe, A Shimamura. Metacognition: Knowing About Knowing. Cambridge, MA: Mit Press, 1994: 185–205.

[3]Christina R W, Bjork R A. Optimizing Long–Term Retention and Transfer[M]// D Druckman. In The Mind'S Eye: Enhancing Human Performance. Washington, D.C.: National Academy Press, 1991: 23–56.

[4]Kirschner P A, Sweller J, Clark R E. Why Minimal Guidance During Instruction Does Not Work: An Analysis of the Failure of Constructivist, Discovery, Problem-Based, Experiential,and Inquiry-Based Teaching[J]. Educational Psychologist, 2006, 46(2): 75–86.

[5]Schmidt R A. Frequent Augmented Feedback Can Degrade Learning:Evidence and Interpretations[M]// G E Stelmach, J Requin. Tutorials in Motor Neuroscience.London: Kluwer Academic Publishers, 1991: 59–75.

[6]Schmidt R A, Bjork R A. New Conceptualizations of Practice: Common Principles Inthree Paradigms Suggest New Concepts Fortraining[J]. Psychological Science, 1992, 3: 207–217.

[7]Winstein C J, Schmidt R A. Reduced Frequency of Knowledge of Results Enhances Motor Skill Learning[J]. Journal of Experimental Psychology: Learning, Memory, and Cognition, 1990, 16: 677–691.

第15章　步步为营，循序渐进

样例教学

文章 《从实例中学习：由工作样例研究得出的教学原理》(Learning from examples: instructional principles from the worked examples research)[①]

引文 “工作样例与教学计划息息相关，旨在达成教学环境中强调的掌握各种技能的教学目标；同样，也有利于达成音乐、棋类、田径、编程和(毫无争议的)基础数学等领域的教学目标。”[②]

为什么你应该阅读这篇文章

设想一下，当你正要开始撰写你的教师专业发展课程论文，论文题目为:《学习方式，究竟是神话还是现实?》。为了完成这篇论文，你势必需要收集相关文献资料。而在收集文献时，大多数人(无论是成人还是学生)都会这样做：在网络搜索框中输入“学习方式”(搜索引擎将依据顺序显示涵盖该关键词的相关资料)，你将收到8180000条关联搜索结果和1180000000条没有注明引用出处的搜索结果。之后，你便可以从这八百多万条搜索结果中，选择一些你认为有用的资料，开始文献阅读和写作。

相比于上述方式，将选择合适的数据库作为撰写论文的第一步，或许将大有裨益。在搜索资料时，你将得到各类纷杂的信息：科学文献，书评，博客，乃至一些“江湖郎中”的个人见解，或是一些公司用于盈利而传播的付费内容，等等。对比之下，运用类似EBSCO或ERIC等专业文献数据库，并选择相应的时间段进行资料搜集，不失为一种更有效的方式。第二步，相比干巴巴地输入“学习方式”这样的术语，你可能需要设定一个更为准确的搜索关键词。想做到这一步，选择一个正确的搜索词和操作符(称之为“布尔运算符”，例如“和”“或者”“不是”“通配符*”等)，便

① Atkinson R K, Derry S J, Renkl, et al. Learning from Examples: Instructional Principles from The Worked Examples Research[J]. Review of Educational Research, 2000, 70(2): 181–214.

② Ibid., p.185.

于更好地限定或拓展搜索范围。第三步，你将就搜索结果展开进一步筛选（不同的数据库操作方式可能不同），其中包含选择具体搜索内容（例如：作者，标题，摘要，书名或论文名，专利）。最后，你需要在所有的研究发现中选择出与自己的研究关联性最强的内容下载并排序，利用类似EndNote和Mendeley等文献管理软件储存在自己的电脑上，就可以开始阅读了。以上，我们阐述了正确的文献收集过程，如果作为新手"文献查阅者"，你对这一过程感到不知所措，难以独立完成，也属意料之中。

对于一个或多个类似的搜索问题，更好的做法是给出一个恰当搜索的实例，其中包含了每个步骤的结果，然后让你自己尝试。换句话说，这就是运用"工作样例"（worked examples，也称worked-out examples）。在本章中，我们将讨论由罗伯特·阿特金森（Robert Atkinson）、沙伦·德里（Sharon Derry），亚历山大·伦克尔（Alexander Renkl）和唐纳德·沃瑟姆（Donald Wortham）撰写的一篇文章，该文章回顾了工作样例的研究，然后将其综合起来，提出了在教学中使用工作样例的原则和框架。

文　章

样例虽然是教学过程中最主要的部分之一，但是针对样例开展的首次研究还是在20世纪50年代，由几位认知教育心理学家开展的。而首次针对工作样例的研究可能是在1989年由季清华和她的同事共同进行的。季清华的研究主要关注了学习者在初次得到工作样例后解决问题时进行自我解释的质量及影响。简而言之，工作样例由三个基本元素组成，分别为：给定问题的陈述（是什么），得出结果实际需要的解决步骤（如何做）以及最后的解答。最理想的情况是，一个有效的工作样例还应包含对各个步骤意义或者每个步骤所运用的信息的说明（为什么），不过这一步并不是必需的。在某种程度上，工作样例为学习者提供了可供他们学习和效仿的专家问题解决模板。

一个简单的工作样例示例

一个帆布袋里面有四个黑球和三个白球。要求你把手放进袋子里，随机取出两个球，一次一个，不要把第一次选择的球放回袋子里。先取出一个黑球再取出一个白球的概率是多少？

解决步骤：

步骤一

总球数：7

黑球数：4

第一次抽出黑球的概率：4/7

步骤二

第一次抽取后的总球数：6

第一次抽取后的白球数：3

第二次抽出白球的概率：3/6

步骤三

第一次抽出黑球、第二次抽出白球的概率：

4/7 × 3/6=12/42=2/7

解：第一次抽出黑球、第二次抽出白球的概率为2/7。

第一波样例的实证研究主要涉及如何选择和排序，说明一个原理或模式对学习的影响。第二波样例的实证研究专注于复杂形式的知识和学习，更具体地说，专家和新手有何差异。研究表明，“专家通常关注问题的深层结构，而新手经常被表面特征所误导”。第三波样例的实证研究着眼于学生如何获得帮助自己解决问题的图式或模式，重点是如何通过练习提高新手对问题结构的意识。

工作样例与流程清单

虽然工作样例通常（但不完全是）适用于更严谨的领域（数学、自然科学、经济学），其中许多需要执行的任务或需要解决的问题都是算法，但有一种方法非常适用于具有更多启发式任务或问题的领域，如写作或艺术，这个方法就是流程清单（process worksheets）。流程清单不向学习者展示确切的步骤，而是展示执行任务的各个阶段，并指导他们完成整个过程。换句话说，它为学习者提供了“解决问题的系统方法”（SAP）和执行学习任务的“经验法则”。

流程清单可以简单到一张纸，上面写着学习者用来指导自己解决问题的阶段（以及相关的子阶段）。各个阶段提供了可以帮助学习者成功完成该阶段的经验法则，可以采用陈述语气（例如，在准备演示文稿时，应考虑观众的原有知识）或引导性设问（例如，在准备演示文稿时，你应该考虑观众的哪些方面，为什么？）。

工作样例和学习认知技能

工作样例对于获得技能特别有用，并且在获得技能的早期阶段最为重要。阿特金森及其同事在安德森等人的四阶段ACT-R模型中提出了这一点。在第一阶段，学习者通过类比来解决问题，参考熟悉的样例，将其与待解问题联系起来。在第二阶段可以发现学习者正在形成“抽象的陈述性规则和言语知识用来指导自己解决问题”。经过大量的练习，学习者进入第三阶段，此时的技能表现变得流畅和熟练。学习者不再“亦步亦趋地遵循所学到的规则，而是可以快速、自动地处理熟悉的问题或问题的各个方面，不再需要使用太多的注意力资源”。在第四阶段，学习者已经练习了很多不同类型的问题，他们可以快速直接地从脑海中找到答案。“从技能习得的角度来看，当学生处于第一阶段（类比）或开始进入第二阶段（抽象规则学习）时，相对于纯粹的问题解决练习而言，提供样例学习是极其重要的。”

将工作样例融入教学的指导原则：1.样例内部特征

在运用工作样例时，重要的是要考虑可以调节其有效性的特定因素。安德森等人将这些因素分为三类：样例内部特征（即样例的设计特点），样例交互特征（即多个样例与问题练习之间的关系），以及学生在样例处理方面的个体差异，特别是他们如何自我解释样例。

工作样例的设计和结构将在很大程度上决定其最终效果。因此，安德森等人提出三项会影响样例效果的样例内部特征。

第一项特征是在工作样例中集成文本和图像。此处，安德森等人直接引证由约翰·斯威勒（John Sweller）提出的“注意分散效应”，即向学生提供过多的信息，可能会加重学生的认知负荷，干扰了原本学生可以从工作样例中掌握基本领域概念和原理的图式。换句话说，如果一个工作样例要求学生能够兼顾多种类型的信息来源（例如：配有图表的文本），这就要求学习者能够有意识地将几种信息相互融合（例如：在神话传说中配有描述性或澄清性文字的图示），这样做会增加学生的认知负担，起到了干扰而不是促进学习的作用。

第二项特征是在工作样例中集成视听信息。对此，安德森等人就融合听觉信息（例如：言语）和视觉信息的益处展开讨论。安德森表示，集成视听信息，将有助于提升问题解决过程中的表现以及进一步促进问题的解决。我们也可将这看作“通道效应”，即在信息间没有重复冗余（即本质上相同）的情况下，边看图像边听文字的学习成效将高于边看图像边看文字的学习成效。

第三项特征是在工作样例中集成各个步骤和子目标。根据理查德·卡特姆勃（Richard Catrambone）的研究，安德森等人讨论了如何通过合理安排样例解决方式来突出其子目标。他们认为，具体的做法是“贴标签”或是形象地对某些内容做出区分，以便学习者主动总结出样例的基本目标结构，指导学习者发现有益的概括。这些结构性线索改善了学习，鼓励学习者首先确定子目标的目标或功能，然后向自己做出解释——为什么一系列步骤组合在一起，能够归纳出促进表征领域原理或图式的深层次结构。

将工作样例融入教学的指导原则：2.样例交互特征

在一节课中，工作样例的排序和布局都将对学习的最终效果产生影响。基于此，作者提出了影响工作样例效能的四项交互特征。

第一项样例交互特征是运用多种样例。根据兰特·斯皮罗（Rand Spiro）及其同事的“认知弹性理论”以及约翰·斯威勒的“认知负荷理论”中针对工作样例开展的研究，阿特金森及其同事指出：如果教师的目标是教会学生掌握一些复杂概念或技能，最好能够运用多种样例或者类似的做法展开教学。此外，同时学习简单样例和复杂样例的学生，他们的学习成效将优于那些只学习单一样例或单一样例搭配问题解决步骤学习样例的学生。

第二项样例交互特征涉及在一节课中解答“是否需要以及如何运用多样的问题类型”这个问题。由于我们已经从前文（参见本书第14章）了解到“分散练习”和“交错练习”有助于提高学习效能，此时再提出这一观点似乎显得有些无关紧要。然而，在2000年，这一观点还是一个相对开放的问题。范梅里恩伯尔和帕斯（Paas）曾经指出：“如果了解在各种条件下哪一种问题解决步骤实际发挥了作用，能够为掌握问题解决的图式打下坚实基础，那么，在课堂中增加（该步骤的）变式样例就很有意义了。另外，变式样例也会对学习者的认知能力提出更高要求，这样又会从一定程度上干扰学习者的学习。”从他们的研究中可以得出，虽然问题类型的变化的确能够提高学习者的迁移能力，然而在运用工作样例时，还需要确保教学活动尽量减轻认知负荷。

第三项样例交互特征是主题或“表面故事”（themes or surface stories）的多样性。也许有些例外，通常情况下如果想要学生学会怎么区分两种及以上不同类型的问题，以及它们分别对应的解决方法，你可以运用这种方

表面特征和深层特点

在海底或是山顶烘焙面包，虽然在表面看来，这都是烘焙面包，但从深层概念分析，二者在不同环境下，受不同的气压影响，有着深层的不同特点。当然，也存在表面看来并不相似，却实则深层结构相同的事物。例如：在山上煮意大利面和煮鸡蛋看似不同，但两者实则具有相同的深层概念，因在相同的气压条件下沸点相同，两者烹煮的时间也是一致的。

此刻，你或许会想到新手（例如你的学生）有一种倾向：他们可能根据样例的表面特征选择相应的问题解决策略（参见《学习是如何发生的》第1章）。因此，你需要让学生摆脱对表面相似性的依赖，教会他们根据结构将问题分类的能力。这就意味着，你需要着重强调，深层结构之间的差异与表面特征无关。完成上述步骤，就需要运用“突出结构技巧”以示证依赖表面特征是难以真正解决问题的。

第四项样例交互特征是将工作样例与练习相融合。简单来说，有两种方法可以融合工作样例与练习。一种做法是在上课时将样例题和练习题混合起来使用，另一种做法是先提供一组样例题再提供一组练习题。无论是从学习时间的利用效率还是从学习效果来看，混合学习都更胜一筹。

将工作样例融入教学的指导原则：3.解释效应

最后一个原则与工作样例没有直接关系，而是与学习者如何使用和理解工作样例有关。更具体地说，它是关于学习者向自己或他人解释样例的练习（参见第13章）。回到季清华和她的同事的研究，我们知道那些在学习样例时向自己解释他们在做什么的学生比那些没有解释的学生学得更有效（也就是说，在解决后续问题时更成功）。季清华对此称之为“自我解释效应”。但是，那些不能自发地做到这一点的学习者（可能是大多数人）该怎么办呢？阿特金森及其同事提出了三种补救方法。

第一项补救方法是通过“结构性调节”促进学习者进行自我解释。阿特金森及其同事表示，比如：运用卡特姆勃提出的对子目标贴标签的方式，能引导学习者统筹各个步骤，进而尝试解释其理由。他的研究发现，给子目标贴标签的方法，在促进自我解释、后续学习以及知识迁移方面发挥了作用。另一个方法来源于罗宾·斯塔克（Robin Stark）。他提出对文本部分内容进行省略，将工作样例的部分内容进行空缺处理。“相比于学习完整的样例，需要补全的样例更利于推动学习者自我解释，同时减少类似复读或改述等无效的自我解释。”因此，不完整的样例更有助于学习者对所学的问题解决方法进行迁移。

第二项补救方法是训练自我解释能力。对此，研究明确指出，清晰明确的训练指导将提升学习者的自我解释能力，并提升随之而来的学习成效。

最后一项补救方法是阿特金森等人提出的运用社交激励。例如，给学生在合作学习或者同伴学习中担任“讲解员”的工作。相比于前两项补救方法，这一项的成效会有所逊色。尤其在学生很少或者几乎没有相关辅导经验，自己本身在该学习领域也是新手的情况下，对所学内容提供解释将使他们倍感压力、负担过重。

阿特金森及其同事总结了几类影响因素对工作样例效果发挥的因果关系（见图15.1）。

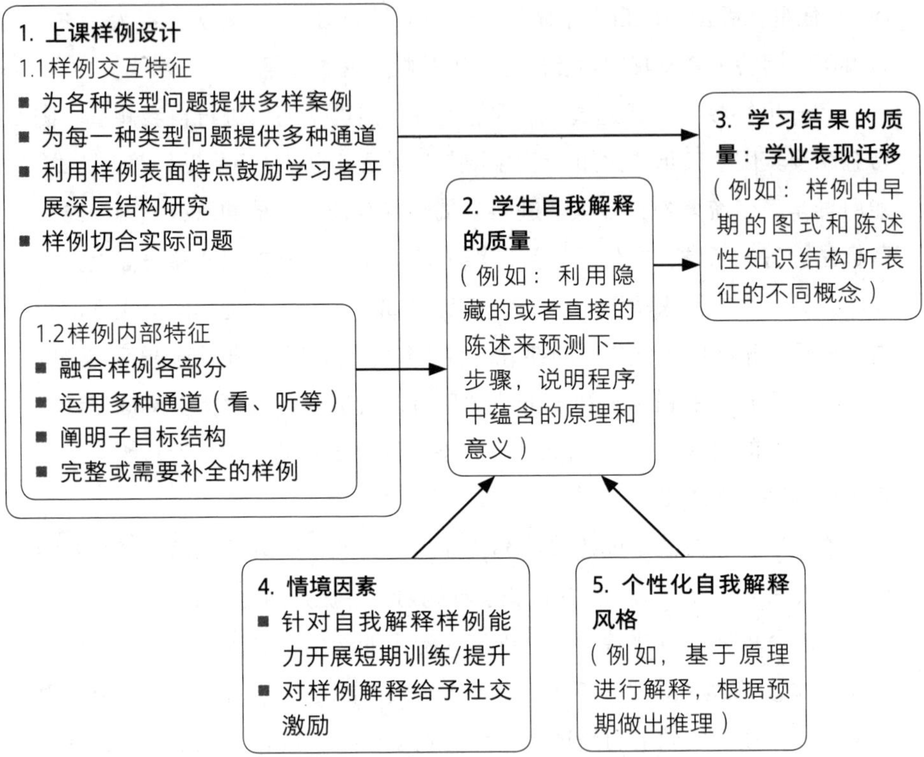

图15.1 工作样例对学习的影响因素

本章小结

工作样例在学习和教学活动中发挥的作用是不言而喻的，它能让整个教学活动效果好、效率高和更愉悦。它对教师而言首先是一项挑战。它需要教师把握学习者在完成任务或解决问题过程中的具体步骤，从而避免专长诅咒（即教师可能会忘记初学者的知识状态是个什么样子）。同时，工作样例也有助于教师对学生掌握的知识和技能，以及掌握情况进行仔细检查。除此之外，好的样例运用得当，有助于对过程的理解和问题解决技能的培养，提高学习者将所学内容迁移至新问题、新情况的能力。面向学习者设计的良好的示范样本或以流程为导向的工作样例，将引导学习者完成任务，向学习者解释任务运行的内在原理及程序，确保学习指导的效果达到最佳。

其中，尤其有趣的是，工作样例的教学应用范围很广，无论是在传统课堂还是在所谓真实学习环境中都能应用。

要 点

■合理运用工作样例，能够真正提升学习者的学习能力和技能迁移能力。

■构建的工作样例需要包含重要信息的线索，即问题背后的深层概念。

■在每一种问题类型至少展示两个样例的情况下，学习者的知识迁移能力将得到提升。

■让学生“体验每个要学习的概念的各种不同的问题案例和样例解决方案”。

■通过工作样例来表示不同类型的待解决问题，并使用一组能用于各种问题类型的表面特征，让学习者加以区分。

■将工作样例与练习题紧密地结合在一起使用，比使用一连串的练习题效果更好。

■提升学生自我解释能力以改进知识迁移能力。

■用社交激励来推行解释活动，无法提升自我解释能力。

参考文献

[1]Anderson J R, Fincham J M, Douglass S. The Role of Examples and Rules in the Acquisition of a Cognitive Skill[J]. Journal of Experimental Psychology: Learning, Memory, and Cognition, 1997, 23: 932–945.

[2]Atkinson R K, Derry S J, Renkl, et al. Learning from Examples: Instructional Principles from The Worked Examples Research[J]. Review of Educational Research, 2000, 70(2): 181–214.

[3]Chi M T H, Bassok M, Lewis M W, et al. Self–explanations: How Students Study and Use Examples in Learning to Solve Pro Blems[J]. Cognitive Science, 1989, 13: 145–182.

[4]Van MerriëNboer J J G, Kirschner P A. Ten Steps to Complex Learning: A Systematic Approach to Four–Component Instructional Design[M]. London; New York: Routledge, 2018.

第四部分

教学内容知识

分享一段作者的个人故事。在保罗学习并主修教育心理学之前，他的专业是电气工程。保罗在雪城大学（Syracuse University）学习了一年，这是一所半常春藤联盟大学，比起社会问题和国际战争，学生们对高速、昂贵的汽车和在联谊会喝酒更感兴趣。一年后，保罗转学到了纽约州立大学石溪分校（SUNY at Stony Brook）继续学习，那是一所更务实的州立大学。第一学期，他跟着一位获得过诺贝尔物理学奖的教授（此处不透露姓名）学习必修的工程微积分课程。教授是一位理论物理学家，专门研究统计力学、可积系统、规范场理论以及粒子物理学和凝聚态物理学，因此可以认为他对微积分也有全面的了解。虽然保罗在雪城大学的课程表现都很出色，包括数学，而且他在布朗士科学高中（Bronx High School of Science）的成绩从未低于A，但他对那门微积分课程却一筹莫展。不管他做了什么，如何努力，在课上问了多少问题，于他而言，这门课都是失败的。长话短说，这次经历促使他改变了专业，后来的事则是尽人皆知了。

那么哪里出了问题？一个合理的解释是，虽然这位诺贝尔奖得主是一位伟大的科学家，也可能是一位伟大的数学家，但他并不是一位好教师。美国科学教学研究协会（NARST）说他缺乏将科学教师与科学家区分开来的那类知识。教师与科学家的不同之处不在于其专业领域相关知识的多少或高度，而在于知识的组织和使用方式。具体而言，教师的知识以教学为中心，以培养学生的理解力为目标，而科学家的知识是以领域本身为中心，以发展该领域的新知识为目标。换句话说，那位教授缺乏“教学内容知识”（Pedagogical Content Knowledge）——对教学本身的了解与对所教内容的了解的结合。就他所教的科目来说，他并不了解学生（或至少是对保罗而言）

的学科基础或需要。

因为这位教授缺乏教学内容知识，我们的世界可能失去了一位伟大的工程师甚至是物理学家，但却收获了一位专注、热情、有时脾气暴躁的教育心理学家。读者自行决定是责备还是感谢那位教授吧！

本书的第四部分将讨论教学内容知识，着眼于教学内容知识的定义与其在不同的领域（如数学、科学和语言）的表现。除此之外，还涉及教学内容知识领域的一个新分支，即技术教学内容知识（Technological Pedagogical Content Knowledge）。

第16章 为什么你无法教你不知道的东西

教师知识

文章 《知识与教学：新改革的基础》（Knowledge and teaching: foundations of the new reform）①

引文 “也许对教师最持久和有力的学术影响是可以丰富他们对于可能性的想象。”②

为什么你应该阅读这篇文章

迈克尔·波兰尼（Michael Polanyi）在1958年的巨著《个人知识》（*Personal Knowledge*）中，将“隐性知识”（Tacit Knowledge）定义为我们知道如何做但无法明确解释我们如何做的事情，例如骑自行车所需的复杂技能或在水中漂浮的本能。这是一种短暂的、难以解释的知识形式，它拒绝分类或编码，只能通过沉浸在体验本身中获得。在大多数情况下，隐性知识甚至无法通过语言表达。正如波兰尼所说：“我们知道的要比我们所能言传的多。”

波兰尼认为，显性知识（Explicit Knowledge）对于精通任何事都是非常重要的，但是如果缺乏如何使用和应用知识的隐性知识，就只能获得对知识抽象和近似的理解。

诊断学的教科书教会了医学生不同疾病的不同症状，但这些知识是无用的，除非学生已经学会在临床中应用。与诊断疾病类似，鉴定一种动物或植物所属的物种也只能通过在教师的指导下不断练习来进行学习。

教学的真正困难之处在于许多部分是无形的，因而关于观察和监测教师效率的标准问题争论不断。在这篇文章中，李·舒尔曼主张在课程知识和教学内容方面为教师建立一个整体性的知识库，同时也应认识到，那些需要系统化的知识存在难以被解释的性质。他呼吁对教学进行一种特殊的

① Shulman L. Knowledge and Teaching: Foundations of The New Reform[J]. Harvard Educational Review, 1987, 57(1): 1–23.

② Ibid.,p.10.

审查，并将其称为“实践的智慧”研究，密切观察和记录有效的教师知识的复杂性和微妙之处。“实践者只是简单地知道很多他们甚至从未试图清晰表达的东西。”然而他很清楚，要进行有效的学习，明确的指导是至关重要的，教学需要特殊的专业知识或艺术技巧，解释和展示是其核心特征。从本质上讲，舒尔曼主张用一个系统的、整体性的教学知识库来取代大多数人所认为的“当前不完整的、琐碎的对教学的定义”。

文　章

这篇文章有两个中心问题：教师应该知道什么？教师对于怎么做应该知道什么？多年来，人们一直呼吁对教师开展培训，进行专业发展，向其他行业看齐，打造知识系统基础，延长实习期和培训期，以及建设有国家标准认证的凝聚力模型。然而，教师职业中一个持续存在的问题是，“丰富的专业知识描述”是罕见的。

为此，舒尔曼以一名资深英语教师南希为例简述了教学专业知识。南希在《白鲸》（*Moby Dick*）的单元教学中，被比作一个“提出问题，探索不同观点，使内敛者畅所欲言，又使喧闹者收敛平和的交响乐指挥”。南希专业知识的一个重要方面是她的“心理索引”，这来自她以前教过多次的书。她能够熟练地将它与教学知识结合起来。然而，她的教学风格在任何意义上都不是规定好的、一成不变的，而是以高度的灵活性和适应性满足学生的需求，能够让学生独立学习。舒尔曼指出，她不仅能在指挥台上指挥乐队，还能轻松坐着欣赏乐队自己进行精湛的演奏。

然后他问了一些问题：“南希相信、理解什么，以及知道怎么做才能让她像现在这样教学？”“其他教师能用这样的技巧教学吗？”他提出了一个有趣的观点，即虽然有大量关于课堂上学生管理的描述，但关于课堂上思想管理的描述却少之又少。

在试图解决这些问题时，舒尔曼借用了皮亚杰的模型来观察年轻教师如何整理和组织知识，并观察“新手”教师从完全的新手成长为专家的历程及伴随出现的错误。的确，他所描述的“错误、成功和改进”被视为教师获得专业知识不可或缺的一部分。随后舒尔曼将这些观察结果与经验丰富的教师（如南希）进行比较，在他们有规律地表现出专业知识时，新手教师虽然偶尔也会熟练地表现出自身专长，但更多时候则显得有些“迟疑”。舒尔曼又一次提出了这个关键问题：教师们要知道（或不知道）哪些东西，才能让他们用这种方式教学？

与此同时，舒尔曼指出，他还致力于在政策层面将这些知识系统化，试图建立一套教师标准。此标准必须与构成课程的学科（如英语、物理和历史）以及教育过程基础学科（如心理学、社会学或哲学）的学术成果紧密联系；必须在其利益所在的专业团体的意见中拥有直观的可信度（或“表面效度”）；必须与适当的教学和教师教育的规范概念相关。

舒尔曼指出，大多数教师培训包括一般能力测试、学科领域内的能力证明，随后是课堂观察，以确定教师的专业知识水平和价值。在他看来，这代表着教学的琐碎化，认为教师自己都很难清楚地表达他们知道什么以及他们是如何知道的。此外，他还警告说要防止泛泛而谈，即不要过度忽视要教授的主要内容和课堂环境。他认为，如果教师的观察者在所观察的课程中没有展现专业知识，那么这个错误就更加严重了。我们可能会停下来问这样一个问题：一个生物教师是否应该观察和评价一个历史教师，反之亦然？对于舒尔曼来说，观察者只能对课程的一般教学要素进行评价，这造成了一个错误，使得“一个可接受的研究策略变成了一个不可接受的教师评价政策”。

知识库的类别

舒尔曼随后试图列出基于教师理解的知识种类，这些种类可能出现在一本关于有效教学的书的章节标题中：内容知识、一般教学知识、课程知识、教学内容知识（内容和教学的特殊结合是教师独有的知识领域，是他们专业理解的特殊形式）、学生及其特点知识、教育情境脉络知识，以及教育目的、价值观及其哲学与历史背景知识。

在课堂上，学科知识是有效教学的组成部分，因为它让教师像爵士乐手一样即兴发挥，然而教学内容知识也是一个重要的类别，因为它“最有可能区分内容专家的理解和教师的理解”。关于教师应该知道什么研究，或像舒尔曼所称的教师应该知道的“正规教育学术研究”，舒尔曼诗意地指出，对教师产生最大影响的可能是那些“能丰富他们对可能性的想象（的东西），即他们对什么是好的教育，或是一个受过良好教育的年轻人在拥有适当的机会和激励下可能会是什么样子的愿景”。

有一个非常有趣的观点认为对教学的研究更适用于某些特定科目。罗森海因观察到有效的教学研究对有关理解的教学，尤其对于复杂的书面材料的理解，影响要小很多。因此，这些研究更适用于教授像乘法这样的技能，而不适用于教授对《联邦党人文集》（*the Federalist Papers*）的批判性解读。当然，南希作为英语教师的精湛表现可以证明这一点。教师职业另一个突出的问题是“其广泛的个人和集体失忆症”，意味着教学没有像建筑学、法学或医学等其他专业职业那样，对伟大成就进行持续性的描述。他写道：“教学是在没有观众的情况下进行的，它缺乏实践的历史。”此外，他警告说不要把研究变成“处方”，制定普遍化的准则有可能简化原本极其复杂的教学活动。尽管如此，他确实对他所说的教学推理的各个方面进行了分类。

法拉古特上将式教学

一个好教师能教任何科目吗？当然不能。舒尔曼不遗余力地说明，如果对要教的东西没有扎实的理解，教师就无法驾驭即兴发挥的技巧，而这是任何领域专家的鲜明特征。以爵士乐手作类比，乐手的演奏似乎是完全随机的，但只有对演奏标准有坚实的理解才能做到如此。他从自己的研究中举出了一个很好的例子，这个研究介绍了一位名叫科琳的教师，她对教授英国文学和诗歌

> 精读非常自信，她能使学生很好地参与进来，并利用她丰富的知识灵活地即兴发挥，应对学生的错误理解。然而，当教授语法单元时，她远没有如此得心应手，因为她接受的是文学而不是语言方面的培训。也因此，课程进行得不再那么顺利。
>
> 在那堂课上，科琳看起来完全不同了。她的互动风格消失了，取而代之的是一种高度说教式的、教师为主导的、快节奏的授课与严格控制的背诵的结合。“苏格拉底式教学法”被“直接教学法”取代。我有时称这种教学为“法拉古特上将式风格”（Admiral Farragut style）——“缠人的问题，直接略过”。学生没有任何机会提出问题或不同意见。

文章最后警告说，要警惕“处方”的危险，并且应该致力于“在没有标准化的情况下达到标准”。此外，如果不参考教学内容，仅通过观察教师的教学表现来评价教师是不够充分的。舒尔曼认为，评价和反思本质上是回顾性的，而不是准备和“知道”教学内容的前瞻性。真正成功的教师是反思型的实践者，通过“重建、重演和重现教学过程中发生的事件、情感和成果”参与到实践中。结果是教师们对将要教授的内容、其更广泛的目的和学生本身有了一种“新的理解”。

本章小结

长时间为一群孩子授课是高度专业化的行为，在这些行为中，隐性知识可能比其他同为先决条件的知识更加重要。它包含着无数未经训练的人通常无法发现的细微差别，并且如舒尔曼提醒的那样，往往教师自己也注意不到。知道在周五的最后一节课做什么会有效，知道某个特定的学生会如何回应特定类型的反馈，知道如何恰当地向正在努力的特定班级提出问题，知道学生什么时候需要安静地阅读或进行活跃的讨论，知道如何在恰当的时间提出一个棘手的概念，或知道如何与一个刚刚失去亲人的12岁孩子相处并让他顺利度过这一年，这些都是隐性知识的表现形式，除非亲身经历过，否则很难真正理解。最重要的是，知道如何吸收这些知识，并应对来自不断变化的课程、家长的参与、评分和评价以及波动的学年节奏的要求，这些也都是隐性知识的表现形式。即使是最优秀的实践者也难以定义，更不用说编制准则和教授给其他人了。

这篇文章的一个关键主张是，成为一名真正高效的教师意味着要对他们所教的内容了如指掌。教师不仅需要理解它，还应该从其他几个方面去理解它。这样的知识使教师有信心以清晰连贯的方式解释教学内容，解决学生出现的任何错误认识或问题，能够与其他可能有助于学生理解的知识建立联系和类比，或者如舒尔曼说的，“理解一个给定的概念如何与同一学科领域内的其他概念以及其他学科的概念相关联”。此外，教师需要意识到他们所做的事情有更广泛的目的，以关注“不同背景和文化的学生之间的机会平等和公平”。最终，舒尔曼表明，仅仅有学科知识是不够的，有效教学位于教学内容和教学法的交叉点。

要　点

- 对你所教的内容有充分的了解是成为一名专家型教师的必要条件。
- 光知道你在教什么是不够的，你还需要从其他几个方面来了解它。
- “解释和展示”是教学艺术的重要组成部分。
- 举例、类比和与其他知识联系的“代表性才能”至关重要。
- 在一个科目上成为好教师并不意味着你在另一个科目上也是好教师。

参考文献

[1]Polanyi M. Personal Knowledge: Towards A Post-Critical Philosophy[M]. Chicago: University of Chicago Press, 1962.

[2]Polanyi M. The Tacit Dimension[M]. New York: Doubleday, 1966.

[3]Rosenshine B. Unsolved Issues in Teaching Content: A Critique of

A Lesson on Federalist Paper No. 10 [R]. San Francisco, Ca: The American Educational Research Association, 1986.

[4]Shulman L. Knowledge and Teaching: Foundations of The New Reform[J]. Harvard Educational Review, 1987, 57(1): 1–23.

第17章　数学教学知识

数学教学内容知识

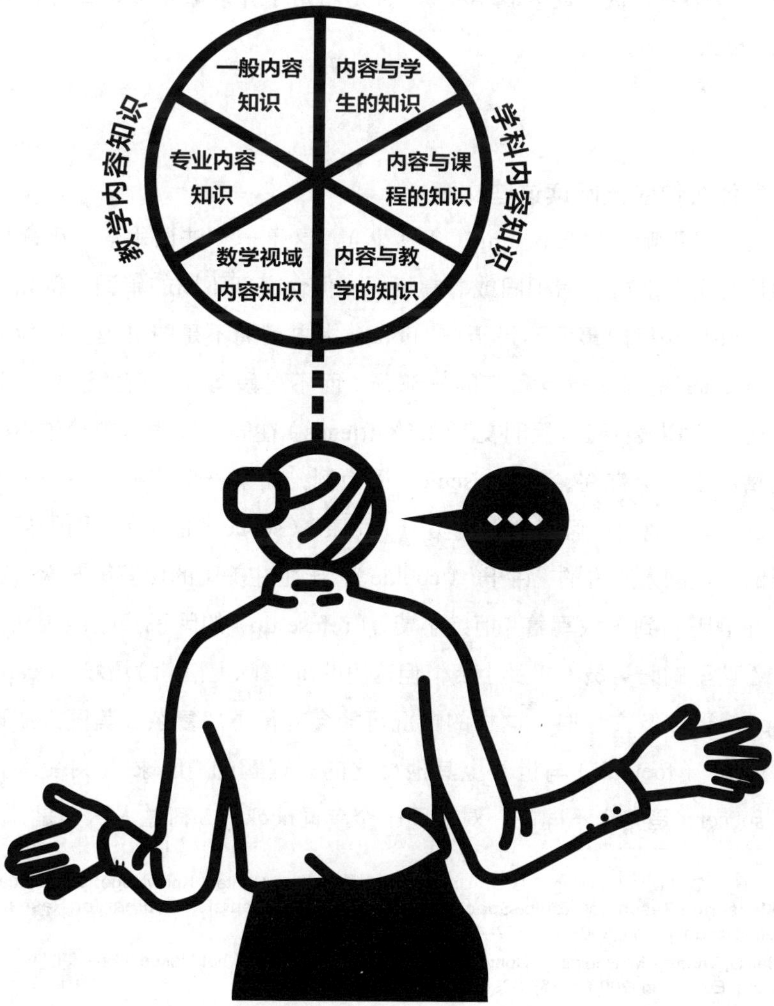

文章 《解读教学内容知识：概念化和教师对学生的专题知识》(Unpacking pedagogical content knowledge: conceptualizing and measuring teachers' topic-specific knowledge of students)①

《教学内容知识：是什么让它与众不同？》(Content knowledge for teaching: what makes it special?)②

引文 "我们所说的'数学教学知识'，是指用于开展数学教学工作的数学知识。"③

为什么你应该阅读这些文章

读者是否听说过faux amis（假朋友）？这是一个法语术语，用来描述两种语言中字形或拼写相同或非常相似，但含义却不同的单词。例如，法语单词histoire指故事而不是历史，librarie指书商而不是图书馆。在荷兰语中，paragraaf是指文章或章节的一部分，而不是段落，在荷兰语中段落用alinea这个词来表示。"假朋友"（false friends）在同一种语言中跨越不同文化的情况下也会存在。就以biscuit一词为例，如果一个英国人在美国说要一份biscuit，他们很可能会得到类似"司康"（scone）的东西，而他们真正想要的是美国人所说的"饼干"（cookie）。出生在美国的保罗第一次去英国时，在酒吧看到一块写着"拒绝小费"（refuse tip）的牌子。在他看来，这意味着这里的服务员不接受小费，但这里的tip实际上指"垃圾场"（garbage dump）。当涉及文化时，这样的情况可能会变得更加复杂。美国人所理解的"足球"（football）与世界上其他文化的人理解的"足球"（对美国人来说是soccer）是完全不同的。对于同一个单词hockey，荷兰人认为是"曲棍

① Hill H C, Ball D L, Schilling S C G. Unpacking Pedagogical Content Knowledge: Conceptualizing and Measuring Teachers" Topic–Specific Knowledge of Students[J]. Journal for Research in Mathematics Education, 2008, 39: 372–400.

② Ball D, Thames M, Phelps G. Content Knowledge for Teaching: What Makes It Special?[J]. Journal of Teacher Education, 2008, 59(5): 389–407.

③ Hill et al.(2008, p.373).

球”（field hockey），这与加拿大人所理解的“冰球”(ice hockey)也是完全不同的。

数学也是如此。我们在工作和社会中做大多数事情需要的数学知识与数学教师成为一名好教师所需要的数学知识是完全不同的。也许我们可以对舒尔曼的论述做一点补充，有能者为之，能理解者为师，为人师者既能为之，又能理解他们的学科领域。本章讨论数学教师需要知道的不同类型的知识：数学教学知识，或者有时也称为用于数学教学的学科内容知识。

文　章

这是一个艰难的问题！当谈到数学教学时，有许多可以被称为开创性的文章，而当涉及数学教学是什么、需要什么时，每篇都只涉及了谜题的一部分。这里，我们选择了希瑟·希尔（Heather Hill）和黛博拉·罗文伯格·鲍尔（Deborah Loewenberg Ball）的一篇文章，以及黛博拉·罗文伯格·鲍尔、马克·泰晤士（Mark Thames）和乔弗里·菲尔普斯（Geoffrey Phelps）的一篇文章。但在最后，我们给出了一个同样有参考性的参考文献清单。

在《教学研究手册》（*Handbook of Research on Teaching*）第四版关于数学教学研究的章节中，黛博拉·罗文伯格·鲍尔、莎拉·卢比恩斯基（Sarah Lubienski）和丹尼斯·梅博恩（Denise Mewborn）问道：“为什么在乘十倍时，在数字右边加一个零就可以？为什么当数字中有小数点时，我们要把小数点移过去而不是在右边加零？除以一半是什么意思？正方形是长方形吗？”大多数人无法明确回答这些问题。许多数学家能回答这些问题，却无法向他人解释或传授这些答案。究竟是什么特殊的东西让教好数学成为可能？

直到21世纪初，人们都认为舒尔曼在1986年提出的教学内容知识概念（见第2章）足以帮助我们思考教师如何教授他们的科目。舒尔曼感叹道，评价教师的准备情况是基于他们对课堂实践与课堂管理技能的了解，以及提高学生成绩的不同行为和策略。然而，在教师所学的内容和他们所教的具体内容之间并没有真正的联系。从本质上讲，这是因为大众对于教学有一种普遍的看法。舒尔曼将这种对学科内容的遗漏称作“范式缺失”（missing paradigm），即“关于教师评价与资格认证项目内容的盲点……关于所教的课程、所问的问题、给出的解释等问题”。在这个盲点之中有学科内容知识、教学内容知识（将专家与教师关于具体内容的理解区分开）和课程知识。显然，这种通用的教学内容知识是不够的。

费恩·德帕普（Fien Depaepe）等学者在一篇关于教学内容知识如何“渗透到数学研究中”的精彩述评中，对教学内容知识进行了批评，并论述了教学内容知识是如何通过一系列迭代扩大影响力，最终形成可互换的术语——数学教学知识（Mathematical Knowledge for Teaching，MKT）和数学教学内容知识（Content Knowledge for Teaching Mathematics，CKTM）的。数学教师不仅需要会“做数学”，也必须能通过图片、图表向学生讲述数学概念和过程，向学生解释数学法则和过程的原理，并且能对学生的解题方法和解释进行分析。因此，数学教学知识是教师用于开展数学教学工作的数学知识，例如向学生解释术语和概念、领会学生的陈述和解题方法、判断和纠正教科书对特定主题的论述、在课堂中准确使用课堂展示，以及向学生提供数学概念、算法或证明的示例。

希尔和她的同事首先剖析了教师关于内容和学生的知识（Knowledge of Content and Students，KCS），他们将其定义为“与对学生如何思考、认识或学习特定内容的知识紧密联系的内容知识。在教学任务中使用关于内容和学生的知识，既涉及具体的学习内容，也涉及与学习者有关的某些特定内容”。这是舒尔曼教学内容知识中的一个基本要素——理解使特定主题的学习变得容易或困难的因素，即不同年龄和背景的学生在学习最常见的主题和课程时自身不同的理解和事先预想。

如图17.1所示，左侧是学科内容知识，或可以称之为用于教学的数学知识，包括以下几个方面：

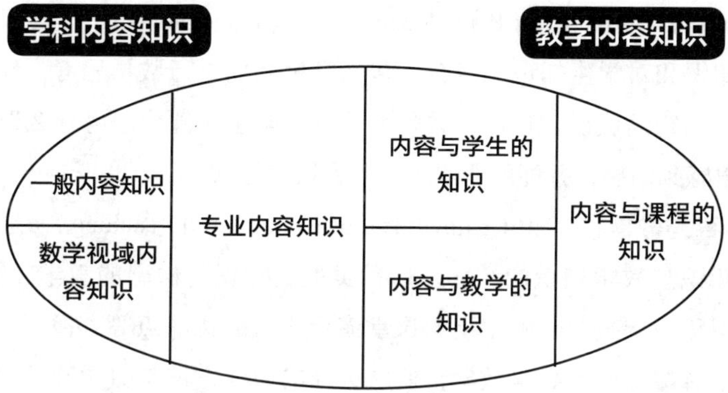

图17.1　数学教学知识

■一般内容知识（Common Content Knowledge）：指需要拥有但并非教学所独有的数学知识。换句话说，就是在教学和教学以外的环境中（例如工程、会计）都会使用的知识，包括发现错误、进行正确计算和正确说出相关术语等。这是他们自己所学的数学，也是他们完成相关任务和解决布置给学生的问题时所需要的。

■数学视域内容知识（Knowledge at the Mathematical Horizon）：这种知识是对那些有助于学校现有学科教学的学科的定位和熟悉，使教师更能感受到所教授的内容是如何在更广泛的学科领域中定位和联结的。这包括了解不同的数学主题如何相互关联、核心的学科价值取向和学科的主要结构。

■专业内容知识（Specialised Content Knowledge）：指比使用数学的专业人员所需的数学程序知识更深入的数学知识，是教学所特有的数学知识和技能，且根据鲍尔等学者的说法，这是“除教学之外通常不需要的数学知识”。你可以将其与足球或几乎所有运动进行比较，就像一个好教练不一定必须曾是明星球员。这与更深层次的理解和向学生传达这种理解的能力有关，例如如何准确地表达数学思想，提供数学的解释、法则和程序，以及检验和理解解决问题的不常见方法，或者与识别学生的错误和理解的性质的能力有关。

上图的右侧是传统的教学内容知识，即：

■内容与学生的知识（Knowledge of Content and Students）：这类知识是对数学知识和对学生知识的结合，包括学生如何进行数学思考，他们对数学的概念和错误认识。它使得教师能够预测学生可能会思考什么以及学生会在哪里感到困惑，并能解释学生不断发展的理解。

■内容与教学的知识（Knowledge of Content and Teaching）：这种知识是数学知识与教学知识的结合。这种类型的知识与做出的教学决策有关，包括组织和设计教学、确定不同课堂演示方法的优缺点等。换句话说，就是关于了解如何设计数学教学，使所选择的教学方法与数学理解相互作用的知识。

■内容与课程的知识（Knowledge of Content and Curriculum）：指从狭义和广义两方面了解数学内容与课程的关系。从狭义上讲，它是关于在一学年中教授的某个数学主题如何与其他数学主题，以及其他学科领域的主题相关（如对数学来说，可能与经济学或自然科学相关）。从广义上讲，它是关于在一学年中教授的某个数学主题如何与学生在前几年以及未来几年学习的内容相关。这些知识还涉及如何使用教学材料来组织你的教学项目。

定义辨析

让我们来看看以下与小数有关的教学行为列表：

■给一列小数排序。

■生成一列可以显示关键数学知识点的小数。

■小数是如何以不同的方式被使用和展示的。

■辨别哪些小数是学生最难理解的，以及为什么。

■决定如何处理学生的问题。

■小数如何与指数幂（包括正数和负数）、分数类型以及重复小数相关联。

每个行为都用到了一种不同的知识。

■对小数进行排序可以认为是“简单”的一般内容知识。如果你懂数学，你应该能够做到。

■生成一列可以显示关键数学知识点的小数是专业内容知识的一个表现。要做到这一点，你需要能够认识到学生错误和理解的本质。

■使用和展示不同形式的小数（如分数或比率）之间的关系，或者理解如何、为什么以及何时使用前导小数是数学视域内容知识的一个例子，因为你知道不同的数学主题是如何相互关联的。

■对学生来说哪些知识是困难的，分析其原因，想要了解这一点需要教师拥有关于内容与学生的知识，因为你必须知道并理解学生如何进行数学思考，包括他们的数学概念和错误认识。

■决定如何处理学生的问题需要关于内容与教学的知识，因为这关系到你做出的教学决策。

■教授知识如何关联以及何时教授这些关联需要关于内容与课程的知识。分数通常被安排在小数之前教学。学生通常会在同一学年中学习到0.333是一个重复的小数，大约等于1/3但并不完全相等。但十次幂，特别是负指数幂（10^{-1}=0.1或1/10）通常在之后的学年中学习。

本章小结

作为舒尔曼教学内容知识的进步，数学教学知识这一概念的重要性表现在以下几个方面。首先，与舒尔曼在1986年提出的教学内容知识不同，数学教学知识是对教师在数学教学中需要以及运用的知识进行实证研究的结果，并因此为教学内容知识提供了实证基础。其次，希瑟·希尔和她的同事们多年来的研究使这一概念得以操作化，并针对数学教学知识提供了有效的测量方式。最后，数学教学知识这一概念为教师教学内容知识与学生学习成果之间的正向关系提供了实证证据。

要　点

■数学教师不仅需要知道其他受过教育的社会成员所知道的数学知识，而且还需要知道更多。他们需要“了解思想的内部、根源和联系，它们表现的原因和方式”。

■数学教学知识与用于其他数学密集型职业和专业的数学知识不同。

■数学教师必须能够预测和理解学生的错误，以多种形式表现数学思想，发展不同的解释等。

■教学所需要的数学知识，即使在小学阶段也不是“真正的数学”的简化版本。数学教学是一个严肃而苛刻的数学工作。

参考文献

[1]Ball D L. What Mathematical Knowledge is Needed for Teaching Mathematics [R]. Washington, Dc: The Secretary's Summit on Mathematics, U.S. Department of Education, 2003.

[2]Ball D L, Lubienski S, Mewborn D. Researchon Teaching Mathematics: The Unsolved Problem of Teachers' Mathematical Knowledge[M]// V Richardson. Handbook of Research on Teaching. 4th ed. London: Macmillan, 2001: 433–456.

[3]Ball D, Thames M, Phelps G. Content Knowledge for Teaching: What Makes It Special?[J]. Journal of Teacher Education, 2008, 59(5): 389–407.

[4]Depaepe F, Verschaffel L, Kelchtermans G. Pedagogical Content Knowledge: A Systematic Review of The Way in Which the Concept Has Pervaded Mathematics Educational Research[J]. Teaching and Teacher Education, 2013, 34: 12–25.

[5]Engage NY. Grade 2 Mathematics, Module 1, Topic A, Lesson 2 [EB/

OL].(2021–09–17). https://www.engageny.org/resource/grade-2-mathematics-module-1-topic-lesson-2.

[6]Hill H C, Ball D L, Schilling S C G. Unpacking Pedagogical Content Knowledge: Conceptualizing and Measuring Teachers" Topic–Specific Knowledge of Students[J]. Journal for Research in Mathematics Education, 2008, 39: 372–400.

[7]Hill H C, Rowan R, Ball D L. Effects of Teachers" Mathematical Knowledge for Teaching on Student Achievement[J]. American Educational Research Journal, 2005, 41: 371–406.

[8]Hill H C, Schilling S, Ball D L. Developing Measures of Teachers' Mathematics Knowledge for Teaching[J]. The Elementary School Journal, 2004, 105: 11–30.

[9]Jakobsen A, Thames M H, Ribeiro C M, et al. Using Practice to Define and Distinguish Horizon Content Knowledge [R]. Seoul: 12th International Congress in Mathematics Education, 2012: 4635–4644.

[10]Shulman L S. Those Who Understand Teach: Knowledge Growth In Teaching[J]. Educational Researcher, 1986, 15(2): 4–14.

第18章　科学学科的教学

科学教学内容知识

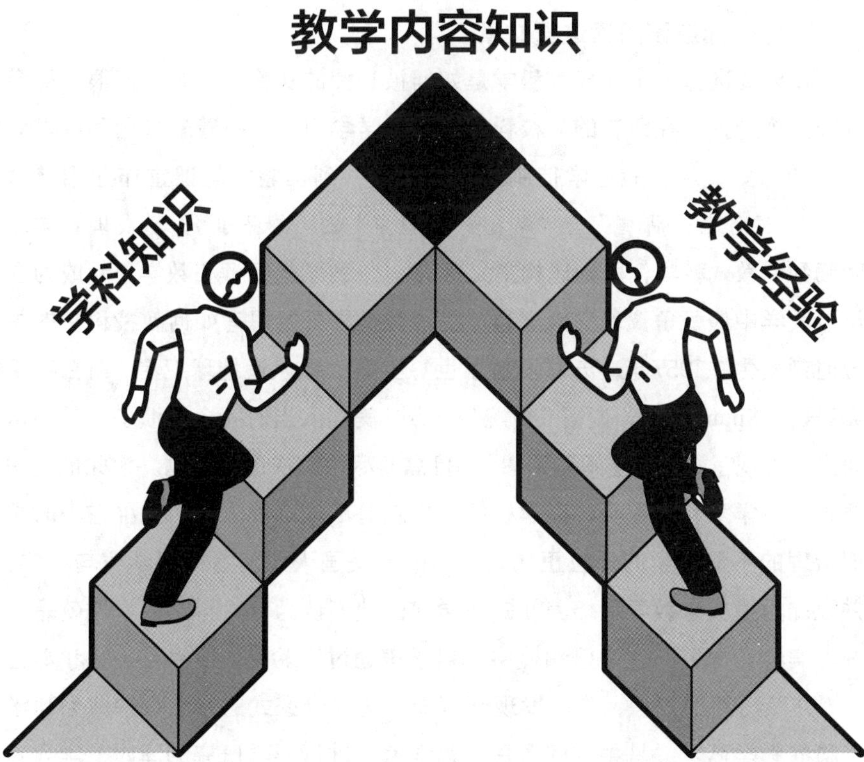

文章 《发展科学教师的教学内容知识》(Developing science teachers' pedagogical content knowledge)①

引文 "由于对教学内容知识常规部分的强调，对科学学科的教师在特定主题教学方面的知识和看法仍然没有得到明确的关注。"②

为什么你应该阅读这篇文章

如果要选择一个能代表科学是如何被教授的实物，那么我们很可能会选择一个钟摆。在所有的学校科目中，科学学习可能有着最久远和最具变迁性的历史。从实验室学徒制到死记硬背，到实验室与课堂作业相结合（以及"实验室—课堂"与"课堂—实验室"之间的斗争），从发现式学习回归到说教式教学，再到建构主义探究……科学与阅读和数学一起成为在学校教学中最受争议的三大学科。美国教育界开始思考如何教授科学的关键时刻发生在1957年，苏联发射了世界上第一颗人造地球卫星"斯普特尼克1号"（Sputnik 1）。说得"委婉"一点，美国人当时完全崩溃了。美国认为当时出现了"宇宙空间差距"，并且需要尽快解决这个问题。为此他们需要大量科学家和工程师，而学校的工作就是尽快培养人才。这种在当时看似合理的不假思索的反应正代表了当时的美国人如何看待科学家与科学，并以此为模板来教导和培养新的科学家。他们认为自然科学的本质就是实践、实验和探究。在这些领域中，科学家通过实验（包括物理实验和思想实验）获得新的知识，从而发现新现象。这种专家式的方法很快成为科学学科的教学蓝本。其中的问题是，科学家在进行科学研究的同时，学习者也在学习科学，应该通过有效的教学方法和良好的教学设计来帮助学习者学习科学。这意味着我们不应该把科学家的认识论视为学习者的教育学。

---

① Driel J H, Verloop N, De Vos W. Developing Science Teachers' Pedagogical Content Knowledge[J]. Journal of Research in Science Teaching, 1998, 35: 673–695.

② Ibid., 680.

关于这个问题有两种说法：学习的科学与科学学习是完全不同的，但也需要共同的努力；如果想要成为专家型科学家，那就不要做那些所谓专家型科学家该做的事情。

我们在扬·范·德里尔（Jan van Driel）、尼科·维尔卢珀（Nico Verloop）和沃布·德沃斯（Wobbe DeVos）的《发展科学教师的教学内容知识》与理查德·怀特（Richard White）和理查德·梯舍（Richard Tisher）的《教学研究手册》（第三版）中“自然科学研究”（Research on Natural Sciences）这一章节之间进行了艰难的选择。范·德里尔等学者在科学学科的教学语境中具体讨论了教学内容知识的概念，而怀特和梯舍没有具体讨论如何进行科学学科的教学，而是讨论了教好科学需要些什么。经过反复思考我们选择了前者，但绝对推荐大家读后一篇文章！

文 章

范·德里尔、维尔卢珀和德沃斯的文章围绕“教学内容知识在多大程度上可以被视作科学学科的教学研究领域中的一个有价值的概念”这一问题展开。他们首先讨论了教师技能知识（Craft Knowledge），认为这是代表着教师在教学实践中积累智慧的综合性知识。这种知识在实践中指导着教师的行动，它包含了教师关于教育学、学生、学科内容、课程等各个方面的知识和看法。它既不是关于个人行为的特殊例子，也不是关于教学行为的规范性知识库，而是着眼于技能知识中的共同模式，并最终发展出格里梅特（Grimmett）和麦金农（MacKinnon）探讨的一个帮助新老教师发展其反应、理解本领和一些小技巧的框架。

范·德里尔及其同事将教学内容知识视为特定类型的教师技能知识，其中学科内容知识被转化了，以便有效而灵活地应用到课堂实践的教师与学习者的交流过程中。教学内容知识可以来自教师的教学实践，从分析他们在教学中遇到的问题获得，也可以来自关于学生的一些在职课程。教学内容知识可以是以下几个方面的知识：（1）特定主题教学的策略和表征；（2）学生对这些主题的理解、观念和错误认识（参见本书第2章和第16章）；

（3）特定主题的教学目的；（4）用于教学的课程材料。因此在教学中，教师的行动主要由教学内容知识决定。

请注意，范·德里尔及其同事排除了职前培养这一因素，并明确表示教学内容知识是通过扎根于课堂实践的整合性过程发展起来的，这意味着准教师通常拥有很少的，或根本没有教学内容知识。这支持了文章中的观点，即教学内容知识的确是教师技能知识的一种具体类型。

随后，文章讨论了科学教师的技能知识是由教师对以下几个方面的理解所决定的：

- 科学的性质——科学是动态的、不断变化的。昨天还是正确的观点，今天可能就会受到质疑，明天可能就会被修正或丢弃。不幸的是，这一观点并不总是出现在中小学或大学课程中，在学校里，科学知识经常被当作一系列的真理和法则来教授。也许正因如此，科学教师对科学史和科学哲学的知识理解十分有限，也因此缺乏对科学的性质的理解，或有着幼稚的概念，并且持实证主义观点，认为科学的实质内容是固定不变的，而不是暂定的。
- 科学的教与学——在范·德里尔及其同事撰写文章之时（1998年），在职和职前的教师培训项目关注教师对科学教与学的概念，扎根于强调“概念转变”的建构主义认识论。这被证明是有问题的，因为教师的实证主义信念结构或他们对现有课程的投入似乎阻碍了实践。
- 两者之间的关系——我们发现有经验的教师与新手教师之间存在巨大差异。有经验的教师有一个概念框架，在这个框架中，他们所拥有的关于科学、学科内容、教与学的知识、学生的知识和看法是相互联系的，并与他们的教学行为相一致。而新手教师没有这样的框架，他们对科学和科学学科的教学的看法与自身的课堂实践之间存在冲突。

文章随后从讨论教师的技能知识过渡到他们的教学内容知识。他们注意到，在教授不熟悉的主题时，经验较少的教师：（1）没有意识到学生可能遇到的潜在问题，也没有意识到他们的先入之见（或者换句话说，教师不仅不知道自己不知道什么，也不知道学生不知道什么）；（2）在选择适当方式展示学科内容以解释或阐述概念时存在问题；（3）他们自己对所讨论的主题有更多的错误认识；（4）主讲的时间更长，且更多地将自己限制在提出低认知水平的问题上。另外，经验丰富的教师在教授他们学科领域之外的主题时，似乎是由他们丰富的一般教学知识所支撑的，而教学内容知识则是有限的，并且在依赖一般教学知识的同时，迅速学习新的内容和与相关内容特定的教学策略。换句话说，正如桑德尔（Sanders）等人所说："当教师在他们的学科领域之内或之外进行教学时，一般教学知识为他们提供了一个由内容知识和教学内容知识填充的教学框架。"

有经验的教师与专家型教师

约翰·哈蒂在讨论有经验的教师与专家型教师的区别时指出，专家型教师：

- 对于学习内容、内容的教学以及学习者如何学习有深刻的概念表征。因此，他们的知识更有条理，更善于发现和解释（新的）内容与学习者的原有知识之间的联系，能够将学习内容与课程中的其他主题联系起来。
- 会为学习者设定具有挑战性的目标，并给他们布置困难的任务。
- 更善于监测学习者出现的问题并给予学习者更相关和有用的反馈。

专家型教师的第二个和第三个特征非常接近教学内容知识的特征：设定目标、设计任务、监控学习过程和给予反馈。但只有在第一个特征的前提下，这些才是可能发生的。

令人警醒的是，就教师培训机构（如职前教师培训）所能获得的，或已经取得的成就而言，教授相应学科的教学策略知识来自新手教师作为学习者本身以及作为教师或助教的经历，并非来自培训。在他们看来，在他们获得足够的教学经验，掌握基本的（即通用的）课堂技能之前，期望他们拥有容易理解的、可转化为课堂实践的学科内容知识是不现实的。教师的教学知识和学科领域的变化是成为优秀的科学教师所必需的，这些变化都是教学经验的结果。因此，职前教师培训没有（或无法）整合这些领域。范·德里尔等学者总结道："随着经验积累和为了教学目的对自身学科内容结构的使用，教学知识和学科内容知识之间的划分可能会变得模糊。因此，教学内容知识的发展可能会推迟到教师达到这一阶段为止。"或者说，当教师在学科内容本身和教学的一般理论方面都有充分的基础时，教学内容知识能得到最充分的发展。在开始教学的最初几年，良好的指导可以帮助弥补这一差距。

最后，作者描述了他们为促进学生的概念转变，在"教育创新"的背景下对教师教授特定主题（如化学平衡）教学内容知识的实证研究。他们为高中学生设计了一堂关于化学平衡的实验课，以实现学生的概念转变，并为化学教师设置了在职工作坊以帮助他们教学。研究结果表明，教师虽然经验丰富，但缺乏促进学生理解的理论论据。他们通常的论据是软弱、没有说服力的。他们觉得能做的最好的事情是借助隐喻或类比来论证动态平衡的概念。在作者眼中，目前这样是不够的。

教师需要通过研究学生对特定主题观点的结构和发展来补充他们的学科教学内容知识，并且，教师培训项目应该提供在教学情境中使用教学内容知识和反思这些实践经验的机会。研究者甚至建议，教师培训项目应该包含主题相关的教学内容知识课程，邀请教师进行一系列活动，包括：（1）批判性地评介教科书；（2）进行科学实验；（3）研究真实的学生反应。通过具体的作业和讨论，可以激发参与者对这些活动进行整合，并对教学内容和课堂实践进行反思。这样，参与者的教学内容知识可能会提高。

本章小结

教师的技能知识包含一个整合了教师关于教与学的科学、科学性质、学科内容和学生的知识和看法的框架。他们对什么是教与学的科学观念是相当稳定的（即实证主义的、固定的），并且往往在他们自己还是学生的时候形成。这对他们的教学实践产生了重要影响。

对科学教师教学内容知识的研究表明，对学科内容的连贯理解与教学经验是教学内容知识发展的必要条件，但仅有这二者还不够。即使是经验丰富的教师也需要围绕特定主题进行在职培训以发展教学内容知识。这就解释了为什么那些拥有必要的学科内容知识，但缺乏教授该主题的教学经验的准科学教师或新手科学教师几乎没有表现出教学内容知识。遗憾的是，教师培训项目（至少在文章发表时）似乎主要关注一般性的教学知识或学科内容知识，因此基本没有对科学教师的教学内容知识发展产生重大影响（参见本书第30章）。

要　点

■学习的科学与科学学习是完全不同的，但也需要共同的努力。

■教学内容知识的获得并不轻松。

■一般教学知识是教学内容知识发展的支撑框架。

■对特定主题的熟悉程度与教学经验的结合对教学内容知识发展有促进作用。

■即使拥有相似的学科内容知识，教授相同的课程时，经验丰富的科学教师的教学内容知识与新手教师的教学内容知识也可能存在很大差异。

■职前教师培训并不能有效地帮助准教师获得他们需要的教学内容知识以正确地教授相应学科。

■当教师在学科内容本身和教学的一般理论方面都有充分的基础时，教学内容知识能得到最充分的发展。

参考文献

[1]Grimmett P, Mackinnon A. Craft Knowledge and the Education of Teachers[M]. Review of Research in Education.San Francisco, Ca: The American Educational Research Association, 1992: 385–456.

[2] Hattie J. Teachers make a difference: What is the research evidence?[J]. Zealand Council of Educational Research, 2003. DOI:doi:http://dx.doi.org/.

[3]Sanders L R, Borko H, Lockard J D. Secondary Science Teachers' Knowledge Base When Teaching Science Courses In and Out of Their Area of Certification[J].Journal of Research in Science Teaching, 1993, 3: 723–736.

[4]Van Driel J H, Verloop N, De Vos W. Developing Science Teachers' Pedagogical Content Knowledge[J]. Journal of Research in Science Teaching, 1998, 35: 673–695.

第19章　三和弦与真相

英语教学内容知识

章节 “了解、相信和英语教学”（Knowing, believing, and the teaching of English）[1]

引文 “如果教师希望负责任地教授一个领域，他们应该知道什么？这个问题不是简单的挑战。在英语教学领域，规范受到质疑，‘共识’更多的是被误写而非达成，在这样的背景下，教师知识的问题令人望而却步。”[2]

为什么你应该阅读这一章节

20世纪50年代，曾为帕西·克莱恩（Patsy Cline）、雷·查尔斯（Ray Charles）、约翰尼·卡什（Johnny Cash）等音乐界巨星撰写热门歌曲的哈兰·霍华德（Harlan Howard）被问及歌曲创作，尤其是乡村音乐的创作问题。根据霍华德的说法，写出一首好的乡村歌曲所需要的就是“三和弦与真相”。许多年后，卢·里德（Lou Reed，美国摇滚乐歌手与吉他手）说：“一个和弦就可以了，双和弦就有点难了。使用三和弦，那么你会爱上爵士乐。”当然，现在这些超过三个和弦的复杂音乐并没有问题，但早期的福音音乐、蓝调和乡村音乐都有某种高贵的气质，而所有的摇滚乐都是基于此诞生的。遗憾的是，英语教育领域的很多研究与其说是“三和弦与真相”，不如说更像刺脊乐队（Spinal Tap）的自由形式和激进的实验性前卫摇滚乐《爵士乐奥德赛》（Jazz Odyssey）。很多时候，英语教学的机制被具体化为高度复杂的行业术语，其根源在于政治意识形态或后现代哲学，而没有考虑到课程问题或学习的认知架构。舒尔曼在教学内容知识方面的研究令人耳目一新的地方在于，他实质上是将关注点转回了“三和弦与真相”，并明确地问出：英语教师需要知道什么，需要做什么？

---

① Grossman P L, Shulman L S. Knowing, Believing, and the Teaching of English[M]//T.Shanahan. Teachers Thinking, Teachers Knowing:Reflections on Literacy and Language Education. [S.l]National Council of Teachers of English, 1994: 3–22.

② Ibid., p.3.

平心而论，英语教学与其他学科的教学不同。当涉及英语学科（或任何第一语言教学，如在荷兰和佛兰德斯教荷兰语，甚至是艺术或音乐）以外的事情时，使用教学内容知识进行英语教学就会出现问题。因此，英语作为一门学科的一个核心问题是持续的身份危机。其他学科，如数学、科学、经济、地理等在课程设置和成功的定义上有着广泛的共识，而英语或艺术类学科则并非如此。事实上，正如一位评论者所说，英语是最不像一门学科的学科，也是最难被定义的。

章　节

在很多时候，试图解析英语作为一门学科究竟是什么的行为，可以被看作一种定义不可定义事物的尝试。首先，当我们将“英语”作为学科来讨论时，我们实际上是在谈论两个学科，英语语言（即学科）和英语文学（即艺术），其中有两个关键部分：阅读和写作。在这一章中，格罗斯曼（Grossman）和舒尔曼试图界定我们所说的英语教学是什么，并援引阿普尔比（Applebee）的论断，即无论我们谈论的是语言、文学还是作文这三个基础学科，都不可避免地存在这样的事实：“学科的边缘已经模糊和动摇，这给英语教师带来了持续性的身份危机。”

英语作为一个学科领域的模糊性

这种身份危机在其他学科中没有这么明显。其他学科中对于课程和成功的定义往往有广泛的共识，然而英语学科却不是如此。这种模糊性使得这一领域内的研究已被证明是困难的，研究人员更多专注于阅读、写作或演讲。语言、文学与写作在实践中并不像我们所描述的那样可以分离。因此，英语作为一个学科领域的多面性和分散性给教师知识研究造成了困境。

另外，在英语教学中，教师个人的自主性可能比其他任何学科都多。虽然课程可能有规定在特定时间学习诗歌、散文或戏剧，但许多英语教师可以自由选择他们想要涉及的小说或诗歌。学科固有的复杂性，以及其互相独立的领域和组成部分，可能使得教师在课程开发方面有更大的自主权。

这就给英语教学研究带来了极大的困难，因为这个学科内部的差异比其他学科更大。

英语知识的性质

这种分散性导致的下一个问题是：我们所说的英语知识（Knowledge in English）是什么意思？针对科学与数学学科中教师知识的研究有很多，研究者将教师的知识与该领域的专家的知识进行了比较。然而，英语教学中的知识在很大程度上仍然以布鲁纳定义的“范式性知识”为特征。换句话说，英语教师倾向于以叙事性方式而非分类性方式来理解学科。以分类性方式为例，如果两位教师在教授浪漫主义诗歌，他们可能会以专题性方式考虑这个主题，关注上下文和更广泛的概念，如启蒙运动（The Enlightenment）和伯克的崇高观（Burke's Notion of the Sublime），但他们可能会选择完全不同的诗歌和诗人进行评析。因此，即使是对同一个主题，两位英语教师的知识基础也可能存在很大差异。正如格罗斯曼和舒尔曼所指出的：“如果英语代表了一系列关于阅读和写作本质的相互竞争的思想流派，那么足够了解英语，甚至能够教好英语又意味着什么？”在回答这个问题时，研究者提出，教师自身必须完全具备读写能力。他们援引了威尔斯（Wells）的定义：这就是从认知角度参与文本带来的赋权。一个读者或作家（尤其是作为一个作家），可以通过文字上的表达和头脑中的描述之间的交互作用，在智力、道德或情感理解方面取得一定程度的进步，这种进步是很难或不可能实现的。因此，具备充分的读写能力，就是在需要时能在认知上处理文本，这种处理既需要能力，又需要态度。

英语文学的一个关键概念是两种不同的解释可以同时成立，这实际上也被认为是英语文学的组成部分。事实上，对同一文本的多种解释是大学阶段培养的理论文学分析英语的特点。这种在认知层面处理文本的能力可能就是作者所说的“文科教育的遗产”，它默认所有知识的来源都植根于特定的时间和地点，而某些文本能够超越其时间和地点的特殊性，例如《李尔王》可以被当代的日本读者阅读，这证明了文本的某种伟大性。

知道学生不知道什么

对于教师来说，他们不仅仅要了解像《李尔王》这样的戏剧的叙事、语言和背景，还需要明确了解自己的理论观点或文学的主要取向，以帮助别人看到指导特定文本阅读的假设。如果英语教师想要教会学生多种阅读方式，那么他们就需要知道这些方式分别是什么。这就引出了教学内容研究中一个被多次提及的话题，在此重申一下，即仅仅知道学生理解了什么是不够的，教师还需要知道学生误解了什么。对学生的误解和错误认识来自哪里有很强的概念，意味着对学科内容知识及其背后的理论假设有很好的把握。

以写作领域为例，程序性知识和陈述性知识之间存在非常重要的区别。教师可以很轻松地教授关于写作的陈述性知识，但教师也有关于自己写作的程序性知识，且与学生相比，他们的程序性知识往往处于专家水平，这可能导致教师无法理解为什么学生无法掌握写作的某些基本方面（*或者在他们看来至少是基本的*），这种现象被称为"知识的诅咒"（the curse of knowledge）。那么一个重要的问题是，了解写作和了解如何写作之间有什么关系？

对于许多英语教师来说，他们学到的很多知识都是很难符号化的隐性知识，对于那些说着标准英语或主流英语长大的教师来说，他们自己都没有意识到内化语言规则的过程。在查找和纠正错误时，他们可能依赖于"听起来正确"的事物。那么，教师应该如何回应那些对语言和方言有截然不同的知识和经验的学生？换句话说，一位阅读了600篇小说的经验丰富的英语教师会有一个相当复杂的心理模型，会很清楚复杂的小说是什么样子的。虽然你可以在一定程度上将其分解为不同部分，并将重点放在句子结构、更复杂的词汇、准确的拼写等方面，但试图教一个初学者去写复杂的小说就像要求喜剧演员要更有趣一样。

教学研究中的知识增长

在早期关于教学内容知识的著作《知识与教学》中，舒尔曼提出了一个模型，将教学视为教师理解、转化、行动、评价、反思和发展新的理解的交替和同步互动（参见第16章）。研究人员接下来对收集到的关于学科知识和教学知识的关系的相关证据进行了更仔细的考察。

“教学研究中的知识增长”研究的目的是追踪教师在职前准备阶段和第一年教学中学科内容知识的增长和使用情况。特别令人感兴趣的是英语教师如何利用他们在本科期间所学的知识，以及他们如何根据自身学习教学的经验来构建新的理解。由于前文提及的一些困难，研究方法采用自我报告、访谈法，以及教师对文献或一篇文章进行解答。针对“这首诗的含义是什么？”这一问题，两位英语教师给出了以下答案：

兰斯：因为你无法在散文中捕捉到诗歌的作用。我的意思是，人们总是会有错觉认为这首诗在说这件事、那件事……你可以这么认为，但你不能只是说出来。这样助长了这种关于诗歌的不良思维方式，我认为这不是一个好主意。

瓦妮莎：我也不喜欢这些问题，因为它们太具体了……我喜欢给学生们提出一些他们无法抄袭答案的问题，每个人都可以有自己的答案和理由。如果他们必须证实自己所做的事，他们会更兴奋。这类方法可以帮助他们开始理解一首诗。

这里值得注意的是，兰斯的回应是基于学科的反对，而瓦妮莎的回应则是基于教学的反对。换句话说，前者是对诗歌鉴赏的争论，后者是对诗歌教学的争论。这两个概念之间的混淆是许多关于英语教学的争论的核心。

对专业教育的启示

格罗斯曼和舒尔曼指出，有一个重要的证据强调了特定学科训练在英语教学中的重要性和通用性教学的危险性。教学是高度可变的，而一个职业或专业技能最困难的方面之一就是在不确定的和新的条件下利用和整合多个知识领域的能力。在这个意义上，作者呼吁向新教师提供一系列案例（见第16章有经验的英语教师南希的案例），让他们构建专家型英语教学所需的灵活心理模型，以应对新的情境。相比于对最佳实践方式规定性的声明，教学案例似乎可以代表在现实的混乱世界中的实践。在现实世界中，往往问题和解决措施都是不清晰的。案例教学法的支持者认为，为了让准教师为他们将面对的多样的教学环境做好准备，比起只是告诉他们最好的方式，不如让他们参与到在不同环境中教学《哈姆雷特》的10个案例的讨论中。

在英语教学领域，关于如何教学的研究、教学内容知识的混乱和课堂现实之间的"信噪比"意味着教师需要建立一种特定的、灵活的知识，这种知识主要由一系列案例，以及特定的班级和学生所发生的具体事件组成。英语教学是高度复杂的，但如果我们回到"三和弦与真相"，那么专家型教师就可以通过简单性实现反直觉的复杂性观念，而简单性又是利用复杂的成功模式来自动化完成的。换句话说，如果一位教师对莎士比亚及如何教授相关内容有丰富而灵活的理解，并且能根据学生的年龄、能力或一天中的不同时间、一年中的不同时间来实践自己的内部知识储备，那么这位教师的水平就非常高。一旦这些关键组成部分得以自动化，那么教师的"带宽"（Bandwidth）就得以释放，他就可以更多关注行为问题、学生提出的问题、解决学生的错误认识以及照顾到需要帮助的学生。

本章小结

首先，格罗斯曼和舒尔曼很明确地指出"学科内容知识很重要"。教师对学科的知识以及由这一知识产生的看法决定了他们如何计划教学，如何选择文本和组织课程，以及他们如何在课堂上与学生互动。然而，仅有学科内容知识是不够的。了解莎士比亚并不等同于了解如何将莎士比亚教授给特定语境下不同的学习者。如果不了解如何教授学科内容知识，或使其生动化，新手教师尤其会感到棘手。兰斯谈到他在教九年级学生学习《罗密欧与朱丽叶》时的困难：

我真的很难调整期望，因为我总是喜欢把想法推向极致，比如证明最晦涩难懂的论点，并展示没有人发现的语言中的细微差别，以及为什么会有这样的效果。而这些孩子，当然，我现在知道了，他们不想做任何与之相关的事。这些对他们来说是毫不相干的事。

这也凸显了其他形式的知识与学科内容知识和教学内容知识互动的必要性。例如，兰斯后来明白了，为了让他的学生像他想象中的那样以大学生和建设性的方式交换不同的理解，他需要学习团体动力学，以创造学生思维能够蓬勃发展的教学环境。正如格罗斯曼和舒尔曼所指出的："教师知识的不同领域不可避免地存在互动和相互依存。"

要 点

■英语作为一门第一语言，如同任何一门第一语言或其他可以被认为是一门艺术的学科一样，有两个组成部分，即作为一门学科（即语言）和作为一门艺术（即文学）。

■英语教师需要有充分的读写能力，对所教内容有很扎实的学科内容知识。

■英语教学在很大程度上是要让学生有能力成为文本的"批判性消费者"，并能够建构多重意义。

■英语教师对文学也必须有关于自己理论观点的明确知识。

■仅仅知道一个学生理解了什么是不够的，教师还需要知道学生无法理解或误解了什么。

■了解英语并不等同于知道如何在特定语境下向不同学习者教授英语。

参考文献

[1]Applebee A N. Traditionand Reform Intheteaching of English:A History[R]. [S.l]National Council of Teachers of English.

[2]Bruner J S. Actual Minds, Possible Worlds[M]. Cambridge, MA: Harvard University Press, 1986.

[3]Comeaux M A, Gomez M L. Why Sarah Doesn't Teach Like Sandra: Exploring the Development of Prospective Teachers' Knowledge, Beliefs, and Dispositions About Teaching Writing[R]. Boston: The Annual Meeting of The American Educational Research Association, 1990.

[4]Dansby A. Country Scribe Harlan Howard Dies[J].Rolling Stone Magazine, 2002.

[5]Florio–Ruane S, Mosenthal J, Denyer J, et al. Constructing Knowledge in Classroom Interaction: A Problem in Learning to Teach About Text[R]. Boston: The Annual Meeting of The American Educational Research Association, 1990.

[6]Grossman P L. The Making of a Teacher: Teacher Knowledge and Teacher Education[M].New York: Teachers College Press, 1990.

[7]Grossman P L. English as Context: English in Context. Technical Report S93–2[R].[S.l.]The Context of Secondary School Teaching, 1993.

[8]Grossman P L, Richert A E. Unacknowledged Knowledge Growth: A Re–Examination of The Effects of Teacher Education[J]. Teaching and Teacher Education, 1988, 4(1): 53–62.

[9]Grossman P L, Shulman L S. Knowing, Believing, and the Teaching of English[M]//T.Shanahan. Teachers Thinking, Teachers Knowing:Reflections on Literacy and Language Education. [S.l]National Council of Teachers of English, 1994: 3–22.

[10]Ritchie J S, Wilson D E. Dual Apprenticeships: Subverting and Supporting Critical Teaching[J]. English Education, 1993, 25(2): 67–83.

[11]Rosen H. Neither Bleak House Nor Liberty Hall[M]. London: University of London Institute of Education, 1981.

[12]Shulman L. Knowledge and Teaching: Foundations of The New

Reform[J]. Harvard Educational Review, 1987, 57(1): 1–23.

[13]Wells G. Talk About Text:Where Literacy is Learned and Taught[J]. Curriculum Inquiry, 1990, 20: 369–405.

第20章　我们应该如何教阅读

阅读的科学

文章 《结束阅读战争——从新手到专家的阅读习得》(Ending the reading wars: reading acquisition from novice to expert)①

引文 “学习阅读可以改变生活。”②

为什么你应该阅读这篇文章

想象一下，你正在学习开车。你的教练给你展示了踏板、换挡杆、安全设施以及仪表盘上所有的按钮和刻度盘。然后，他向你展示如何把钥匙插在点火装置上开动引擎，随后对你会意一笑，说："好了，你来开车吧。"这不仅是学习如何驾驶的非常不好的方式，并且还非常危险。然而，当幼儿学习如何阅读这件可能是他们一生中最重要的事情时，类似的方法却经常被使用。这也说明了本书的一个主要主题，即教与学的关系常常令人困惑，你常常不得不做与看似必要的事情完全相反的事情，而最大的错误是混淆了结果与方法：一种教学哲学或期望的结果并不总是为该结果设计教学的良好基础。换句话说，学习开车的目的是能够独立驾驶，但如果将独立驾驶作为教别人开车的一种方法，这种方法将是灾难性的。学习驾驶的早期阶段需要清晰明确的指导、细心的帮助和对进度的密切关注。遗憾的是，尽管强有力的证据证明这导致了几十年来关于如何进行阅读教学的激烈争论，类似的方法还是经常用于幼儿阅读的教学。

从广义上说，“阅读战争”(Reading Wars)是两个思想流派之间的长期冲突的表现。一方主张在早期阅读教学中使用“整体阅读法”(Whole-language)，儿童通过沉浸在阅读和听他人读中来发现意义，关注文章整体。另一方则主张更机械性的“自然拼读法”(Phonics-based Instruction)，明确教授儿童字母和发音之间的关系。安妮·卡斯尔斯(Anne Castles)等学者

---

① Castles A, Rastle K, Nation K. Ending the Reading Wars: Reading Acquisition from Novice to Expert[J]. Psychological Science in The Public Interest, 2018, 19(1): 551.

② Ibid., p. 5.

撰写的这篇文章试图通过提供大量有利于后者的证据来结束这场战争。

文　章

阅读战争有着悠久而曲折的历史，可以追溯到200多年前。当时贺拉斯·曼（Horace Mann，马萨诸塞州教育委员会秘书）对字母和发音教学提出了很大的异议，称字母为“骷髅状的、无血的、幽灵般的幻影”，并声称“难怪孩子们被迫面对它们时，会感到如此接近死亡”。尽管争论一直延续至今，但本文试图综合现有的最可靠的研究，希望能提供清晰的答案。

尽管多年来存在困惑，但教学潮流逐渐转向了自然拼读法，即明确教授字母发音，而不是强调让孩子在素养富集的环境中发现意义的整体阅读法。尽管如此，由于教师知识的差距和教师培训的不完善，早期阅读教学仍然存在许多误解。

正如我们在《学习是如何发生的》第2章中所阐述的那样，大多数儿童都能相对轻松地理解口语并自主交流。事实上，正如平克（Pinker）所说：“只要不是把孩子养在桶里，几乎没有办法阻止它发生。”然而，学会读写却有所不同。大多数儿童在年幼的阶段就已经对许多词的意义有相对复杂的理解，而阅读的挑战是学会将任意的视觉符号——线条、曲线和点的图案——与这些意义联系起来。

尽管已经有很多文章对自然拼读法教学的优势进行了评述，但对其作用机制的阐述却很少。为此，安妮·卡斯尔斯提出，一旦我们理解了阅读和写作系统是如何和为什么运作的，就会明白在教学的早期阶段应该使用自然拼读法。在公共领域还没有讨论过这样一个事实，就是即使儿童能够对字母和单词进行解码，他们的特定领域知识也会限制他们对意义的理解和内部的建构，而这正是锻炼读写能力的最终目的。读写能力不是字母或声音关系的简单识别。为了成为自信和成功的读者，儿童需要学会快速地识别单词并了解其意义，而不需要将单词退回到发音再进行翻译。

前述的阅读战争往往是围绕教育哲学的讨论，讨论儿童如何最好地学会将书面文字与口头语言联系起来。然而，至关重要的一点是，建立这种联系最合适的方法不是由教育哲学决定的，而是由儿童需要学习的写作系统的性质决定的。换句话说，只有当我们通过所使用的字母系统来学习到底什么是阅读时，我们才可以更好地考虑什么方法最有效。

什么是阅读？

安妮·卡斯尔斯将阅读的目标非常简单地定义为：理解所阅读的内容。为了说明这一点，请读者思考以下两个句子：

“丹妮丝遭遇了堵车。她担心老板会说什么。”（Denise was stuck in a jam. She was worried what her boss would say.）

学生需要理解句子中的各个单词。这意味着他们需要将“jam”（拥堵）一词与类似的“ham”（火腿）或“jar”（玻璃罐）等词区分开来。然后他们需要找到方法来理解不熟悉的单词，比如“Denise”，或是以不寻常的形式出现的单词，如“worried”（担心的）。但是理解单词并不仅仅意味着解码单词，他们还需要理解这些词语的深层含义。因此，这里的“jam”一词需要在交通语境下解释为“拥堵”，而不是“果酱”。另外，“she”（她）和“her”（她的）两个词语也需要与第一句中的“Denise”结合起来理解。

此外，这两句话体现了对背景知识的基本要求。将这些新信息与现有的知识整合在一起会给工作记忆带来压力，尤其是在没有现有知识可供整合的情况下。对于专家型读者来说，知道应该关注和忽略什么很大程度上是自动的过程，但对新手读者来说，这会让他们感到手足无措。

学会阅读

字母系统主要通过用字母或字母组（字素，例如，b→/b/,ph→/f/）表示的语言的音素（声音）起作用。这种关系的解码决定了儿童对所读内容进行意义建构的能力。在英文字母系统中，复杂的原因是字母系统的相对正字法深度，也就是说字母在其意义上一致的程度。例如，“gh”在单词“ghost”（幽灵）中发的是一种音，而在单词“rough”（粗暴的）中发的是完全不同的另一种音。又如，“wash”（清洗）一词中的元音发音与“cash”（现金）、“stash”（存放）、“dash”（猛冲）完全不同。

为什么破解字母代码如此重要？对儿童来说，学习整个单词不是更好吗？卡斯尔斯等学者正是出于这个目的引用了几项关于儿童识字前的研究，研究结果非常清晰。

不知道字母名称的儿童被教导朗读成对的书面文字，如“fat”（肥胖的）和“bat”（球拍）。随后，他们面临着迁移任务的挑战。在这个任务中，他们会看到书面单词，如“fun”（有趣的），然后回答这个单词的发音是“fun”还是“bun”（小圆面包）。结果很清楚，80多名参加不同实验的学龄前儿童，几乎没有一个儿童在迁移任务中成功。当让他们自己去做时，儿童没有表现出激发字母原则的迹象。

一项后续研究表明，只有当儿童经过训练，能够（1）在口语词中切分音素并识别其初始音素，（2）在迁移任务中识别与关键声音对应的图形符号时，才能实现迁移任务的成功。卡斯尔斯表明，这些发现与广泛的研究结果相互印证。这清楚地表明学习字母和声音之间的关系，理解书面文字的意义，这个技能并不是儿童自然发展获得的，而是必须经过显性教学才能获得的。正如卡斯尔斯所展示的那样，自然拼读法教学的有效性有着广泛的证据，并已在其他地方进行了全面的调查。但尽管如此，在更广泛的公共领域中仍然存在普遍的误解。

一旦儿童能够破解字母代码，他们就会获得专门技能，并能掌握流利阅读单词的技能，他们仅通过视觉就可以辨认大量单词，卡斯尔斯将这个过程称为“正字法学习”（Orthographic Learning）。他们不仅可以利用自己的知识成为独立的读者，甚至可以进行自学。从本质上说，他们通过每次与单词的接触来提高和完善自己的拼写知识。例如，我们都有不确定或经常写错的单词，反复接触该单词会影响一种自我修正机制，在这个机制中，专家型读者能区分出正确和错误的单词版本。

成长中的读者也会将阅读单词与放慢阅读速度、对新单词或不熟悉的单词进行字母解码结合起来。即使是成年人遇到新的单词，例如“biotope”（群落生境）、“macabre”（可怕的）或“unapologetic”（不愿道歉的），也会经历这种情况。要想成为一个熟练的读者，“词汇质量”（Lexical Quality）非常重要，即读者对单词有灵活和准确的心理表征，它反过来又为读者理解陌生单词释放宝贵的“认知带宽”（Cognitive Bandwidth），这意味着读者可以专注于所阅读内容的深层含义和底层结构。

卡斯尔斯还提出，需要进行明确的“形态教学”（Morphological Instruction，包括前缀和后缀在内的单词形状和形式），因为将词形与其意义联系起来非常重要。但教师在这方面的知识存在差距，其中一个原因可能是相当一部分英语教师持有的是英语文学学位，而不是语言学学位。

马太效应与动机

安德森等人对课后阅读的研究发现，那些阅读时间在第10百分位数的学生每年的阅读量约为6万字；在第50百分位数的学生是90万字。而处于第90百分位的学生，每年阅读量超过400万字。这是“马太效应”的一个例子：富者愈富，穷者愈穷。这来自《圣经》中的塔兰特币（Talent）寓言：

“凡有的，还要加给他，叫他有余；没有的，连他所有的也要夺过来。”

这在教育中表现得尤为明显，且在读写能力上表现得尤为突出，不同学生在较短的时间内就会出现较大的差距。

除此之外，还有一个问题是“动机”（Motivation）。这是一个多方面的问题，但可能最重要也最容易解决的是阅读欲望与阅读能力本身的内在联系。如果你擅长某件事，那么你更有可能从事这项活动，而非对回报很少的活动埋头苦干。在这个意义上，安德森强调，如何激励儿童阅读的问题应该与如何教他们阅读紧密结合。

卡斯尔斯等引用高夫（Gough）和他的同事的观点，指出“简单阅读观”认为阅读理解是解码和语言理解这两套相互联系的技能的产物。换句话说，如果你不知道字母和单词的意思，理解它们也是没有用的。例如，给任何阅读能力良好的成年人一份报纸头版，他们都能够阅读它，能对印刷的单词进行解码，并将他们阅读的内容同化为自身关于不同主题的一般知识。但如果给他们一本关于量子物理的教科书，他们也许能阅读，但很可能无法理解内容。

解码对于正在学习如“cat”（猫）和“hat”（帽子）这样单词的新手读者来说是一个关键限制。但当儿童成为专家型读者时，他们理解文本的能力就会受到他们所阅读的话题的更广泛背景知识的限制。即使一个儿童知道某个单词指什么，相对于其他儿童可能形成的这个单词和其他单词的联系而言，这个儿童可能仍然不够了解这个词，或是这个单词与其他单词的联系不够。

当人从阅读文本中建构意义时，他们不是逐字存储读过的内容，而是形成了一个随着阅读而动态增长的情境模型，并与书面上没有明确表达的内容产生心理联系。当对某一特定主题的知识存在漏洞时，读者就会产生误解和错误认识。正如佩尔费蒂（Perfetti）所说：“当理解出错时，有很多事情会出错。”

此外，丰富的词汇知识不足以理解一篇文章。例如，许多习语，如“一命呜呼”（Kick the Bucket）或“打破僵局”（Break the Ice）的意义并不是仅仅通过单个单词的知识来理解的，而是依赖于相关的背景知识。与词汇一样，长期记忆中背景知识的可用性使得相关知识能够随着阅读中情境模型的建立而被激活。在这里，虽然卡斯尔斯强调书面语言不同于口语，两种语言形式都有各自的复杂性和微妙之处，但口语的重要性被突出了，对熟练的读者来说，听力理解和阅读理解之间的相关性几乎是完美的。

本文提出的核心主张是写作系统非常重要。一旦明白了这一点，就会明白帮助儿童成为独立的读者，进而为他们打开印刷文字带来的奇妙世界更有效的方法是什么。这里所调查的大量证据并不支持整体阅读法，正如卡斯尔斯所阐述的：

如果教学的重点是教会儿童将单词与其意义直接联系起来，那么学习阅读就需要记忆数以万计的单词。因此，系统的自然拼读法教学应该被看作是字母书写系统表征口语的自然和逻辑结果。

本章小结

本文的一个核心观点是，在证据的平衡问题上，阅读战争现在应该可以结束了。那些不接受自然拼读法教学重要性的人不明白为什么自然拼读法适用于字母系统，并且还有许多关于自然拼读法荒诞的说法。

安妮·卡斯尔斯等进一步指出，虽然显性的词汇教学在儿童接受包含所教单词的文章上进行测试时是有效的，但这种教学法似乎没有迁移到阅读理解的标准化评估中。这就突出了先教授内容相关的词汇，再要求儿童使用相关词汇从文本中学习的重要性。这一点可以通过高度依赖语境的单词数量来证明。就拿“word”这一单词来说，它在不同情况下可以代表几种不同的含义（例如单词、言语、命令、承诺等），“set”这一单词可以在400多种不同的意义上使用！此外，教授某种特定类型的词汇也很重要，如贝克（Beck）等人描述的二级词汇，这类词汇比其他词汇更常见，如“important”（重要的）、“fascinate”（深深吸引）或“explore”（探索）。

因此，通过显性教学和口头讨论的方式帮助儿童在长期记忆中建立灵活而持久的情境模型，似乎有很强的证据基础，但对工作记忆的训练来说呢？答案是否定的。正如作者所指出的，西蒙斯（Simons）等人对认知训练项目进行了广泛的综述，发现很少有证据表明这种训练能影响日常的认知表现，包括阅读。

此外，口头语言的重要性再怎么强调也不为过。一个丰富的对话环境，让儿童接触新颖的谈话，并有机会表达自己的想法是至关重要的。即使在儿童能够阅读之前，以口头语言为目标的干预措施也会促进阅读理解能力的提升。

卡斯尔斯、拉斯特利（Rastle）和内申（Nation）在文章中强调，人们对自然拼读法有许多误解，将其误认为仅仅是对声音（并且常常是无意义的声音）的教学。但他们指出，成功的关键在于更全面的方法，即强调口语技能的重要性，同时明确教学字母-发音关系。最后，文章强调了背景知识的重要性，毕竟在不知道字母和单词的意思的情况下，学习解码是没有意义的。

要 点

- 我们自然地学会了说话并不意味着我们能自然地学会阅读。
- 写作系统非常重要。
- 字母-声音对应的明确教学是创造专家型读者的有力途径。
- 整体阅读法没有得到更广泛的证据支持。
- 显性词汇教学并不总是能促成理解。
- 口语教学是理解的重要组成部分。

参考文献

[1]Adams M J. Beginning to Read: Thinking and Learning About Print[M]. Cambridge, MA: Mit Press, 1990.

[2]Anderson R C, Wilson P T, Fielding L G. Growth in Reading and How Children Spend Their Time Outside of School[J]. Reading Research Quarterly, 1988, 23: 285–303.

[3]Beck I L, Mckeown M G, Kucan L. Bringing Words to Life: Robust Vocabulary Instruction[M]. New York: The Guilford Press, 2013.

[4]Castles A, Coltheart M, Wilson K, et al. The Genesis of Reading Ability: What Helps Children Learn Letter–Sound Correspondences?[J]. Journal of Experimental Child Psychology, 2009, 104: 68–88.

[5]Castles A, Rastle K, Nation K. Ending the Reading Wars: Reading Acquisition from Novice to Expert[J]. Psychological Science in The Public Interest, 2018, 19(1): 551.

[6]Ehri L C, Nunes S R, Willows D M, et al. Systematic Phonics Instruction Helps Students Learn to Read: Evidence from The National Reading Panel'S Meta–Analysis[J]. Reading, 2001, 36: 250–287.

[7]Gough P, Tunmer W. Decoding, Reading, and Reading Disability[J]. Remedial and Special Education, 1986, 7: 6–10.

[8]Kirsch I, De Jong J, Lafontaine D, et al. Reading for Change Performance and Engagement Across Countries. Results From Pisa 2000[R].[S.l]Organisation for Economic Co–Operation and Development, 2002.

[9]Mcarthur G, Castles A. Helping Children With Reading Difficulties: Some Things We Have Learned So Far[J]. Npj Science of Learning, 2017, 2(1): Article 7.

[10]Perfetti C A. Psycholinguistics and Reading Ability[M]// M A Gernsbacher. Handbook of Psycholinguistics. New York: Academic Press, 1994: 849–894.

[11]Perfetti C A, Hart L. The Lexical Quality Hypothesis[M]// L Verhoeven, C Elbr, P Reitsma. Precursors of Functional Literacy. Amsterdam: John Benjamins, 2002: 189–212.

[12]Pinker S. Language Learnability and Language Development[M]. Cambridge, MA: Harvard University Press, 2009.

[13]Share D L. Phonological Recoding and Self–Teaching: Sine Qua Non of

Reading Acquisition[J]. Cognition, 1995, 55: 151–218.

[14]Simons D J, Boot W R, Charness N, et al. Do “Brain Training”Programs Work?[J]. Psychological Science in The Public Interest, 2016, 17: 103–186.

第21章　为什么技术应该是仆人而不是主人

技术教学内容知识

文章｜《技术教学内容知识是什么？》（What is technological pedagogical content knowledge？）[①]

引文｜“教师需要掌握的不仅是所教的学科内容，他们还必须深刻理解特定技术的应用改变学科内容（或者可以建构的各种表征）的方式。”[②]

为什么你应该阅读这篇文章

1895年11月8日，威廉·康拉德·伦琴（Wilhelm Conrad Roentgen）有一个惊人的发现。在测试阴极射线（Cathode Rays）能否通过玻璃时，他注意到九英尺外的屏幕上有一道奇怪的绿光。这很难解释，因为阴极管是用厚厚的黑纸包裹的。他发现这种奇怪的光能穿过大多数物质，却能对固体产生投影。他早期的一个实验是在妻子的手上进行的，在投射出来的印迹中，她的结婚戒指清晰可见。他把这些射线称为“X”，因为它们是未知的，因此“X射线”诞生了。在一年内，这项新技术被用于检查人体内部的物品，如子弹、肾结石和碎骨，从而推动了医疗卫生领域的彻底革命。1901年，伦琴被授予诺贝尔物理学奖，这也是历史上第一个诺贝尔物理学奖。当被问及发现X射线的那一刻他的想法是什么时，他回答说：“我不猜想，我进行调查。”这样说话很像一个真正的科学家。

然而，使这项技术如此有效的不是技术本身，而是它与人体解剖学知识结合使用的方式。技术与内容知识之间的这种交集就是本文作者马修·科勒（Matthew Koehler）和普尼亚·米什拉（Punya Mishra）所说的技术知识（Technology Knowledge，TK），其中特定领域知识与快速发展的技术结合使用可以产生变革性影响。这只是称之为TPACK的更广泛的构想的一部分，在这个构想中，技术知识、教学法知识和学科内容知识是教师效

---

① Koehler M J, Mishra P. What is technological Pedagogical Content Knowledge?[J]. Contemporary Issues in Technology and Teacher Education, 2009, 9(1): 60–70.

② Ibid., p. 65.

能的重要因素。他们提出："理解技术对特定学科的实践和知识的影响，对于为教育目的开发适当的技术工具至关重要。"换句话说，教师不仅需要知道他们所教的内容以及应该如何教，还需要知道技术如何改变学科内容被表征或理解的方式。

文　章

现在应该很明显，教学是一件混乱的事。教师不仅需要对自己在教什么、怎么教有扎实的知识和理解，还需要知道学生是如何学习的。马修·科勒和普尼亚·米什拉将教学描述为一个非结构化的知识领域，它要求教师在一系列不同的情境中应用不同的知识结构。其中的大部分内容已经在本书第2章与第16章李·舒尔曼关于教学内容知识的研究中被提及，而在本文中，科勒和米什拉提出了一个将技术知识纳入其中的框架。

即使只是在教育语境中，"技术"（Technology）一词也涵盖了很多东西。例如，铅笔是技术的一种形式，但与现代技术不同的是，铅笔有相当明显和直接的应用，即写字。与此形成鲜明对比的是，电脑、手持电子设备、手机等数字技术是多变的（可以以许多不同的方式使用）、不稳定的（快速变化）以及不透明的（内部工作对用户隐藏）。就像所有技术一样，数字技术既不中立，也不是无偏见，而是根据媒介的不同提供了截然不同的可能性。例如，视频通话提供了同步通信，让语调和表情可以发挥关键作用，而电子邮件或论坛这样的媒介却不行。此外，不同教师在工作中的技术条件存在很大差异，教师自身对如何融合技术的知识和培训也存在很大差异。

科勒和米什拉提出，教学应该被看作教师所知道的东西和他们如何在教室独特的环境或语境中应用这些东西之间的相互作用。其中有三个核心组成部分：技术、教学和内容知识（Technology, Pedagogy, and Content Knowledge，TPACK，又称技术教学内容知识），这三部分构成了技术教学内容知识框架的基础。至关重要的不仅仅是这些作为离散元素的不同元素，还有它们之间的交集（见图21.1）。

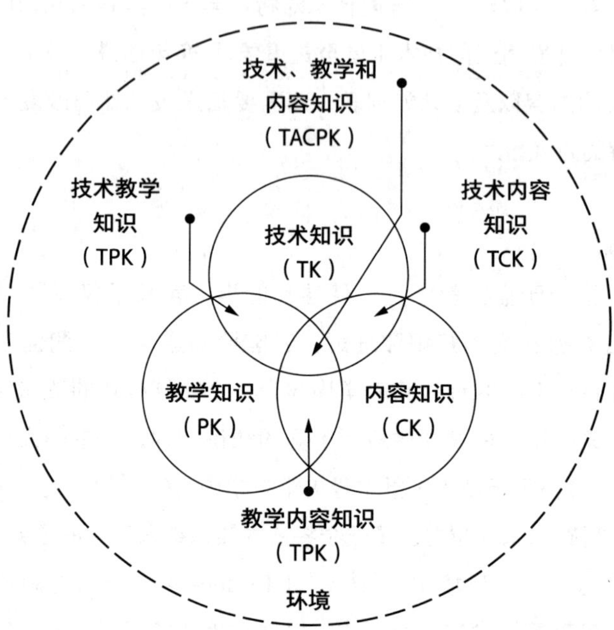

图21.1 TPACK框架及其知识组件

内容知识（Content Knowledge，CK）是指教师要教好学科所需要的具体知识。然而，仅仅知道要教的知识是不够的，舒尔曼范式中所理解的内容知识还包括关于概念、理论、观点、组织框架的知识，对证据和证明的知识，以及发展这些知识的惯常做法和方法。例如，为了有效地教授莎士比亚的文学，英语教师不仅需要知道他们正在教授的戏剧，还需要知道剧本写作的时代背景，可能还有特定词语随着时间而变化的含义，以及一些关于作家生平的知识。更复杂的是，所有这一切当然也被放在一个更宽泛的课程背景下进行争论，几乎所有领域都在激烈争论课程应该是知识富集的还是一般技能导向的。无论如何，正如我们在第2章中所说，那些不理解教学的人和那些不理解自己在教什么的人会使学生对正在学习的材料产生深刻的误解，从而影响未来的学习。

教学知识（Pedagogical Knowledge，PK）是指我们通常所说的“教学”，除课堂管理、备课评估外，教师还应对更宽泛的教育目的、价值观和目标有全面的知识。这意味着教师应充分了解学习是如何发生的，真正理解学习的认知、社会和发展理论。与此密切相关的是教学内容知识的概念，它指教师在将内容的基础“金属”转化为学生理解的“黄金”时使用的特定的“炼金术”。更具体地说，这种转变发生在教师解读学科内容时，教师要找到多种表征方式，并根据不同的概念和学生的原有知识对教学材料进行调整和修改。这也意味着教师不仅需要知道一种教学方式，还需知道同一内容的不同教学方式。例如，学生周一上午的学习方式与周五晚上的学习方式可能非常不同，在一学年中的不同时间也可能有非常不同的学习方式。更复杂的是，每个学生都有一系列不同的心理和情感因素，这些因素会影响他们的学习，掌握不同技巧的复杂工作知识来帮助学生是高效能教师的一个关键特征。

技术知识（Technology Knowledge，TK）与框架中其他要素相比具有本质上的不同，因为它处于不断变化的状态。如果你想要一个清晰（有时甚至是有趣）的例子，可以看看10年前，甚至20年前技术在课堂上使用的例子。关于如何使用技术的提示并不总是很成熟。例如，在2000年之后，在课堂上使用搜索引擎“研究”某个领域的知识，比如某个历史人物是相当普遍的，但事实证明这在很大程度上是徒劳的（在《学习是如何发生的》第29章中有关于为什么不能简单地“搜索”一下的论述）。然而科勒和米什拉强调，有一些普遍的原则是有用的，能够有效地将技术融入实践的教师会广泛地了解信息技术，以便在工作和日常生活中有效地应用这些技术，认识到信息技术何时可以帮助或阻碍实现目标，并不断适应新技术的变化。

技术内容知识（Technology and Content Knowledge，TCK）与物理、医学、心理学、考古学等多个领域具有长期的协同关系，技术的发展与特定的知识结合使用会产生巨大的影响，如前文提到的伦琴发现X射线，或计算机改变了人类操作和理解数据的能力。技术内容知识是指技术不仅可以辅助教学，也可以限制教学的方式。例如，交互式世界地图对地理教师来说可能是非常有用的工具，但在其他学科中可能不那么有用。了解内容与技术如何交互作用至关重要。

相比之下，技术教学知识（Technological Pedagogical Knowledge，TPK）是指技术能够为内容教学提供新的方式。更具体地说，它意味着了解一系列技术工具带给教学的支持和限制，因为它们与学科和发展上相适应的教学设计与策略有关。作者指出，技术教学知识变得特别重要，因为大多数流行的软件程序（如微软办公软件）并不是为了教育而设计的，因此教师需要忽略自身的“功能固着”（Functional Fixedness）并考虑新的使用方法。然而，我们要补充的是，自本文撰写以来，许多软件程序已经发生了变化，现在的软件程序中出现了更多的定制教育功能。

文本处理器还是技术教学工具？

汨罗等人（Milou De Smet）研究了使用微软文字处理软件（Microsoft Word）的大纲功能（我们假设大多数人不知道这个功能，如果你知道的话，我们假设你从来没有自己或和学生一起使用过它）如何影响学习、议论文写作和脑力劳动。该功能允许学生首先写一篇短文或报告的大纲，折叠或展开不同的标题层次，左右移动等。学生可以将写好的大纲发送给教师，教师可以对其形式、结构和建议内容进行评价。在这一点上，教师可以在论文或报告撰写之前提出建议，从而帮助学生避免重大错误，还可以帮助他们整理想法并构思最终结构。这节省了学生的时间和精力，避免出现写完成品发给教师后得知整篇文章需要重新组织结构或重写的情况。同时它也促进更好的议论文写作和更好的学习！

技术、教学和内容知识（TPACK）是作者所指的超越三个核心组成部分（内容、教学、技术）的新兴知识。为了使教师能够将所有这些要素吸收到有效的教学实践中，他们需要了解以下内容：

1. 教学内容中的概念可以用技术来表征；

2. 可以利用技术以不同的方式传播教育内容；

3. 不同的内容概念需要学生不同的技能水平，教育技术可以帮助解决其中的一些需求；

4. 不同背景（包括不同的教育经历以及对技术的接触程度）的学生进入教室一同学习，使用教育技术的课程应该考虑到这种可能性；

5. 教育技术可以与学生已有的知识相结合，既可以强化已有的知识，也可以发展新的知识。

这一切都要求教师能够灵活运用内容知识、教学和技术三个要素。这就突出了本书的一个共同主题：创造力和看似天赋的能力通常以大量的领域特定知识为特征。正如科勒和米什拉在前一篇文章中指出的，将这些独立的知识整合起来的过程是一种分析行为，也是实践中难以梳理的过程。事实上，这些组成部分存在于一种动态平衡的状态中，或者正如哲学家库恩（Kuhn）在另一种语境中所说的，它们存在于一种必要的张力状态中，孤立地看待这些组成部分中的任何一个，都是对良好教学的真正伤害。

本章小结

教学是混乱的。教师需要灵活地获取来自不同领域的、丰富的、有条理的和整合性的知识。实际上，技术、教学和内容知识代表了使用技术的三种核心知识形式，以及对与技术相关的专业知识如何在实践中得到实施和实例化的仔细审视。这是一个重要的方法，因为在课堂上，技术往往被本末倒置到了重要位置。学校领导可能会提出错误的问题，如“我们如何在课堂上使用技术？”，而TPACK这个框架将知识的采用置于更重要的位置，并提出“技术、内容和教学如何共同提高学生的学习成绩？”这一问题。

技术在教育中的核心问题之一是为了使用技术而使用技术，这往往导致噱头性的方法出现，可能看上去令人印象深刻，但对学生的学习不是很有效。华而不实的东西可能看起来很精致，但如果没有对所教内容的理解，以及了解如何利用技术来教授这些内容，那可能就是浪费时间。例如，一位历史教师让学生使用互联网研究法国大革命，并使用软件制作演示文稿，他的本意是好的，但结果往往是学生花费更多的时间在任务的表面，如他们使用什么字体、颜色、设计，而不是考虑展示内容以及内容如何与先前的内容相关。此外，他们往往会从研究中复制、粘贴一些资料、史实和图片，并制作出表面上看起来令人印象深刻的展示文件，但实际上这只是信息的组合，而不是知识的吸收。

要 点

- 应该由内容引领使用的技术，而不是相反。
- 技术在用新颖的方式来表征学科内容上很有效。
- 不同的技术形式应该与不同的学科配合使用。
- 对内容、教学和技术的知识应该放在一起考虑。
- 为了使用技术而使用技术不太可能产生效果。

参考文献

[1]C3 Teachers. Did The Printing Press Preserve the Past or Invent the Future?[EB/OL].(2021–09–29). https://c3teachers.org/wp-content/uploads/2015/09/newyork_9_printing_press.pdf.

[2]De Smet M J R, Brand–Gruwel S, Leijten M, et al. Electronic Outlining as A Writing Strategy: Effects on Students’Writing Products, Mental Effort and Writing Process[J]. Computers & Education, 2014, 78: 352–366.

[3]M J R De Smet, H Broekkamp, S Brand–Gruwel, P A Kirschner. Effects of Electronic Outlining on Students’ Argumentative Writing Performance. Journal of Computer Assisted Learning, 2011, 27(4): 557–574.

[4]Duncker K. On Problem Solving[J]. Psychological Monographs, 1945, 58(5): 1–110.

[5]Koehler M J, Mishra P. What is technological Pedagogical Content

Knowledge?[J]. Contemporary Issues in Technology and Teacher Education, 2009, 9(1): 60–70.

[6]Kuhn T. The Essential Tension[M]. Chicago: The University of Chicago Press, 1977.

[7]Kurt S. Tpack: Technological Pedagogical Content Knowledge Framework Website[EB/OL].(2018–05–12). https://educationaltechnology.net/technological-pedagogical-content-knowledge-tpac k-framework/.

[8]Mishra P, Koehler M J. Technological Pedagogical Content Knowledge: A Framework for Integrating Technology in Teacher Knowledge[J]. Teachers College Record, 2006, 108(6): 1017–1054.

[9]National Research Council. How People Learn: Brain, Mind, Experience, and School[M]. Washington, D.C.: National Academy Press, 2000.

[10]Papert S. Mindstorms: Children, Computers and Powerful Ideas[M]. New York: Basic Books, 1980.

[11]Pfundt H, Duit R. Bibliography: Student'S Alternative Frameworks and Science Education[M]. 5th ed. Kiel, Germany: University of Kiel.

第五部分
课　堂

这些年来，有许多令人难忘的虚构教育家，但问问教师，他们是否认为这些教育家是对教学意味着什么的现实描述，你可能会得到“混杂”的回应。

这是因为电影和小说中对教师的描绘往往是夸张的、割裂的，或者说是淡化了教学的真实内容。如果相信虚构的世界，我们就可以原谅自己有这些想法：认为这个世界充满了毫不费力就能鼓舞人心的教师（《死亡诗社》中的约翰·基廷）；打破了所有的规则，但不知怎么就成功了的教师［《摇滚校园》（*School of Rock*）中的杜威·芬（Dewey Finn）］；乏味、低效并且很大程度上被忽视的教师［《春天不是读书日》（*Ferris Bueller's Day Off*）中的经济学教师］，或者生活的唯一目的就是让学生的生活一团糟的教师［《玛蒂尔达》（*Matilda*）中的特拉奇布尔小姐（Miss Trunchbull）］。

在现实中，教师的形象及其与学生共同创造的相互作用，远远超越了这些浅薄的角色形象。课堂世界是复杂的、细致入微的，又很容易被掩盖。当然，对于教师来说，假设自己更接近虚拟中的样子是很有吸引力的，因为更精致微妙的教学方法也更难理解和实施。

幸运的是，我们有一些方法来理解教师和学生如何在相互尊重的基础上共同创造富有成效的关系，同时我们也能明白，当出现相反的情况时，教师往往会面临什么问题。

在本书的第五部分，我们将通过提出以下问题进入课堂实践：成为一名真实的教师意味着什么？师生关系如何影响学生的学习成效？高效能的教师如何管理课堂？

第22章　忠于自己——做真实的教师

教师的真实性

文章 | 《真实的教师：评判教师真实性的学生标准》(Authentic teachers: student criteria perceiving authenticity of teachers)①

引文 | “令人吃惊的是，学生对教学方法或其他教学原则的兴趣是如此之少。”②

为什么你应该阅读这篇文章

在莎士比亚的戏剧《哈姆雷特》中，滑稽角色波洛涅斯（Polonius）为即将离开巴黎的儿子莱尔提斯（Laertes）出谋划策，他提出的建议在过去500年里已经成为一种陈词滥调：忠于自己（To thine own self be true）。然而，他表达的意思需要在伊丽莎白时代的语境中理解，那时“忠于自己”意味着按照自身最大利益行事。在现代语境中，这个短语的含义演化为个人可以通过向内寻找某种真实的自我而“找到自己”。这种真实性的概念或许已经成为我们经常在励志海报上看到的东西，但这个概念能在课堂上产生重要的共鸣。

我们或许都遇到过一位曾对我们产生了真正的影响的教师，一个让我们以不同的方式看待世界的教师，向我们展示了对莎士比亚或牛顿的热情是什么样子，或者以我们从未想过的方式来教导我们。但那位教师究竟是哪里让我们难忘？对于许多学生来说，答案是真实性，本文中的受访者将其描述为四个具体要素。

学科知识、热情、独特性、关怀学生（但有距离感），这些都是高效能教师的特点，但哪个才是课堂实践中最有用的？本研究的独特之处在于，研究人员没有尝试定义“真实”（authentic），这是一个很难定义的概念。研究试图从学生的角度出发来定义“真实性”（authenticity）是什么。从本质

① De Bruyckere P, Kirschner P A. Authentic Teachers: Student Criteria Perceiving Authenticity of Teachers[J]. Cogent Education, 2016, 3: 1247609.

② Ibid., p. 8.

上说，它甚至不是关于学生如何看待教师的真实性，而是他们对与教师有关的真实性的看法。这对教师来说是非常有用的，因为许多研究只关注教师如何看待自己或其他教师，但佩德罗·德·布鲁伊克和保罗·A.基尔施纳的文章关注了学生视角下高效能教师的具体方面。

文　章

“真实”一词可能是我们使用最多的词语之一。政治家需要被看作是真实的才能当选（即他们需要被视为真实的人，因而获得公众信任）；产品需要被看作是真实的才能进行买卖（即要么是“可口可乐，真地道”，要么是“就像奶奶做的一样”）；甚至艺术也要求真实（即音乐和绘画应该真实地传达对所写、所唱或所画内容的感受和体验）。当然，正如布鲁伊克和基尔施纳所说：“在教育中，研究者会强调真实性对于最佳学习、评估甚至师生关系的重要性。在教师培训项目中……学生经常被建议‘做你自己’（Being Yourself）。”但这是什么意思？什么是“做你自己”？

从广义上讲，关于真实性有两种不同类型的研究，因为它涉及教学和教育。第一类研究试图描述一个“好教师”是什么或应该是什么，真实性（不管可能是什么）在其中如何发挥作用，试图确定一个教师应该如何真实，或一个真实的教师应该如何行动。第二类关于教育中的真实性的研究本质上是哲学性的，虽然研究本身很有价值，但关于真实性到底是什么这个问题，这类研究并没有带来除猜想之外的内容。本研究从“真实性对学生与教师之间关系的重要性”这一前提出发，试图从学生视角获得关于教师真实性意义的更加实证的观点。

本研究采用半结构化访谈，询问学生在正式的学习情境中，哪些因素会使他们认为教师是真实的或虚假的。研究人员通过使用两步分析法对访谈对象（42名）的陈述进行分析，确定了学生认为教师真实与否的4个标准：专业知识、热情、独特性和距离感。

真实性是专业知识

受访学生表示，他们期望在一节课中学习到一些东西，他们主要通过这一方面看待教师。专业知识中非常重要的一部分是“背景知识”（topical knowledge），这也是访谈中陈述的一部分。有趣的是，学生意识到过程愉快并不一定意味着学习真正发生，他们说：“课程可能是愉快的，甚至是有趣的，但这不是最重要的。”此外，受访学生们认为，对一个主题清晰和多样的解释是专业知识的关键部分。一个学生说：“要能以不同的方式解释，它才是专业知识。”

虽然围绕教学的许多讨论涉及教育学，但很明显，在学习氛围不佳或学生感到教师不关心他们的进步的情况下，这些讨论意义不大。布鲁伊克和基尔施纳指出，接受访谈的学生觉得教师试图让他们参与、激发他们的兴趣、激励他们学习，并与他们一起努力争取好的结果。

不是他们教学的方式，而是他们关心我们的方式……他们想让我们拿到高分，拿到文凭，因为他们知道这是多么重要。如果你有任何问题，他们总是付出额外的努力来帮助你，这是肯定的。

换句话说：如果教师都不关心学生的学习，那么学生自己为什么要关心？当然，关心他人的概念显然是很难定义的，且对不同的学生来说，关心的表现也非常不同。正如每个优秀的足球教练所知道的，有些球员对安慰和鼓励有比较好的反应，而另一些球员则更适合严厉的谈话。除此之外，还有哪些真实性的要素对学生来说是重要的呢？

真实性是热情

真实性教学一个非常重要的方面是对学科的热情。对于本研究中被调查的学生来说，仅仅了解学科是不够的，重要的是让它鲜活起来。正如一个学生所说，真正重要的是看到教师“为学科而打拼”。例如，许多学生从来没有见过有人对雪莱、牛顿、毕达哥拉斯充满热情，或是对以令人印象深刻的方式使用丰富的词汇的人充满热情。听他人讲述和示范热爱某件事是什么样子，对于易受影响的年轻人来说可能会改变他们的一生。也有无数的例子表明，很多有伟大成就的人对世界的理解被一个充满热情的教师所改变。

而这种与真实性有关的热情观念超越了简单的学科知识和论述。一方面，它意味着学生认为一个充满热情的教师是一个投入时间和精力备课、寻找创造性的方法和途径来传达学科内容，并确保学生集中注意力的人。另一方面，充满热情的教师不仅热爱学科，还希望自己的学生也热爱学科：

我发现这个教师更真实了，因为她真的想做点什么。举例来说，如果你踢足球，教练是如此热情，他会因此竭尽所能地让你赢。知道他们永远不会放弃真的很好……我认为能与这样的人相处也是很棒的。

真实性是独特性

第三个要素是作者所说的独特性，或者说课程的独特性。学生觉得一遍遍遵循相似的教案的教师真实性较差。这与教师的学科热情直接相关，教师越有热情、越独特，课程越可能与众不同。以一个学生对自己的经济学教师的评价为例："他不仅会讨论学科内容，还会讨论自己的经验、自己知道的事情、与内容有很大关系但没有直接联系的事情。"

所以，离题，以及额外的修饰是对的吗？好吧，再强调一遍，这是一件微妙的事情，对教学质量和效果的影响存在巨大的差异。当然会有教师一整节课都在跑题，学生什么也学不到，甚至可能被激怒。但是，那些认为学科本身比教案更重要的教师，不会害怕沿着一条有趣的路线去探究，这样的教师会被认为是更真实的。受访者所重视的独特性的另一个方面是，教师在某种意义上在做自己，在教师角色上打上"个人烙印"。这在普遍意义上很难定义，但是教师能够把自己生活的一部分带到教学中，适当分享轶闻或故事，学生都很欣赏这一点。

真实性是不远不近（距离感）

最后一个标准也许是最违反直觉的，并且似乎是矛盾的。受访学生表示他们看重教师在自己和学生之间保持明确的界限。虽然教师要对学科以及学生的幸福和进步充满热情，但他们不该试图成为学生最好的朋友。换句话说，他们被喜欢是因为他们没有努力尝试被喜欢。正如一位学生所说："当有什么问题时，他会来帮助你，但仍然保持一定的距离。"这是一种非常微妙的品质，可能在一定程度上是某些人格类型所具有的一种自然天赋。

靠近和远离之间也存在着不断的摩擦。真实的教师知道学生社会生活的某些领域，例如社交媒体，是在他们的管理范围之外的。他们也知道在上课期间，他们处于权威地位，但在下课后，他们和其他人是一样的。

此外，真实的教师能够发现他们的学生是否有问题，并进行相应的调整。正如研究者所说："积极的师生关系需要教师（有限的）'积极'参与。教师必须有'触角'来捕捉学生生活中的一些东西，比如可能存在的压抑的紧张气氛等。"

我们在生活中都会遇见拥有这种"触角"的人，他们能够本能地回应人们的需求，无论是否有明确的表达。我们可以谈论课程目标、双重编码或认知负荷，但如果教师没有这种本能去共情他人，那么他们就失去了成为一名教师非常重要的一部分。

本章小结

正如既往研究表明，学科知识与伟大的教学之间没有直接的联系。仅了解学科是不够的，教师必须能够很好地解释它。此外，教师需要被视为所在领域的专家，并有能力与他人交流专业知识。正如布鲁伊克和基尔施纳所说："可以说教师需要成为学生眼中的专家，并且要通过把要学习的内容转译到学习者的水平来表明这一点。"

将能够很好地解释某件事情看作一种能力，这个能力包括对正在解释的事情抱有热情。听一位不仅对所教内容非常了解，而且能够展现热情的教师讲课，会对学生产生"传染性"的影响。如果你对谈论的事情不感兴趣，你也很难讲得有趣。

对于受访学生来说，一名真实的教师的课总是有所不同的。他们的课有一个独特的方面，即就算他们围绕课程知识的一些其他方面进行了进一步的深化，他们也不会害怕课程偏离主题。真正的教师由话题引领，但不被话题牵着鼻子走。

一个悖论显而易见，正如布鲁伊克和基尔施纳所概述的：“给在教育过程中发挥领导作用的教师强烈的关注，而不将其视为不以学生为中心的矛盾。这其实正是引导把学生放在中心位置。”换句话说，以学生为中心的教学并不意味着像卢梭要求的那样追随学生的热情，而是向学生展示热情是怎么样的。这意味着要把学生引进超越狭窄范围的勇敢新世界，并拓宽他们的视野，让他们看到人类智力成就的变革力量。

在教师自我感觉与学生态度之间存在一个重要差别，教师可能自我感觉自己是真实的，但他们的学生不一定会认为他们是真实的或“忠于自己”。教师可能会觉得自己勤奋、善解人意，但他们的学生可能有不同的看法。

要　点

■真实性作为教师品质是专业知识、热情、独特性和距离感的独特组合。

■仅仅知道某件事是不够的，你必须能够很好地解释它。

■如果出现一条有趣的“路”，偏离教案也是可以的。

■真实的教师可以发现学生自己都没有发现的问题。

■真正真实的教师在学科中能对专业知识进行良好的融合，对学科和教学存在热情，有独特的教学方法和与学生互动的方法，并平衡与学生之间的距离。

参考文献

[1]De Bruyckere P, Kirschner P A. Authentic Teachers: Student Criteria Perceiving Authenticity of Teachers[J]. Cogent Education, 2016, 3: 1247609.

[2]Hattie, J. Teachers Make a Difference: What is the Research Evidence?[R]. Melbourne, Australia: The Australian Council for Educational Research

Annual Conference on Building Teacher Quality, 2013.

[3]Hattie J. Visible Learning for Teachers: Maximizing Impact on Learning[M]. London; New York: Routledge, 2012.

[4]Shakespeare W. Hamlet, Prince of Denmark[M].Hertfordshire, UK: Wordsworth Editions, 1992.

[5]Van Petegem K. Relationship Between Student, Teacher, Classroom Characteristics and Students'School Wellbeing[D].Ghent, Belgium: Ghent University, 2008.

第23章　人际关系很重要

人际关系的价值

文章 《二十年来关于课堂师生关系的研究》(Two decades of research on teacher-student relationships in class)[①]

引文 “当和他人在一起时，一个人不可能完全不交流。”[②]

为什么你应该阅读这篇文章

在斯科特·菲茨杰拉德(F.Scott Fitzgerald)所著《了不起的盖茨比》(*The Great Gatsby*)的开头，叙述者尼克·卡拉威(Nick Carraway)向我们介绍了盖茨比，并谈道:“假使人的品格是一系列连续不断的成功的姿态，那么这个人身上就有一种瑰丽的异彩。”抛开尼克对盖茨比过度的崇拜不谈，在他的观察中有一个有趣的想法:人们对我们的看法是我们在他们面前的所有姿态累积影响的结果。

这个概念对教学来说也许比许多其他职业更适用，因为随着时间的推移，教师所表现出的姿态和行为会影响学生如何看待自己，以及如何看待更广泛的学习环境。问题是，教师应该如何将自己“呈现”给学生，由这个问题产生了如“直到圣诞节前不要对学生微笑”之类的建议，而这样的建议长期以来都在提供给新入职的教师。这些建议听起来很真实，是因为它们植根于教师行为、学生看法和由此产生的师生关系之间的直线关系，以及这种关系所产生的无数动态连锁效应。

尽管这个想法很有说服力，但除非我们能更详细地了解课堂的关系动态，否则对其应用于教学的特殊性没有更多的论述空间。为了进一步探究，我们可能会问:如果我们能够了解教师使用的交流方式，理解它们对师生关系的影响，并展现所有可能对学生学习成果产生影响的因素，将会看到什么？这就是西奥·伍贝斯(Theo Wubbels)和米克·布雷克曼斯(Mieke

---

① Wubbels T, Brekelmans M. Two Decades of Research on Teacher–Student Relationships in Class[J]. International Journal of Educational Research, 2005, 43: 6–24.

② Ibid., p. 7.

Brekelmans）在他们引人入胜的论文《二十年来关于课堂师生关系的研究》中回答的高阶问题。

文　章

西奥·伍贝斯和米克·布雷克曼斯在文章开头提出了指导他们研究的“交流系统论”（communicative systems approach）。他们借鉴了瓦兹拉威克（Watzlawick）等学者的研究，假设“某人在他人面前表现出的每一个行为都是交流”，并且因为“教学是交流的一种形式”，所以它也需要“系统的方法”。其中所有的教师行为（不管意图如何）都应该被视为从属于学生的推理，对关系动态产生影响，并因此可以进行系统分析。

作为教师，我们不能不交流

一个用于在实践中理解课堂复杂关系的动态系统化分析方法是什么样子的呢？要回答这个问题，我们首先必须在研究范围中确定一些术语的定义。作者划分了交流的两个层面：内容方面（教师说或做了什么）和关系方面（教师是如何说或做的）。然后他们区分了交流的两个水平：信息水

表23.1　交流的两个层面与两个水平

	内容方面 （教师说或做了什么）	关系方面 （教师如何说或做的）
信息水平	■ 你的回答是错的，应该是…… ■ 这不是我希望的答案，尝试通过这种方式解决。你是如何得到这个答案的？能否想出一种其他的方法？	■ 表示反对/严格的 ■ 指令式的/说教的 ■ 鼓舞人的/有同理心的
模式水平	■ 对学生持续的批评或反对性的点评。 ■ 关心到学生没有理解某个概念，开始新的解释或针对特定学生的辅导。 ■ 对学生或全班提出挑战性的意见，鼓励他们进行不同或更深入的思考。	■ 贬抑性的理解 ■ 耐心的元认知策略 ■ 鼓舞人心的

平（交流的个体实例）和模式水平（随着时间的推移塑造关系动态的交流习惯）。模式水平指的是教师的姿态和行为的综合影响以及在学生眼中形成的一般感知。

绘制师生关系图的模型

前文描述的教师行为和学生感知可以在教师人际行为模型（Model for Interpersonal Teacher Behavior, MITB）中映射和体现。该模型依赖两个维度：影响力（表现在从支配到服从的连续体）和接近度（表现在从对立到合作的连续体），如图23.1所示。

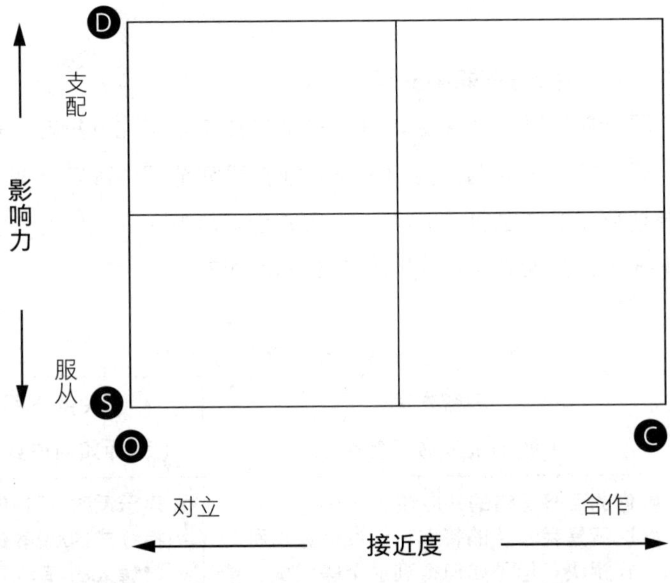

图23.1　教师人际行为模型的二维坐标系［改编自伍贝斯、布雷克曼斯（2005）］

以下是学生对教师看法的代表性问题。研究采用李克特五分量表，从学生的角度描述教师在“支配—服从”和“合作—对立”轴上的位置。

支配（Dominance，D）	5-4-3-2-1	服从（Submission，S）
教师决定学生的活动		学生可以决定自己的活动
合作（Cooperation，C）	5-4-3-2-1	对立（Opposition，O）
教师对学生及其行为表示认可		教师对学生及其行为表示反对

这些问题以及它们随着时间的推移对学生的认知模式的映射，使得那些充实模型的典型的教师行为得以分类（见图23.2）。

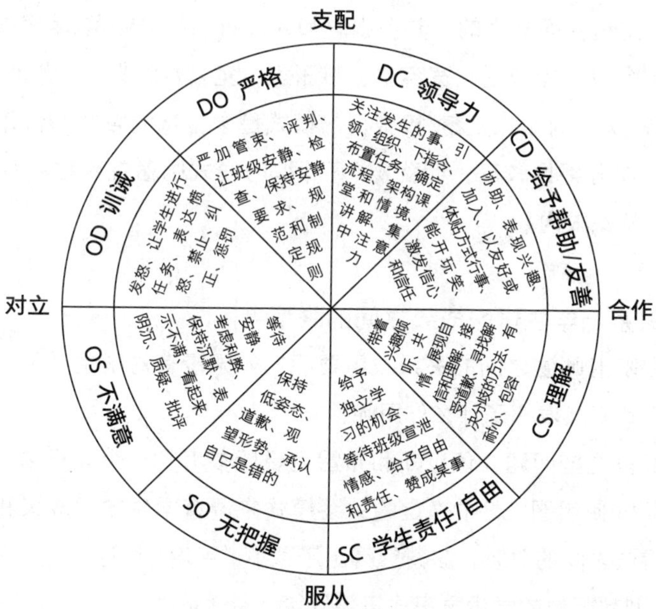

图23.2　教师人际行为模型

正如你看到的，一对看似简单的描述学生对教师行为感知的轴线，一旦开始提出正确的问题，就会迅速成为一个更全面的映射师生关系类型的模型。因此，伍贝斯和布雷克曼斯提出了教师互动问卷（Questionnaire on Teacher Interaction，QTI），这是一个包含77道题的量表，根据图23.2中的

8种教师行为类型对教师行为进行细分。研究者还指出，尽管在信息水平（捕捉交流的个体实例）领域内对学生感知的研究较少，但在模式水平（捕捉随着时间的推移彼此对关系动态的感知）领域内的研究基础更广泛，我们可以更细致地理解师生关系的动态。

构建师生关系模式

伍贝斯和布雷克曼斯通过识别关系模式来探索这种细微差别，本质上是通过教师互动问卷中的模式来识别教师类型，这些模式可以映射到教师人际行为模型中。作者描述了一个模式是如何由教师互动问卷的8个分量表得分进行特定组合而产生的，并提出教师人际行为模型中的8种模式类型：权威型、指令型、操劳型、宽容型、镇压型、宽容/权威型、犹豫/好斗型和犹豫/宽容型。例如，宽容/权威型的模式是学生认为教师在合作和支配两个维度上得分都比较高，而犹豫/好斗型的模式则落在模型（见图23.3）的对立和服从象限内。

师生关系与学生学习成果之间的联系

为什么映射师生之间的关系很重要呢？如果没有对学生学习成果产生影响，那它到底又发挥了什么作用呢？

为了回答这些问题，伍贝斯和布雷克曼斯参考了一个关于物理教师的研究，该研究使用图23.3中确定的关系模式来调查学生学习成果和学生对师生关系看法之间的关系。该研究得出了以下“平均”结论：

- 镇压型教师教的学生学习成果最好。
- 在无序的课堂中，犹豫/宽容型、犹豫/好斗型和操劳型教师的学生学习成果相对较差，而指令型、权威型和宽容型教师的学生学习成果相对较好。
- 权威型和指令型教师的学生态度得分最高。
- 操劳型、犹豫/好斗型和镇压型教师的学生对其学科的学习态度最差。

这项研究提供了对师生关系影响的洞察，伍贝斯和布雷克曼斯指出：

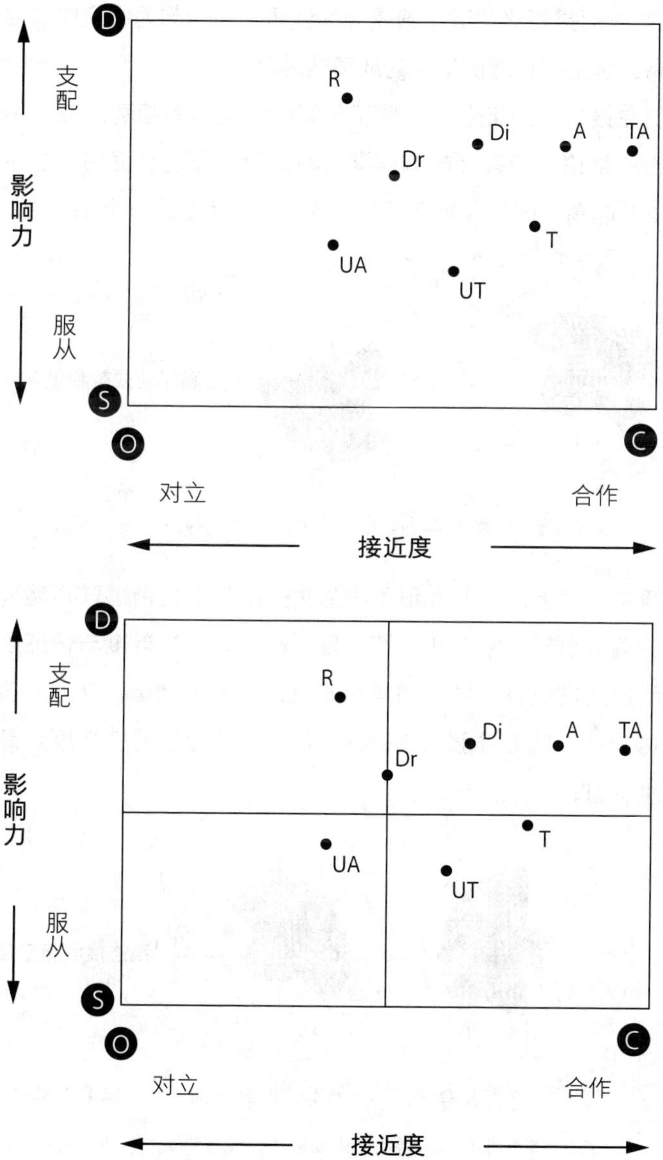

图23.3 8种人际关系模式

A=权威型，Di=指令型，Dr=操劳型，T=宽容型，

R=镇压型，TA=宽容/权威型，UA=犹豫/好斗型，UT=犹豫/宽容型

“教师的影响力是班级层面上最重要的变量。在影响力维度中，对教师的感知度越高，学生在物理测试中的成绩就越高。”

他们在接近度的维度上发现了与影响力类似的趋势，并引用了另一项研究提出的结论，即教师越是被学生感知为合作性更强的，学生在认知测试中的得分越高。图23.4展示了在教师个体层面上的一个例子。

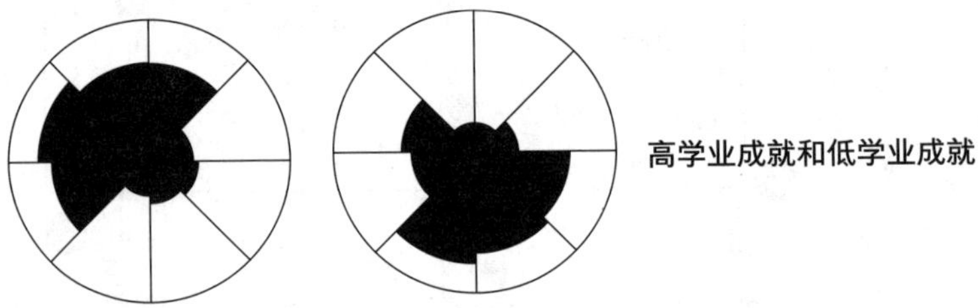

图23.4 学生学习成果较高和较低的教师人际关系模式

在情感维度上，他们发现了将师生关系与学生情感联系起来的更一致的模式。调查显示，所有研究都发现了影响力和接近度与情感之间的积极关系，而这通常以特定学科的学习动机为标准来测量，并且一般来说，接近度的影响比影响力要强。图23.5代表着对接近度的感知度越高，学生的学习动机越强。

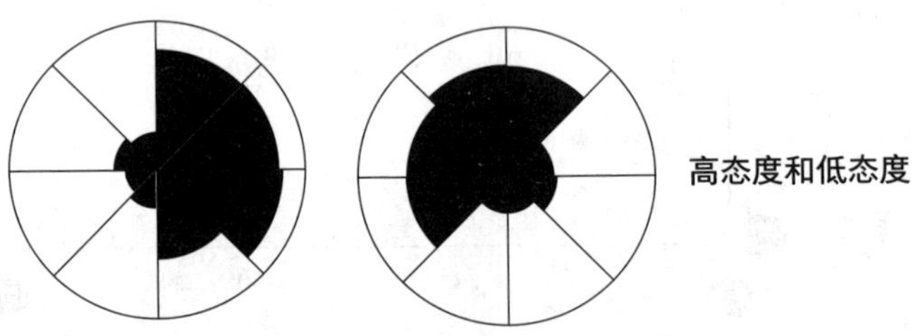

图23.5 学生对学习环境态度较高和较低的教师人际关系模式

注：高学生态度指学习某一学科的动机高，低学生态度指学习该学科的动机低。

这些结论之所以重要，是因为它们得出了师生关系与学生学习成果之间的重要联系。尽管积极的师生关系本身是好的，但理解它们如何影响学习为这种关系增加了一个更重要的维度。伍贝斯和布雷克曼斯以上述方式分解了影响师生关系的因素，揭示了课堂实践中普遍存在的一个黑箱：教师行为对师生关系的影响及其对学生学习和学习成果的影响。

比较教师和学生的感知

除了捕捉学生的感知外，教师还可以使用教师互动问卷来评估自己，并了解他们的理想看法，即教师希望如何被感知。测量教师理想、教师自我感知和学生感知之间的差距对课堂动态的重叠解释具有重要意义。

大多数关于影响力和接近度的研究发现，教师如何看待自己和学生如何看待教师之间存在重要的不同。伍贝斯和布雷克曼斯指出："平均而言，教师对领导力、给予帮助、友善行为和在理解行为方面的自我评价高于学生的感知，而他们对学生的犹豫、不满和训诫行为的感知更低。"还有一些研究表明教师对严格性的感知高于学生，对自由和责任的感知低于学生。显然，学生对教师的看法往往不同于教师对自己的看法。

伍贝斯和布雷克曼斯接着指出，这些师生感知差异与学生学习成果之间存在重要联系。教师自我感知高于学生感知的教师行为（例如，认为自己提供了更多帮助、友善行为或理解）与学生成绩和学习动机呈正相关；学生感知高于教师自我感知的教师行为（例如，学生认为教师更加犹豫或有更多的训诫行为）与学生成绩和动机呈负相关。

换句话说，教师对自己创造的学习环境的评价往往比学生更高。这可能有助于解释为什么对教师来说反思实践、回顾教学，或接受学生气氛调查的反馈特别困难。毕竟，从学生的角度对课堂动态进行反馈，突出了教师认为发生的事情和学生实际经历的事情之间的差距。

比较教师的感知与理想

正如伍贝斯等人在后续研究中所做的那样，当考虑到教师理想、教师自我感知和学生感知在8种教师人际行为模型上存在的差异时，我们看到教师理想和学生感知之间的差距最大。虽然教师的自我感知与理想之间也存在差距，但没有那么大。

在同一研究中，他们对教师进行了分类：第一类在教师样本中占2/3，这些教师的自我感知处于教师关于师生关系的理想与学生感知之间，如图23.6所示。

图23.6 “一厢情愿”组：教师理想、自我感知和学生对教师的感知

伍贝斯等人将此称为“一厢情愿”的例子，因为这些教师认为自己的行为比学生感知到的更接近自己的理想。借鉴利昂·费斯廷格（Leon Festinger）的研究，他认为这种一厢情愿的想法可能起到减少认知失调的作用。也就是说，一些教师可能会不知不觉地假设事情比实际情况好，使自己免于面对对课堂动态的竞争性感知。

认知失调理论

利昂·费斯廷格在他的“认知失调理论”（Cognitive Dissonance）中提出，我们力求内在的心理一致性在现实世界中发挥作用。当体验到自身对事物的感知与现实不一致时，我们往往会心理不舒服，并产生动机，想要减少随之而来的认知失调。换句话说，当两个动作或想法在心理上不一致时，我们会尽我们所能去改变它们，直到它们变得一致。

例如，尽管我们知道吸烟是不健康的，但许多曾经尝试戒烟

> 但没有戒掉的人（换句话说，他们在知道应该做什么和实际行动之间存在认知失调）会通过调整他们的功能信念（例如“抽烟使我平静下来”或“抽烟帮我集中注意力”）或风险最小化信念（例如“医学证据是夸张的”或“吸烟并不比我们做的其他事更有风险”）来合理化自己的失败，以更好地配合他们（戒烟失败）的行动，减少他们的认知失调。

占样本1/3的教师被称为“防止失望”组（见图23.7），因为这一组教师的自我报告水平低于学生对实际行为的感知，而理想高于实际行为和自我报告。

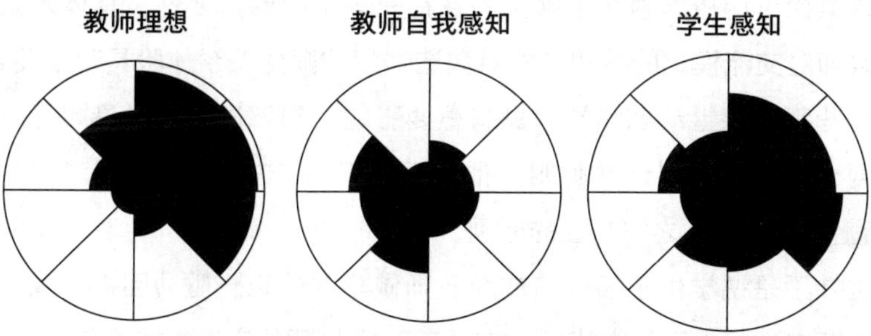

图23.7　“防止失望”组：教师理想、自我感知和学生对教师的感知

在这里，免疫作用更加突出。伍贝斯指出，这样的配置会保护教师免受与更消极的学生认知对抗而产生的潜在失望。

师生关系与学生学习活动

学生对师生关系感知的研究有一项更有趣的发现，它甚至延伸到学生对他们的任务和活动的看法。布雷克曼斯等人考察了学生如何感知教师邀请他们主动学习的时刻。他们发现，当学生在影响力量表上对教师的总体感知较高时，学生对自主学习反应更积极。伍贝斯和布雷克曼斯注意到这种动态关系乍看上去似乎令人惊讶，但得出结论：为了让学生在小组和独立学习中拥有适当的自由和责任，教师似乎很有必要在课程中心环节成为强有力的领导者。他们在人为创造的学习环境中的行为会延伸到个人学习中。

这是一个很有说服力的发现，它对过去几十年来广泛传播的“以学生为中心的学习”的观点提出质疑。比起从绝对意义的角度看待学生对学习的主导权，当教师在课堂中首先确立自己作为学习主要领导者的影响力时，学生在被给予自主学习机会时的反应更好（我们在本书第22章讨论关于教师的真实性时有所提及）。事实上，这种感知到的影响力越大，教师给予学生的学习自主权越大，学生的反应就越积极。

本章小结

本章探讨的概念强化了师生关系在教与学中的重要性。具体来说，学生和教师对交流模式的感知方式对塑造他们的师生关系体验具有重要意义。所有这些都对课堂动态和学习具有重要影响。理解课堂动态是如何形成的很重要，因为这可以让教师明白他们视角下的“进展如何”和对学生来说“实际上进展如何”之间存在的区别。

这并不是说学生感知应该成为教师做决定的唯一驱动因素，我们也不应该推断在教师人际行为模型上存在着一个教师都应追求的最佳点。相反，本文提醒我们，教师具有能动性，可以对自己如何面对学生做出深思熟虑的选择。伍贝斯和布雷克曼斯对这些观点的定义是：元交流。也就是说，关于师生如何相互交流的交流。他们的研究为这种元交流提供了一个有用的途径，并帮助我们更好地理解教师行为对学生感知、课堂动态以及学生活动的影响。

要　点

- 一切教学都是一种或另一种形式的交流。
- 通过探索教师自我报告、教师理想和学生感知之间的课堂交流模式，我们可以对师生关系进行描绘，并将这些动态与学生学习成果联系起来。

■ 尽管没有硬性规定教师应该呈现给学生什么，但在教师互动问卷中的影响力和接近度指标上得分较高的教师，往往更能建立有利于学生学习的师生关系。

■ 当教师在课堂中首先确立自己作为学习主要领导者的影响力时，学生自主学习的效果更好。

■ 与经验更丰富的教师相比，新手教师更难做出提升影响力和支配度感知的行为。因此，对于如何将这些行为纳入新手教师的课堂实践中存在着一定的指导空间。

■ 学生对教师的看法往往不同于教师对自己的看法。

■ 学生对接近度的感知越高，其学习动机越强。

■ 使用元交流（关于交流的交流）有助于教师更好地理解特定的课堂动态是如何创建和维持的。

参考文献

[1]Brekelmans M. Interpersonal Teacher Behaviour in the Classroom[R]. Dutch: W.C.C., 1989.

[2]Brekelmans M, Sleegers P, Fraser B. Teaching for Active Learning[M]// R J Simons, J Van Der Linden, T Duffy. New Learning.Dutch: Kluwer Academic Publishers, 2001: 227–242.

[3]Festinger L. A Theory of Cognitive Dissonance[M]. Evanston, IL: Row, Peterson.

[4]Fitzgerald F S. The Great Gatsby[M]. Hertfordshire, UK: Wordsworth Editions, 2019.

[5]Fotuhi O, Fong G T, Zanna M P, et al. Patterns of Cognitive Dissonance–Reducing Beliefs Among Smokers: A Longitudinal Analysis from the International Tobacco Control (Itc) Four Country Survey[J]. Tobacco Control, 2013, 22(1): 52–58.

[6]Watzlawick P, Beavin J H, Jackson D. The Pragmatics of Human Communication[M]. New York: Norton, 1967.

[7]Wubbels T, Brekelmans M. Two Decades of Research on Teacher–Student Relationships in Class[J]. International Journal of Educational Research, 2005, 43: 6–24.

[8]Wubbels T, Brekelmans M. Hooymayers H P. Do Teacher Ideals Distort The Self–Reports of Their Interpersonal Behavior[J]. Teaching and Teacher Education, 1992, 8: 47–58.

[9]Wubbels T, CréTon H A, Hooymayers H P. Discipline Problems of Beginning Teachers, Interactional Teacher Behavior Mapped Out[J]. bstracted in Resources in Education, 1985, 20(12): 153.

第24章 人际关系为什么重要

课堂管理

文章 | 《课堂管理的关键》(The key to classroom management)[①]

引文 | “主导和合作这两种动力的相互作用是有效师生关系的核心力量。”[②]

为什么你应该阅读这篇文章

2015年5月3日，切尔西足球俱乐部（Chelsea）以三场比赛的优势赢得了英格兰足球超级联赛（Premier League）冠军。对于主教练若泽·穆里尼奥（Jose Mourinho）来说，这是他获得的第21座奖杯，标志着他成为近期俱乐部足球历史上获奖最多的教练。2015年8月，他获得了一份数百万英镑的合同，他将在俱乐部效力到2019年。12月，他被解雇了。

俱乐部在新赛季莫名其妙地急转直下，有报道称更衣室里“明显不和谐”，而穆里尼奥的公开警告和随后对队医、备受尊敬的队员伊娃·卡内里奥（Eva Carnerio）的排斥加剧了这一情况。从穆里尼奥的“恐怖之年”中出现的一个主要问题是，一群在几个月前轻松赢得联赛冠军的球员，是如何以如此戏剧性的方式投降的？

与此形成直接对比的是，2016年我们见证了可能是英国足球史上最伟大的体育现象——莱斯特城足球俱乐部（Leicester City）赢得了英格兰足球超级联赛冠军，使这一壮举更加引人注目的是，在前一年的同一时间，他们还在联赛排名中垫底，甚至在为保住联赛资格而奋斗[③]。不同之处在于他们的新教练，和蔼可亲的克劳迪奥·拉涅利（Claudio Ranieri），在不到一年的时间里，通过培养不屈不挠的团队精神，将一群基本上不知名的球员提升到足球历史的顶峰，让每个球员都获得了超越极限的表现。

---

① Marzano R J, Marzano J S. The Key To Classroom Management[J]. Educational Leadership, 2003, 61(1): 6–13.

② Ibid., P.X.

③ 上了年纪的美国人可能会将其与美国棒球队大都会队在1969年创造的“奇迹大都会”（Amazing Mets）相提并论。

优秀的教师和优秀的教练有很多共同之处。他们对自己的领域有着令人眼花缭乱的知识和可以被传染的热情，并且能使用我们在第22章中阅读过的鼓舞人心的方式，清楚地展现这种热情。他们有毋庸置疑的权威，对所负责的球员完全尊重，最重要的是，他们可以在自己的团队中产生信任和信念，甚至会为自己的团队穿墙而行。相反，如果这种关系破裂，球员就会变成以前的自己的影子：漫无目的，缺乏自信，同自己玩游戏。

我们中的许多人都会记得这样一位教师，即使在最具挑战性的课堂中，他似乎也能得到坚定的尊重。他们走进一个房间，只需要看一眼或举个手，就能让房间安静下来。相比之下，我们也会记得某位教师，他的教室只能用《蝇王》(*Lord of the Flies*)中的场景来形容。在某些情况下，第二种类型的教师会得到"蔓藤式晋升"(Lateral Arabesque)①，这是劳伦斯·彼得(Laurence Peter)创造的一个短语，本义指代一种平级晋升，也就是说给那个人赋予更长的头衔，一间更偏远的办公室和一套模糊的职责，让他们远离"易燃物品"，不再承担重要责任。

但这两者的区别是什么呢？对于许多教师来说，清晰明确的培训是成为一名教师的附带事件，这些培训中的古怪建议来自那些在工作坊里磨炼了多年技艺的年迈干瘪的老教授。结果是，许多教师发现自己第一次面对课堂的时候，只有一些理论上的知识，但很少有可以帮助他们建立有效的工作氛围的实际技能。尽管对新手来说，有效的课堂管理就像魔法，不过，有一系列的工具和技术可以用来创造一个健康的课堂氛围，并在教师和学生之间建立积极的关系。这篇文章是关于教师有效管理课堂时使用的各种方法的最全面的评述之一。

文　章

罗伯特·马扎诺(Robert Marzano)和嘉娜·马扎诺(Jana Marzano)在文章的开头指出，有效的课堂管理对学生成绩的影响最大，任何在课堂上

---

① Peter, L.J.,& Hull, R.(1970). *The Peter Principle* (p.34).Bantam

教过书的人都会本能地知道这一点。正如我们之前所展示的，任何对工作记忆和注意力的消耗都会对学习产生灾难性影响，对于学生来说，没有什么比混乱的课堂更让人消耗精力了（参见《学习是如何发生的》第2章）。马扎诺还指出，他们自己的研究表明，师生关系的质量是课堂管理所有其他方面的基石。正如我们在第23章中所看到的，积极的师生关系并不意味着与学生成为朋友，甚至也不意味着它依赖于教师的个性，它是一种特定的动态，其中教师表现出适当程度的主导地位，表现出适当程度的合作，并注意到有高需求的学生。

适当程度的主导地位

在定义师生关系方面，"主导地位"这个词可能是一个有问题的词，而且你可能不会在今天的学校里听到这个词，但根据这一领域内的研究，适当的主导地位被定义为教师在学术和学生行为方面提供明确目标和强有力指导的能力。

有一种观点认为，教师越严格，学生就越不喜欢他们，但这项调查并没有证明这一点。调查显示，学生更喜欢能控制课堂，并提供安全、合作的工作氛围的教师。例如，马扎诺引用了赵（Chiu）和塔利（Tulley）的一项研究，该研究涉及700名4—7年级的学生，结果显示，学生明确表示希望有强有力的教师指导和控制，而不是更宽松的教师行为。此外，马扎诺指出，埃德蒙·埃默（Edmund Emmer）和他的同事在20世纪80年代在中学进行的重要研究表明，建立明确的规则和程序，对违规行为进行处罚是有效课堂管理的关键。为小组工作设定基本规则，使用设备、过渡，明确课程的开始和结束，可以创造一个积极的习惯循环，在这个循环中，不良行为甚至不会出现。

马扎诺还声称，让学生尽可能多地参与建立这些基本规则也是一个好主意，但这可能不是说让学生自己制定规则，而是让教师说服学生，拥有一套清晰的既定规则，不仅对他们的学习有益，对他们的心理健康和幸福也有益。

根据斯特奇（Stage）和奎罗兹（Quiroz）的研究，马扎诺指出，要明确哪些策略会有助于创造积极的工作环境：

■ 使用多种表达方式和肢体暗示来回应学生的不当行为，比如举手或把手指放在嘴唇上。

■ 对适当的行为给予明确的认可，甚至可以提供代币等奖励。

■ 让整个团队对自己的行为负责。

■ 与家庭保持联系，通知父母或监护人奖励和处罚行为的实施。

此外，马扎诺建议在单元或课程开始时就提供明确的目标，包括要学什么，以及学生在单元或课程结束时将达到的目标等规则。就像任何一位教师都会告诉你的那样，创造不稳定气氛的最快方法之一就是让一屋子的学生不知道他们应该学什么，也不知道他们应该怎么学。然而，在以积极的方式占据主导地位和以消极的方式占据主导地位之间有一条微妙的界线。也许更确切的说法是“坚定自信”，马扎诺建议采用以下方法：

■ 使用自信的肢体语言，保持直立的姿势。面对冒犯的学生，要保持足够的距离，以免显得具有威胁性，面部表情要与向学生展示的信息内容相匹配。

■ 使用适当的语调，清晰而从容地说话，音调要比正常的课堂讲话稍微高但不要过高，避免在声音中流露任何情绪。

■ 坚持，直到学生做出适当的反应。不要忽视不恰当的行为，不要因为学生的否认、争论或指责而分心，而是要听合理的解释。

适当程度的合作

除了以教师为驱动力的环境外，另一个工具是建立一种并行的工作模式，在这种模式下，学生与教师彼此协同工作，以进一步学习。毕竟，那些只是被动地服从命令，而不使用自己的能动性和自主性来学习的学生，不太可能在独立学习中学会他们在课堂以外所需要的各种行为。这也许就是与学生建立积极联系最重要的地方了。马扎诺得出的结论是，聚焦于学生的生活和关注点，而不仅仅是他们的学业，会产生非常积极的影响。

公平和积极的课堂行为

另一个重要的工具是，教师与学生相处时，不仅要前后一致，还要公平和积极。这可以通过与所有学生保持眼神交流来实现，在教室里自由走动，通过肢体动作来承认或赞扬学生在课堂上的贡献，将一个学生的想法与另一个学生的想法联系起来，例如“塞西莉亚刚刚补充了艾达的想法，说……”，吸引所有学生，而不仅仅是那些总是举手的学生，并提供适当的等待时间让学生反思和回答问题。在这里还有一点非常重要，要让所有的学生都觉得自己是课堂活动的一部分，他们的贡献和班上的其他成员一样受到重视。

应对高需求的学生

根据马扎诺的说法，有12%—22%的学生患有精神、情感或行为障碍，其中许多人没有得到足够的支持。尽管大多数教师没有接受过特殊教育需求方面的培训，但重要的是，他们要意识到所有学生的需求，并制定具体的策略来满足他们。根据自己以前的研究，马扎诺将高需求学生的五个类型和应对策略进行了分类，即被动型学生、好斗型学生、注意力问题学生、完美主义者和社交无力学生（见表24.1）。

表24.1 高需求学生的五个类型与应对策略

类 型	定义和来源	特 征	建 议
被动型学生	避免他人支配或避免负面经历带来的痛苦行为。孩子试图保护自己免受批评、嘲笑或拒绝，这可能是对虐待和忽视的反应。伴有生物化学表现，如焦虑	**害怕人际关系：**避免与他人联系，害羞，不主动交谈，试图成为隐形人 **害怕失败：**很容易放弃，确信他或她不会成功，很容易沮丧，使用消极的自我对话	提供安全的成人和同伴互动，保护其远离攻击性的人；提供自信和积极的自我对话训练；迅速奖励小的成功；停止批评

（续表）

类　型	定义和来源	特　征	建　议
好斗型学生	凌驾、支配、伤害或控制他人而不顾他人身体健康的行为。这类孩子经常把好斗的人当作榜样。对其进行行为设定的限制极少起作用或无效。可能是对虐待和忽视的反应。这种情况可能有生物化学表现，如抑郁症	**敌对的：**愤怒、威胁或恐吓他人；对人、动物或物体进行口头或行为上的虐待 **对立的：**做与要求相反的事情；要求别人同意或让步；口头上或非口头上的抗拒 **隐蔽的：**表面上表示同意，但实际上却反其道而行之；经常在给别人制造麻烦时表现得无辜	清楚地描述学生的行为；与学生签订合约，奖励纠正的行为，并为未纠正的行为设定后果；保持一致，提供即时的奖励或反馈；鼓励并认可学校内外的课外活动；让学生有责任帮助教师或其他学生，提供成功体验
注意力问题学生	表现出由神经紊乱引起的运动或注意力困难的行为。儿童的症状可能会因家庭或社会压力或生理表现而加剧，如焦虑、抑郁或双相情感障碍	**过度活跃：**难以控制身体和语言。坐立不安，经常离开座位，插嘴，讲话 **注意力不集中：**很难保持专注并完成任务。在倾听、记忆和组织方面有困难	与学生签订行为管理的合约；教授基本的注意力、学习和思考技巧；将学生安排在安静的工作区域；帮助学生列出任务的每一步；奖励成功；指派一名同伴导师
完美主义者	这种行为的表现是避免因犯错而感到尴尬和羞愧。孩子担心一旦犯错就会发生什么。对自己有不切实际的高期望。在学习过程中，很可能曾因犯错而受到批评或不被认可	倾向于过度关注任务的小细节；在不确定结果的情况下会避免参与任务；关注结果，而不是关系；喜欢自我批评	让学生故意犯错，然后表示接受；让学生辅导其他学生

（续表）

类　型	定义和来源	特　征	建　议
社交无力学生	基于误解他人非语言信号产生的行为。孩子会误解面部表情和肢体语言，在这些方面没有接受过充分的训练，也没有很好的榜样	试图交朋友，却因为无能而不成功；被迫独处，经常因为不寻常的行为、外表或缺乏社交技能而被取笑	教导学生与其他人保持适当的身体距离；教授面部表情的含义，如愤怒和受伤；就卫生、衣着、举止和姿势提出建议

我们应该对所有学生一视同仁吗？

无论与谁打交道，人们经常会因为他们“一视同仁”的能力而受到称赞，但这在课堂上有效吗？一些研究表明，如果教师面对不同学生却不改变自己的教学方法，很可能会导致失败：

研究发现，最有效的课堂管理者不会对所有学生一视同仁；他们倾向于对不同类型的学生采用不同的策略。相比之下，低效的课堂管理者似乎对学生的多样化需求并不敏感。

当然，这并不意味着教师不应该在处理课堂问题上保持一致。在课堂上造成麻烦的一种方式是，让学生觉得有任何形式的偏袒。不过，毫无争议的是，当教师面对一个有心理健康问题的消极学生时，他们的方法必须与面对一个自信和独立的学生时有所不同。

本章小结

有效的课堂管理的困难之一是，表面上看，它与某种被自信和魅力所定义的个性有关，而这些是不可能“教”给另一个人的。然而，具备有效管理行为的教师确实拥有许多可以观察到的特征。更重要的是，这些教师不仅仅是在管理一个教室，而是在创造一种富有成效的氛围，在这种氛围中，学生不仅可以在学术上蓬勃发展，而且还可以在自己的课堂上获得安全感和认同。这篇研究表明，除了教师的个性和魅力之外，大多数教师还可以学习一些常规、技巧和流程，这些都可以影响这种富有成效的氛围的形成。这些方法基于教师在课堂上的权威（参见第22章），但同时，他们也创造了一种课堂文化，赋予学生权力并让他们积极地参与自己的进步。

要　点

- 清楚地说明要学什么以及学生将如何学习。
- 用眼神交流来建立融洽的关系，认可学生的行为。
- 不需要一个班级的学生都喜欢你，但你需要被尊重。
- 学生不喜欢不能控制班级的教师。
- 了解有高需求的学生，以及如何满足他们的需求。
- 不要对每个学生采用同一套应对方法。
- 与父母和监护人建立积极的沟通渠道。
- 经常与学生进行清晰的沟通。他们需要了解你，你也需要了解他们。

参考文献

[1]Brophy J E. Teaching Problem Students[M]. New York: The Guilford Press, 1996.

[2]Brophy J E, Mccaslin N. Teacher'S Reports of How They Perveive and Coper With Problem Students[J]. Elementary School Journal, 1992, 93: 3–68.

[3]Chiu L H, Tulley M. Student Preferences of Teacher Discipline Styles[J]. Journal of Instructional Psychology, 1997, 24(3): 168–175.

[4]Marzano R J. What Works in Schools[M]. New York: Ascd, 2003.

[5]Marzano R J, Marzano J S. The Key To Classroom Management[J]. Educational Leadership, 2003, 61(1): 6–13.

[6]Peter L J, Hull R. The Peter Principle[M]. New York: Bantam, 1970.

[7]Stage S A, Quiroz D R. A Meta–Analysis of Interventions to Decrease Disruptive Classroom Behavior in Public Education Settings[J]. School Psychology Review, 1997, 26(3): 333–368.

[8]Wang M C, Haertel G D, Walberg H J. Toward a Knowledge Base for School Learning[J]. Review of Educational Research, 1993, 63(3): 249–294.

第25章　教师作为聪明的消费者

课堂管理

文章 《有效的课堂管理和教学：咨询知识库》(Effective classroom management and instruction: a knowledge base for consultation)[①]

引文 “知识渊博意味着学习了大量的发现，理解了一套概念，获得了使用新技术的经验，并吸收了某些理论来指导课堂观察。”[②]

为什么你应该阅读这一章节

2012年，哈佛大学商学院（Harvard Business School）的一组研究人员向我们介绍了“宜家效应”（IKEA effect）：与其他同类家具相比，消费者更看重自己亲手组装的家具（比如从瑞典著名商店宜家购买的床头柜或橱柜）。还有一个类似的现象，研究人员指出，当即食蛋糕粉在20世纪50年代首次进入美国家庭时，销售进展缓慢，制造商因此感到失望。营销人员意识到他们让烘焙看起来太简单了，他们宣传说要在烘焙过程中加入一个鸡蛋，之后，即食蛋糕粉的销量才直线飙升。事实上，鸡蛋在烘焙过程中或即时蛋糕的味道中几乎没有起到任何作用，它其实是无关紧要的。而重要的是，这项研究揭示了一个永恒的真理：当你参与制作某件东西时，你更有可能认为它很棒。

对于家具和蛋糕粉来说，这是件好事，但这种现象也有其不利的一面，它会对教学产生不良影响。教师花费了大量时间创造或继承教学材料和方法。这意味着他们不仅要努力准备、理解和内化这些东西以便在课堂上使用，他们还肩负着判断所选择的行动方案是否有效和适当的重要责任。当诸如“我们花了整个夏天来构建这些资源”或“我们在这个单元一直使用相同的教学计划”这样的情绪开始发挥作用时，质疑自己的方法这项挑战就变得困难了。这是因为“宜家效应”会让我们看不到自己创作的不足之处。

---

① Berliner D C. Effective Calssroom Management and Instruction: A Knowledge Base For Consultation[J].Alternative Educational Delivery Systems: Enhanging Instructional Options For All Students, 1988: 309–325.

② Ibid., p.232.

只有当我们学会如何分解一种方法，理解并内化它的工作原理时，我们才能知道它是否像它所宣称的那样好。只要问问那些不得不拆卸家具的人，就会发现一直以来这些家具的制造成本是多么低廉。

就像任何有思想的消费者一样，教师们需要一些方法来理解所提供的教学的可能性，这样他们才能做出正确的选择。否则，就相当于教师们迷恋一种方法，不是因为它有效，而是因为它具有熟悉和轻松的诱惑。在他的开创性著作《有效的课堂管理和教学：咨询知识库》中，戴维·伯利纳总结了一系列有效的课堂管理的循证方法，这些方法一次又一次地被证明是有效的。同样重要的是，他为教师提供了一个质疑这些研究的视角，这样他们在自己的实践中就不太可能受到宜家效应的影响。

章　节

谈到课堂管理，伯利纳提醒我们，教师最重要的工具之一是他们的教学知识。尽管有这样的理解，他指出，由于公众认为教学知识是稀缺的，无论存在什么知识都没有什么价值，教师培训项目最终削减了新教师对教学方法培训的接受程度。更可悲的是（在很大程度上具有讽刺意味），削减的同时恰逢教育研究界生产力的巨大爆发。现在有相当数量的基于科学的可供使用的教学信息，但教师教育项目几乎没有传播这些信息。

虽然伯利纳在1988年写了这篇文章，但他说的很多话到今天仍然是正确的。特别是在课堂管理的实用方法方面，许多新教师仍然发现自己准备不足。为了生存，他们要么被迫赶鸭子上架，要么依靠从同事、导师或从疯狂的互联网搜索中获得的智慧和经验。虽然这些方法似乎已经足够了，但教师无法确定是否存在比他们拼凑的方法更好的方法，所以宜家效应就形成了。

为了回应这一点，伯利纳根据前面提到的生产力爆发期间，教育研究界在课堂组织和管理方面的发现来组织他的文章，有效地整理出了将这些和其他部分的研究注入到教学实践中的案例。他把这些发现分为四个主要类别，分别是我们的发现、我们的概念、我们的技术和我们的理论，并认为每一类都能以自己的方式帮助教师解决许多问题。正如你将看到的，他提出的这些观点不仅构成课堂管理研究基础的知识类别，而且是观察、理解和探究在课堂中起作用的东西及其原因的方法。

研究结果

伯利纳将“研究结果”定义为每门科学所积累的孤立的信息。这些研究结果是被证明对学生学习有积极影响的经验观察，几乎没有不良副作用，并且在一项又一项研究中具有高度的可重复性。他提供了“等待时间”作为这一研究结果的典型例子，表明当教师提问和学生回答之间的时间从0.8秒（平均）延长到3秒时，会发生以下情况：

- 学生回答的时长增加了
- 学生给出附加解释的数量增加了
- 没有做出回应的学生人数减少了
- 学生回答的复杂性和认知水平提高了
- 学生主动且适当的回答越来越多了
- 学生之间的互动增加了
- 学生在数学和科学方面的成绩提高了

伯利纳认为这是一种简单的、科学推导出来的、经过充分验证的教学技术，具有强大的主要效果，没有有害的副作用。然而，抛开这些引人注目的卖点，伯利纳很快提醒我们，等待时间在课堂上还没有得到足够普遍的使用。他认为，这是错误选择的问题。例如，他指出，那些尝试将等待时间作为一种技巧的教师，经常意识到教学活动的速度可能会减慢，这意味着许多人可能会放弃使用它。

这种错误的选择是有问题的，因为它们基于一种错误的观念，即得到一种方法的好处（等待时间）会让你失去另一种方法的好处（有目的的课程节奏）。从上面列出的效果可以看出，很明显，教师可以使用等待时间，且可以以一种有目的的和富有成效的方式进行。伯利纳对于以这种方式应用研究的理由很简单：对这些强有力的、可复制的发现有了理解，就可以消除有害的误解，如果采用和巧妙地应用，就可以为教师提供循证版本的快速轻松制胜之道。

概　念

除了实证研究结果，伯利纳指出“概念”是那些看待课堂实践的方式，帮助我们更好地组织我们的世界。通过允许我们命名事物，给我们一个技术词汇，我们可以在描述课堂现象时与同事一起使用。这是应用研究的意义的一个重要组成部分，因为它涉及教师和学校进行命名和拥有实践，而不是将它们留在遥不可及的学术界、认知科学或教育心理学之中。为了让某些东西在日常的学校生活中发挥作用，我们必须找到一种方法来谈论、内化和规范这种方法——伯利纳将所有这些都蕴含在概念化原则之中。

其中一个例子就是“学术学习时间”，他将其描述为分配给课程内容领域的课堂时间的一部分，学生参与其中并取得成功，在此期间，他们参与的活动或材料与有价值的结果相关。我们必须指出，学生花在有意义的工作上的时间对他们的学习有影响，这种想法似乎是显而易见的。但伯利纳通过自己的研究表明，即使你控制了环境因素，不同课堂的投入率也有巨大的差异，可能一个课堂处于工作状态的时间占比为40%—50%，而另一个课堂，我们可能会看到它拥有90%的工作状态时间。

那么，是什么让专业教师在最大化学术学习时间方面与新手区别开来呢？为此，伯利纳再次转向研究并指出，对于教师来说，例行程序是一种经过试验和测试的有效方法，可以消除经常阻碍投入学习的障碍。伯利纳引用的一项研究将有经验/有成效的教师与没有经验/无成效的7年级数学教师进行了比较。下页是他们在这两种情况下反复观察到的特征：

因此，在概念层面加强课堂管理的一个基本方面（学术学习时间的量的可变性），以便尝试和测试最大化学习时间，这个方法（在课程开始时采用有效的例行程序）似乎是一个可以被命名的、规范化的和可以被应用的挑战。

有经验/有成效的教师	没有经验/无成效的教师
■ 设计一个以目光扫视为特征的例行开场白 ■ 用高效的语气快速点名 ■ 采用一种省时的点名方法 ■ 使用一个包括行为和学术期望的开场白 ■ 在解释中预测混乱的地方 ■ 在示意第一个活动开始前提出问题	■ 没有有效的日常行为习惯 ■ 不使用目光扫视 ■ 随意的、语调很慢的点名 ■ 有一个很费时的点名程序 ■ 不能预见混乱 ■ 不使用甚至是没有事先组织

此外，我们现在了解到，通过有效的提问将学生的注意力集中在内容的意义上，是确保信息被更深入地处理和更持久地保持的一种非常有效的方法。换句话说，我们可能会抓住两个事实来证明“学术学习时间”这个概念的绝对重要性：（1）学生花在你想让他们学习的东西上的时间越多，他们就越有可能学习那些内容；（2）学生越深入地思考你想让他们学习的东西，他们对那些内容的记忆就越持久。

技 术

伯利纳所指的“技术”不是我们广义上所理解的技术，而是我们发明的用于教学的科学衍生工具，如果应用成功，它可以为教师解决问题。为了说明技术在工作中的有效性，伯利纳列举了一系列应用，其中包括一些乍一看可能会让我们觉得非常简单的应用。例如，他引用古德等人的研究，他们发现，如果在数学课上，教师首先从复习开始，第二步展示新材料，第三步进行指导练习，第四步提供纠正和反馈，第五步进行独立练习，第六步提供每周和每月复习，那么你的学生很可能取得好的成绩。这正是巴拉克·罗森海因所说的“显性教学”（explicit instruction，参见本书第12章），“进步”教育工作者认为这是一种接近程序算法或“数字绘画[①]”（painting-by-numbers）的教学方法，因此对其不屑一顾。但伯利纳认为，当某些东西被证明有效时，它至少值得被关注，并值得作为实践的一部分

① 即通过特殊工艺将一幅完整画作加工成不同区域，用数字将其标号，绘制者只要在标有号码的填色区内填上相应标有号码的颜料，就可以完成这幅画作。

进行试验。

在另一个例子中，伯利纳讲述了由雅各布·康尼（Jacob Kounin）首先构想的具体课堂行为实践如何发展流行起来，然后被广泛使用的故事，这与一项新技术开发和推向市场的过程类似。他认为，对教师的建议可以简单到“开学那天要站在门口，因为……”，也可以复杂到决定何时干预行为问题。这些实践首先建立在理论层面，然后在得克萨斯大学和犹他州立大学转化为教师培训材料，最后由美国教师联合会在全美各地的课堂进行实地测试。

将这些行为管理实践统一起来的是对它们可以实际使用的信心，信心的来源则是最初将它们带入该领域的过程的稳健性。对伯利纳来说，这是一种看到课堂实践技术正在发挥作用的方式：首先是成为一个新发现，然后成为一个被采纳的概念，通过使用继续显示它的价值，所以最终它开始看起来像是一个值得信赖的工具。

理　论

伯利纳将“理论”描述为当我们将来自“研究结果”“概念”和“技术”的各种知识整合在一起，形成一种整合的、连贯的教学方法时所发生的事情。这种整合有双重优势：首先，它使我们能够结合以前不同的教学和学习现象，更好地理解它们是如何发生以及为什么发生的。其次，它提供了理解、假设、测试和应用某些方法的手段，从而使这些方法能得到最有效的使用。

伯利纳通过采用“节奏”的课堂管理概念（即教师在给定时间内能够有意义地覆盖内容的有效比率）来说明这可能是什么样子，并向我们展示了如何通过一种逻辑的、循证的方法将该方法应用于我们自己的实践：

识别问题领域——伯利纳对节奏的研究表明，对于能力大致相同的学生，我们记录了不同课堂在单位时间内所覆盖的教学量上的差异，其比例为10：1。显然，如果节奏是有效课堂管理的一个重要组成部分，那么像这样的广泛程度的可变性呈现了一个很可能发生重大改进的领域。

控制变量——因为我们的研究结果可以肯定地指出节奏与成就有因果关系，我们可以证明我们控制变量的能力。换句话说，我们可以肯定地说，节奏是一种经过验证的方法，有强有力的证据支持，且具有解决问题的潜力。

预测结果——通过对教学的观察和学术学习时间等概念的应用，我们能够证明，在课程中，高效的教师可能会比他们的同事保持更快的节奏。这本质上意味着我们现在可以更有把握地说（在其他条件相同的情况下），教师的效率越高，他们就越有可能采用有效的节奏，这本身就是我们现在知道的有效的方法。

达成共识——现在，我们可以把所有这些信息整合在一起，形成一个关于节奏及其在特定条件下产生影响的连贯理论。也就是说，我们假设所谓的节奏是成就的一致预测因素，原因是它调节了学生学习他们要负责学习的东西的机会量。

基于上述的理解，我们现在可以说，节奏有助于学生取得成就，这是高效教师的一个特征，它与其他关于投入有意义内容的时间的研究结果相一致。或者换句话说：节奏靠谱实乃幸事。

本章小结

在这本书中，我们已经多次提到这个忠告，但这里需要重申一下：环境决定一切，仅仅因为某些东西可行且具有高度可复制性，并不意味着它在任何时候都适用。伯利纳在许多场合都承认这一点，包括在他探索新的教育技术时明确表示，要应对技术变革的风险，需要一个安全和支持性的环境。

尽管如此，伯利纳在文章中引用的研究为我们提供了更有帮助的课堂管理方法的见解。与他建议的内容同样重要的，是他对于这些理论发展的严谨方式的关注，所有这些都向我们展示了我们应该如何用敏锐的眼光审视自己遇到的任何方法。他花时间研究了实证的、概念性的、技术上适用的和理论上合理的教学方法是如何达成的，所有这些都有助于思考什么值得或什么不值得在我们自己的课堂上采用，所有这些都是对宜家效应的有效免疫。

要　点

■教师往往对课堂准备不足，因为他们并不总是能获得有效课堂管理所需的必要的教学方法知识。这导致他们在制定或采用教与学的方法时，缺乏区分不同质量等级的手段。

■伯利纳提供了四种解决问题和更广泛地与研究互动的方法：

研究结果——实证观察显示对学生学习有积极影响（例如，等待时间）。

概念——分享观察和描述课堂现象的方式（例如，学术学习时间）。

技术——科学衍生的教学工具（例如，数学教学的有效结构）。

理论——对于教与学的一种整合和连贯的方法，以上述组成部分为基础（例如，对节奏的循证理解及其在实践中的应用）。

参考文献

[1]Berliner D C. Tempus Educare.In P.L[M]// P L Peterson, H L Walberg. Research on Teaching: Concepts, Findings, and Implications. Berkeley: Maccutchen, 1979.

[2]Borg W R, Ascione F R. Classroom Management in Elementary Mainstreaming Classrooms[J]. Journal of Educational Psychology, 1982, 74: 85–95.

[3]Brooks D M, Hawke G. Effective and Ineffective Session Opening Teacher Activity and Task Structures[J]. Journal of Classroom Interaction, 1988, 23(1): 1–4.

[4]Fisher C, Berliner D, Filby N, et al. Teaching Behaviors, Academic Learning Time, and Student Achievement: An Overview.[J].University of Houston, College of Education. 442 Farish Hall, Houston, TX 77204-5026. Web

site: http://www.jciuh.org/, 2015(1).

[5]Good T, Grouws D, Ebmeir M. Active Mathematics Teaching[M]. London: Longman, 1983.

[6]Graesser A C, Olde B A. How Does one Know Whether A Person Understands A Device? The Quality of The Question The Person Asks When The Device Breaks Down[J]. Journal of Educational Psychology, 2003, 95: 524–536.

[7]Kounin J. Discipline and Group Management In Classrooms[M]. New York: Basic Books, 1970.

[8]Rowe M B.Wait–Time and Rewards As Instructional Variables, Their Influence on Langeage,Logic, and Fate Control: Pt.I[J]. Wait–Time. Journal of Research in Science Teaching, 1974, 11: 81–94.

第六部分

评　估

乔丹 · 艾伦伯格（Jordan Ellenberg）在他的《魔鬼数学》（*How Not To Be Wrong*）一书中讲述了亚伯拉罕 · 瓦尔德（Abraham Wald）的故事。瓦尔德是一位开创性数学家，他对统计学的掌握在拯救二战战斗机飞行员的生命中发挥了重要作用。

瓦尔德在战争中的大部分时间都在统计研究小组（Statistical Research Group, SRG）工作，艾伦伯格认为其有点像曼哈顿计划，只不过当时他们开发的“武器”是方程式，而不是原子弹。瓦尔德和他的团队除了计算飞机避开敌人火力弧线的理想轨迹外，还负责为盟军计算飞机安装加固装甲的最佳位置，以便它们能够承受直接打击。

当美国军方向瓦尔德和他的同事提出这一挑战时，他们带来了一组数据。这些数据解释了美国飞机在欧洲上空空中格斗后返回时所遭受的破坏程度，以及弹孔在飞机表面的分布情况：

计划部分	每平方英尺的弹孔数量
引　擎	1.11
机　身	1.73
燃油系统	1.55
其他部分	1.80

当你看到这些统计数据和附带的图片时，你注意到了什么？如果你是瓦尔德团队的一员，你会建议飞机的哪个部分优先增加装甲镀层：发动机、机身还是燃油系统？

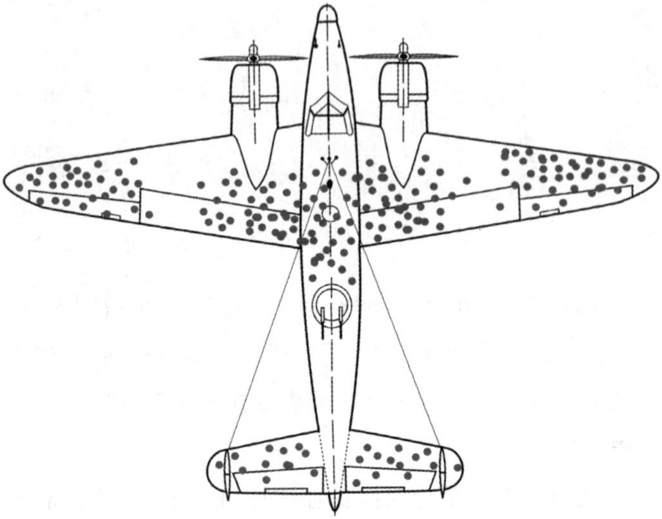

如果你的回答是“机身”，那么你并不孤单。事实上，瓦尔德的许多同时代的人都得出了类似的结论，并提出了同样的建议。然而，如果你提出了这样的建议，你就错了——亚伯拉罕·瓦尔德会纠正你。

瓦尔德的天才之处在于，他看到的不是数据显示了什么，而是数据没有显示的东西。上述数据是从战场上成功返回的飞机上收集的，而不是从在欧洲上空被击落的飞机上收集的。①有了这个发现，瓦尔德提出了一个著名的观点：装甲不应该装在弹孔所在的地方，而应该装在弹孔不在的地方。换句话说：要首先保护引擎。

瓦尔德的例子提醒我们，以批判性的思考来处理数据的收集、解释和分析是多么重要。这种现象同样适用于教学——因为我们选择评估什么，我们如何选择评估，以及我们如何处理结果，对塑造学生的成绩影响很大。

第六部分中，我们通过以下问题来探讨评估的功能：形成性评估和总结性评估的区别是什么？给出正确的答案就意味着学生理解了吗？为什么应试教育如此糟糕？

① 这就是所谓的幸存者偏差：对那些通过了某些选择过程的人或物集中精力，而忽略了那些没有通过的人或物的逻辑错误，这通常是因为他们缺乏可见性。

第26章　评估的多面性和用途

不同类型的评估

图书 | 《学生学习的形成性和总结性评价手册》(*Handbook on formative and summative evaluation of student learning*)①

引文 | “如果使用得当，评价可以使教师在学生的学习方面取得显著的进步。”②

为什么你应该阅读这本书

1960年8月17日，五位来自利物浦的不知名音乐家抵达汉堡，在该市绳索街(Reeperbahn)红灯区附近的因德拉俱乐部(Indra club)开始了一场连续48晚的演出。皮特·贝斯特(Pete Best)、乔治·哈里森(George Harrison)、约翰·列侬(John Lennon)、保罗·麦卡特尼(Paul McCartney)和斯图亚特·苏茨里费(Stuart Sutcliffe)组成的五重奏被称为“银色披头士”(Silver Beatles)。根据合同，他们每个工作日晚上要表演4个半小时，周末晚上要表演6个小时，但几乎没有报酬。③因德拉关闭后(因为被投诉制造噪音)，他们搬到了凯泽凯勒(Kaiserkeller)俱乐部，然后在接下来的几个月里继续去其他俱乐部演出。说得好听点，他们的表演技巧很初级，因此他们的表演并不总是能得到观众的积极反应。他们不仅缺乏表演技巧，演奏曲目也很少。根据约翰·列侬的说法，固定曲目演奏要持续20分钟，其中有20个独奏。只要声音大，观众就喜欢。乐队成员每晚都在接受测试，他们得到了强烈的反馈。老板会对他们大喊，让他们别光站在那里，跟观众互动一下，不过约翰·列侬觉得也许观众说的话不大适合复述。这些每天的“评估”对乐队的形成有很大帮助。保罗·麦卡特尼曾经说过，在汉堡的800个小时是在排练室里度过的，这让披头士的演出能力得以发展。

或许汉堡音乐情境的严酷性向披头士四人组(the Fab Four)表明，他

① Bloom B S, Hastings J T, Madaus G F. Handbook on Formative and Summative Evaluation of Student Learning[M]. New York: Mcgraw–Hill, 1971.

② Ibid., p.V.

③ 每人每天30马克(1960年为7.19美元，2.56英镑)，约51.45元人民币。

们是糟糕的，是失败的音乐家。然而，事实证明，这些情境提供了非常重要的反馈，帮助他们成长为一个真正的乐队。如果他们将汉堡的经历视为糟糕的，世界可能永远不会知道他们（以及同其他乐队所形成的所谓“英国入侵”摇滚乐浪潮），听不到他们的音乐，也体验不到他们给音乐界带来的革命。相反，这四个人认为他们在汉堡的时光有助于自己的发展。本杰明·布卢姆（Benjamin Bloom）、托马斯·黑斯廷斯（Thomas Hastings）和乔治·马道斯（George Madaus）将前者（即认为他们是糟糕的）标记为**总结性评价**，将后者（即将其视作变得更好的动力）标记为**形成性评价**。就像乔治·哈里森、约翰·列侬、保罗·麦卡特尼和林戈·斯塔尔（Ringo Starr）是改变音乐的强大力量一样，本杰明、托马斯和乔治的《学生学习的形成性和总结性评价手册》是改变我们对于评价和评估认识的强大力量。

图　书

1971年可以被看作教育的分水岭。那一年，本杰明·布卢姆、托马斯·黑斯廷斯和乔治·马道斯出版了《学生学习的形成性和总结性评价手册》。当然，也有一些其他重要的进展，比如布卢姆在1956年发表的《教育目标分类学：认知领域的教育目标分类》（*Taxonomy of Educational Objectives: The Classification of Educational Goals*），随后是戴维·克拉斯沃（David Krathwol）等人在情感领域的研究和伊丽莎白·辛普森（Elizabeth Simpson）在动作技能领域的发现，以及罗伯特·梅格（Robert Mager）的《为程序化教学准备目标》（*Preparing objectives for Programmed Instruction*）。

我们无法描述这本书的细节部分。因为这本书每章大约有4000字，长达923页！为此，我们将讨论几个我们认为需要强调的关键点。这本手册不适合线性阅读（即从头逐字到尾），应该在必要的时候和地方阅读。当然，熟悉第一部分的基础是一个好主意。

全书分为两部分。第一部分共有四个章节，以一般的方式处理刚才描述的所有教师都可能遇到的问题。第一章是教育与评价，作者在这一部分阐述了他们的教育理念，即教育从看门人的角色转变为个体的开发者。第二章涉及使用评估来做出教学决策，使教师意识到评估的不同目的，以及如何为课堂开发和使用不同类型的评估工具。第三章专门讨论认知和情感目标的评估，并围绕布卢姆等人和克拉斯沃等人的分类进行阐述。第四章，评估系统，告诉读者他们应如何与专家合作，以减少所有这些评估所涉及的工作，并提高学校评估的有效性。

第二部分为读者（也就是特定学科领域、特定教育水平的教师）提供了可能在学科领域或项目中具有最大实用价值的程序和技术的图解。第二部分不是研究者撰写的，而是不同领域的专家写的。涉及的领域包括学前教育的社会情感、感知运动和认知发展、早期语言发展以及小学和中学水平的特定学科领域。所处理的领域包括语言、社会研究、艺术、科学、数学、文学、写作、第二语言学习和工业教育。

在这本书之前，学校主要是服务于“选拔目的”的，而在布卢姆等人的眼中，学校的主要功能是“个性发展”。在他们看来，学校的中心任务是发展学生的特质，使他们能够在复杂的社会中有效地生活。是不是听起来有些熟悉？这正是所谓的进步主义教育工作者和21世纪技能专家如今所强调的，但布卢姆及其同事们提出，做到这一点的方法是明确地，且从行为上定义目标，然后严格使用两种类型的评估（即形成性评价和总结性评价）来实现这一目标。差别太大了！

“总结性评价”是一种评估形式，其焦点在于项目的结果。这种评估的目标是通过将学生的成绩与标准或基准进行比较，在一堂课、几堂课、一个单元或一门课程结束时对学生的学习情况进行评估。

“形成性评价”包括广泛的评估程序，目的是让教师经常评估学习者的进步和他们自己的实践的有效性。教师可以也应该在学习过程中利用这一点来修正他们的教学和学生的学习活动，以提高学生的学习成绩。

布卢姆指出，几个世纪以来，教育一直被视为很少有人能到达顶端的金字塔或阶梯。因此，考试被用作决定谁可以进入下一教育阶段的一种方式。作为这一过程的一部分，考试的结果和教师的判断转化为一个评分系统，包括固定的课程，一套用于分级的学习任务，以及在系统中每个主要时间单元被分类的混合学习者群体。这个评分系统会对每个学生的价值、他在教育系统中的未来（原文如此）以及整个职业生涯做出关键且往往不可逆转的判断。

在书中，布卢姆展示了一个关于评价及其在教育中的地位的更广泛的观点。他认为评价是：

1. 获取和处理改善学生学习和教师教学所需数据的方法，包括期末考试以外的其他证据；

2. 明确教学目标、学习目标、教育目标的方法；

3. 确定学生如何朝着既定目标发展的过程；

4. 质量控制系统，判断教学过程是否有效，如果无效，帮助确定如何改变，使其有效，以免为时已晚；

5. 确定其他程序是否同样有效以达到目标或目的的工具。

在书中，作者明确了评价、教学决策以及对学习者、教学和学习结果的分析之间的关系。对于学习者、教学和学习结果的分析，诊断相关的学习者特征是必要的。在学习单元的开始（这可以是一节课，一个单元的一部分，或整个课程），教师试图确定学习者为学习任务带来了什么。他们还要确定个别学生或整个班级是否存在特殊问题，学生是否足够成熟，是否有必要的原有知识，之前在这个领域有什么经验，等等。这里的关键在于学习者、教材和教学（即教学过程）之间的互动。

关于教学决策，一方面，教师必须确定学习者的状态，他们对任务和目标的准备，以及学习者可能的特殊准备和特殊方向的方方面面。另一方面，他们必须决定每个学习单元或任务的结构和组织，知道如何最好地排序，并在每个步骤中对学习者的进展进行反馈，以及在他们认为必要的时候，为学习方法和任务提供替代方法。最后，教师必须牢记目标，确定预期的学习是否发生了，以及在多大程度上发生了，教学过程是否有效，需要做出哪些改变。

表26.1 学习结果模型规格示意表

			目 标			
内容		A	B	C	D	E
	1					
	2					
	3					
	4					
	5					
	6					

虽然这本书的标题是“形成性和总结性评价手册”，但布卢姆不断地提醒读者：

> 形成性评价和总结性评价之间的区别并不明确。主要的区别不在于内容的多少，而在于目的。如果进行评估是为了确定学生对假定的层次结构中各种要素的掌握程度，以便教师决定如何最好地进行教学，那么评估本质上是形成性的。然而，在给定相同数量的内容材料的前提下，如果教师仅仅是为了在一个教学单元结束时给学生打分，然后再进行下一个单元，那么评估就是总结性的。

正如他们所言，教学的目标是掌握（参见《学习是如何发生的》第13章）。布卢姆用了整整一章的篇幅来阐述如何掌握学习。评估的等级通常基于正态分布曲线（见图26.1）。这与教育中经常发现的金字塔或阶梯是一致的。如果“太多”学生得A，教学就会被认为太容易；如果太多学生得F，教学就会被认为太难。布卢姆提出了一种不同的方法。依靠正态分布曲线来教学和评估，确实能够有效地让学生信服，让他们接受自己只能做C或D水平的工作。对于布卢姆和他的同事来说，教育是一种有目的的活动，寻求让学生学到教师必须教的东西。如果教学是有效的，学生成绩的分布应该与正态曲线有很大的不同。事实上，我们甚至可以坚持认为，我们的教育努力使学生的成绩分布不去接近正态分布。

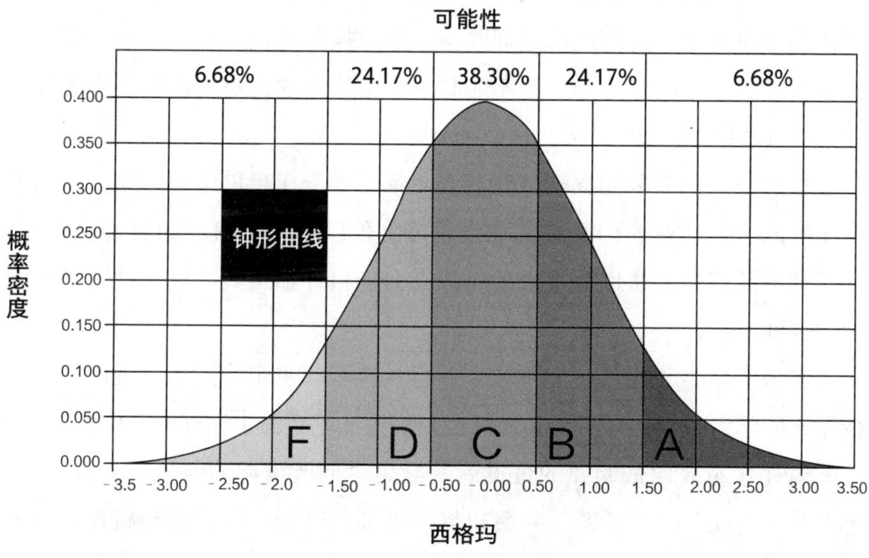

图26.1　评估的等级分布曲线

根据这一观点，布卢姆和他的同事提出了掌握教学，这要求教师注意在掌握学习策略中发挥作用的变量。他们基于约翰·卡罗尔（John Carroll）的学校学习模式提出了这一方法。卡罗尔明确指出，如果学生的能力是正态分布的，那么给所有学生同样的指导将使学生的考试成绩完全贴合曲线。然而，卡罗尔看到了天赋，以及与之相关的达到掌握的变量：（1）学习者掌握一项学习任务所需的时间；（2）教学质量，即学习的任务的呈现、解释和排序要素达到对特定学习者最优的程度；（3）理解教学的能力，即理解任务的性质和任务进行时需要遵循的程序。因此，如果教学的种类和质量以及可供学习的时间能够适合每个学生的特点和需要，那么大多数学生应该能够掌握教学内容。

因此，形成性评价是实现掌握的学习过程的一部分。频繁的形成性评价有助于教学的节奏，并激励学习者坚持不懈，在适当的时候付出必要的努力。它确保掌握了学习的学生更加坚信他们的学习方式是适当的（也就是说，它为他们提供了关于学习方法的元认知知识）。对于没有掌握的学生，频繁的形成性评价将揭露有针对性的难点。这种诊断应该伴随着非常具体的解决方法，说明如何处理这些难点。换句话说，形成性评价测试应被视为学习过程的一部分，绝不应与对学生能力的判断相混淆，也不应包括在评分过程中。

布卢姆总结说：如果形成性评价（诊断进步）和总结性评价（成就考试）告诉学生他对这门学科的掌握程度，他就会相信自己的掌握和能力。他可能会从评估系统以及发现他可以充分应付评估工具中的各种任务和问题中得到启示。

当一个学生掌握了一门学科，并且从客观和主观两方面都证明了他掌握了一门学科时，他对自己和外部世界的看法就会发生深刻的变化。

也许情感变化最明显的证据就是学生对他所掌握的科目产生的兴趣。他开始“喜欢”这个学科，并渴望得到更多。进一步学习的动机是掌握的更重要的结果之一。

本章小结

在这本书之前，评估和评价主要被用于对被评估人的资格做出低风险和高风险的判断。它是进一步学习的基石，决定了学生可以上哪所中学、哪所大学和哪所研究生院。如果你通过了考试或取得了好的成绩，那么你就有了未来的选择。如果你失败了，或者你的成绩不合格，那么有益的道路就消失了，教育之旅也就结束了。布卢姆、黑斯廷斯和马道斯告诉我们，评估不仅仅是决定一个人未来的一种手段，评估还可以用来帮助学习者更好地学习，帮助教师更好地教学。就像披头士乐队对音乐的看法一样，这是评估的“爱我时刻”（Love Me Do）①，它开启了一种全新的看待和使用评估的方式，将评估作为一种正向的力量，帮助学生更好地学习，帮助教师更好地教学。本书第29章将进一步介绍评估的使用，即其作为一种学习工具的使用（评估作为学习策略）。

要 点

■有两种类型的评估。总结性评价侧重于项目的结果，而形成性评价允许教师评估学习者的进步和他们自己的实践的有效性。

■学校的主要功能是培养学生的个性和特质，使他们能够在复杂的社会中有效地生活。

■教师需要意识到评价、教学决策，以及对学习者、教学和学习结果的分析之间的关系。

■我们的教育努力一直不成功，以至于学生成绩的分布接近正态分布；当所有的学生都能掌握我们教的东西时，他们才是成功的。

参考文献

[1]Bloom B S,Engelhart M D,Furst E J, et al. Taxonomy of Educational Objectives. The Classification of Educational Goals, Handbook 1: Cognitive Domain[M]. New York: David Mckay Company, 1956.

[2]Bloom B S, Hastings J T, Madaus G F. Handbook on Formative and Summative Evaluation of Student Learning[M]. New York: Mcgraw–Hill, 1971.

[3]Carroll J. A Model of School Learning[J]. Teachers College Record, 1963, 64: 723–733.

[4]Krathwohl D R, Bloom B S, Masia B B. Taxonomy of Educational

① *Love Me Do*是英国摇滚乐队披头士乐队的第一首单曲。

Objectives. The Classification of Educational Goals, Handbook 2: Affective Domain[M]. New York: David Mckay Company, 1964.

[5]Mager R F. Preparing Objectives for Programmed Instruction[M]. San Francisco : Fearon Publishers, 1962.

[6]Simpson E J. The Classification of Educational Objectives: Psychomotor Domain[J]. Illinois Journal of Home Economics, 1966, 10(4): 110–144.

第27章　当考试有悖于学习时

建构性一致

文章 《学习评估：教育评估新方法背后的一些维度》（Assessing for learning: some dimensions underlying new approaches to educational assessment）[①]

引文 “教育方面的思考应该驱动测试，而不是心理或政治方面的思考。”[②]

为什么你应该阅读这篇文章

无论以什么标准衡量，罗伯特·麦克纳马拉（Robert McNamara）都是一个非常成功的人。他毕业于哈佛大学，就任福特汽车公司总裁，然后在20世纪60年代成为美国国防部长。麦克纳马拉是美国活力的缩影，被戴维·哈伯斯塔姆（David Halberstam）[③]描述为美国最优秀和最聪明的人之一。但他有一个重大错误——他看到的世界是由数字构成的。在越南战争期间，麦克纳马拉采用了他在福特公司工作期间成功使用过的战略方法，他为每一个生产要素创建数据点，并以近乎无情的方式量化一切，以提高效率和产量。他担任美国国防部长期间，用以评估进展和制定战略的主要指标之一就是死亡人数。麦克纳马拉说：“可以计算的东西，你就应该计算，生命的损失就是其中之一。”

问题在于，越南战争的特征是无法衡量的人类冲突的混乱，而不是工厂装配线上的零件生产。麦克纳马拉的统计方法未能考虑到许多看不见的变量，事情失去了控制，公众通过文化上的强烈抗议反对美国参与战争，这将改变这个国家。

虽然从字面上看，美国正在“赢得”这场战争，但最终他们输了。随着战争越来越失去民心，麦克纳马拉不得不越来越努力地证明他的方法是正确的。他的计算方法非但没有提供客观的清晰度，反而对正在变得深不

① Biggs J. Assessing for Learning: Some Dimensions Underlying New Approaches To Educational Assessment[J]. Alberta Journal of Educational Research, 1995, 41(1): 1–17.

② Ibid., p.I.

③ 美国著名记者兼作家，1963年因由西贡发回的描述越南战争的详尽报道而获得当年的普利策奖。

可测的复杂情况给出了误导性的描述。虽然这种方法在某些情况下有一些优点，但将复杂的人类过程简化为统计数据是一种非常傲慢的做法，社会学家丹尼尔·扬基罗维奇（Daniel Yankelovitch）因此创造了“麦克纳马拉谬误”（McNamara fallacy）这个术语：

1. 测量任何容易测量的东西。
2. 忽略那些不容易衡量的东西。
3. 假定不容易衡量的东西是不重要的。
4. 假定不能轻易测量的东西不存在。

这些原则对我们教育界中的许多人来说都是可以理解的。当然，前两个原则与标准化测试、检查和分级课堂观察的某些方面是一致的，这只是约翰·比格斯（John Biggs）在论文中批评的方法之一。这篇文章的中心主题，实际上也是他更广泛工作的中心主题是，考试应该以教育目标和目的为指导，而不是以测量本身为指导。

文　章

在过去的100年里，教育成就的评估一直被比格斯所说的测量模型所主导，在这种模型中，测试项目的分数被认为是连续的，因此分数沿着单一的维度排列。从这一假设出发，比格斯研究了测试模型的构建技术、测试项目的选择以及测试的信度和效度。这种弱化了的测试被应用到课堂上，因为人们相信人的不同特征是呈正态分布的，这意味着考试成绩肯定也应该是呈正态分布的（参见《学习是如何发生的》第13章）。换句话说，只有极少数学生能力高，大多数学生能力一般，还有少数学生能力低，就像你在经典钟形曲线上所看到的那样。

但问题在于，期望的结果、教授的内容和评估的内容之间几乎没有一致性。例如，学生写了一页演讲稿或一封信，然后由一个人主观地评估，给出一个百分比数字，并用于对一个学生在班上的能力进行排名。更糟糕的是，这个数字在各个知识领域都是稳定的，所以英语科目60%的分数，其含义“等于”生物科目60%的分数的含义，这样就可以确定所有学科的平均值。这里的核心论点是，在课堂上使用这种测量来评估学生的能力是没有意义的，因为有太多看不见的变量。比格斯声称，这里的问题不在于教师不称职，而在于从测试理论发展而来的评估技术缺乏心理学理论基础。

相比之下，标准参照测验（Criterion Referenced Testing）是泰勒（Taylor）所说的评估标准模型，它基于这样的假设：可以设定一个公共标准；尽管表现形式不同，但大多数学生都能达到这个标准；在这个模型中，一个人的表现是根据一个规则或一套标准来评估的，其他同学得了什么并不重要。如果这个学生写的演讲稿符合A的标准，那么这个学生就得A。如果班上所有学生的演讲稿都符合A的标准，那么整个班级都得A。这与测量模型完全不同，测量模型断言能力必须呈现一定的分布（参见第26章）。这个模型的问题在于，采用的评估标准与所教授的内容无关。许多人文学科的教师可能很熟悉这一点，他们必须用一套最模糊的评估标准来给一份作业打分。例如，究竟是什么将一篇“及格的”作品或文章与一篇“高水平的”作品区分开来？这些都是英语教师一直在讨论的问题。

定量和定性的传统

比格斯认为，一般来说，评价有两种观点：定量的和定性的。定量观实际上是麦克纳马拉谬误，即数字给出了被测量事物的错误观点。例如，洛曼（Lohman）给出了基于美国宪法200周年纪念的多项选择题测试的例子。考试中只有一道题提到了托马斯·杰斐逊（Thomas Jefferson），即“谁是宪法的签署者，他还有六个孩子？”。对比格斯来说，这里的问题在于，这会告诉孩子，测试中的每一项内容都同样重要，任务应该是得到10/10，而不是思考离散的知识如何相互作用，从而获得更好的理解。洛曼回忆说，一年后，他问一个学生是否还记得杰斐逊。这个学生说“他有六个孩子”，但不记得他在宪法中扮演的角色。这种形式的测试传递出这样的信息：没有必要把主要思想和细节分开；所有的内容都值一分。也没有必要把这些想法组合成一个连贯的总结，或者把它们与其他任何东西整合起来，因为这是不需要的。

相比之下，定性的传统植根于19世纪的现象学和后来的格式塔心理学。在这一范式中，主要的方法是建构主义，比格斯解释说，这是一个理论的家族，而不是任何一个特定理论。根据这种理论，学生的学习被看作累积性的、利用积极地解释以及将新材料与他们已经学习的内容相互整合的过程，一个积极的学习者通过构建知识而不是接受和存储知识来寻求意义。比格斯自己的观点以及本文中所包含的观点是基于认知心理学的。在认知心理学中，对一个主题的理解在长期的积累中不断发展，与其他主题和学科具有**水平**的相互联系，与同一主题中先前和后续的学习具有**垂直**的相互联系。

情境化和去情境化评估

近年来，评估纳入了一系列生态方法，如真实性评估。该评估声称，应该使用那些可以应用于**真实世界**的材料来测试儿童。这与布朗等人的情境认知的概念有关（参见《学习是如何发生的》第23章），学习需要在特定的情境中进行，在这种情境中，知识不是一系列脱离实体的项目，而是在某种程度上真实的情境中使用。换句话说，不是教学生如何解决数学问题，而是教他们如何用数学原理解决真实世界的问题（如管理商业预算、分配比萨或室内设计几何问题）。

然而，对比格斯来说，这种方法占据了道德的制高点，此外，这种观点的一个核心问题是，如果学校只是教孩子们在真实的或真实世界的情境中自己发现知识，那么人类就不会取得像我们现在这样的进步。他写道："如果'知道'和'行动'是不可分割的，那么在解释文明时就会出现问题；若只有通过实际行动才能知道，那每一代人都需要重新发明车轮。"的确，学校的目的是让孩子们以一种脱离情境的方式学习知识，因此必须有一种方法以一种有意义的方式评估陈述性知识和程序性知识。如果我们教给孩子们的一切都是在真实世界中完成的，那么学校还有什么意义呢？另外，对于一个14岁的孩子来说，学校不是真实的世界吗？

比格斯最为人所知的可能是他在20世纪80年代对SOLO分类学的研究，

他将其视为一种系统的方法，用来描述学习者在同时进行多个任务时，特别是在学校里完成任务时，其表现如何在复杂性中增长。这种方法实际上是比格斯协调定量和定性传统的方法，它受到了很大的欢迎；然而，它并非没有问题。

逆向效应：问题还是解决方案？

逆向效应：尾巴摇狗，而非狗摇尾巴。

我们通常会设计广泛而平衡的课程，然后考虑教学方法，最后考虑有效可靠的评估进步的方法。而逆向效应（Backwash）指的是实际发生的情况恰恰相反：是评估测试决定了课程内容和教学方式（参见本书第7章）。最令人震惊的例子就是应试教育。逆向效应的核心问题之一是，它在测试中奖励了错误的东西。这样，那些专注于细节、重现细节（一种浅表层学习方法）的人喜欢这个策略并通常表现得很好，而那些采用更具学术性或更有深度方法的人，原本应该比浅表学习者要好，但后来变得沮丧，表现越来越差。

评估这种差异可能非常困难。这方面有一个有趣的例子，一项研究针对数学设置了一个平行测试，让学生回答定量和定性的问题。学生之间的区别实际上是新手和专家之间的区别，新手的特点是正确地解决问题，但以一种非常程序化的方式解决问题，而专家则以一种基于基本原理的原创方式解决同样的问题。令人惊讶的是，同一名学生既是新手又是专家，变量则是测试项目类型。重要的是以越来越复杂的方式思考一个主题，而不是获得一定数量的正确答案。

任何在中小学或大学工作的教师都知道，教师们面临着几乎不可抵抗的压力，要使用量化评分方案，因为分数很容易汇总和平均，这使得学生之间的区别非常容易。这就是麦克纳马拉谬误的作用，我们衡量那些容易衡量的东西，而忽视那些不能衡量的东西。这种目前占主导地位的评估模式（文章写于1995年，但此后无疑变得更加普遍）出自政治和功利的行政目的，而不是教育目的。

由此产生了三个问题或比格斯所说的**维度**。第一，测试的功能是什么："它是像泰勒的测量模型那样，根据某些假设的特征对个体进行排名，还是参照一个公共标准判断个人的表现？"第二，评估对象的本质是什么？是表现还是理解的发展？第三，测试项所处的情境是什么？它是真实的还是抽象的、去情境化的？

在这里，比格斯发表了一个重要的声明：

我们需要区分的是考查学生对于一个概念所发展的理解，尤其是（但不是本质上的）对陈述性知识的理解，以及学生将知识运用到与学习目标相关的具有生态有效性的任务中的能力，这两者之间的差别。

当然，说起来容易做起来难。所有主要利益相关者似乎都更喜欢数字所带来的虚幻的确定性而不是实际情况的模糊性。毕竟，这两件事可以同时发生：一个学生在同一个领域里同时获得A级和D级的评分。所以，为了更有效地评估学生学到了什么，我们可能需要放弃用数字来表示学习的想法，信噪比通常很低。我们应该接受评估实际上只是一个关于学习的模糊的指标，而不是对于学习的准确的测量。

要　点

- 用数字表示的结果可能会给人一种进步的假象。
- 课程应该决定考试，而不是考试决定课程。
- 真实性或在**真实世界进行**任务评估需要每一代人“重新发明车轮”。我们不能仅仅通过实践来理解知识。
- 应试教育不利于长期学习。

■建构性的一致意味着将期望的结果、教授的内容和评估的内容联系起来。

参考文献

[1]Biggs J B, Collis K F. Evaluating The Quality of Learning: The SOLO Taxonomy[M]. New York: Academic Press, 1982.

[2]Brown J S, Collins A, Duguid P. Situated Cognition and The Culture of Learning[J]. Educational Researcher, 1989, 18(1): 32–41.

[3]Lohman D F. Teaching and Testing to Develop Fluid Abilities[J]. Educational Researcher, 1993, 22(7): 12–23.

[4]O'Mahony S. Medicine and The Mcnamara Fallacy[J]. he Journal of The Royal College of Physicians of Edinburgh, 2017, 47(3): 281–287.

[5]Wilson R J, Kirby J R. Introduction: Special Issue on Cognition and Assessment[J]. 1944, 40: 105–108.

[6]Wong C S. Using a Cognitive Approach to Assess Achievement in Secondaryschool Mathematics[D]. Hong Kong: University of Hong Kong, 1944.

第28章　不要问不需要理解就能回答的问题

考试设计

文章｜《如何构建成就测验来评估理解能力》(How to construct achievement tests to assess comprehension)①

引文｜“考试是否能够测量理解程度，取决于试题用语与教学用语之间的关系。”②

为什么你应该阅读这篇文章

教学完成之后，你怎么知道你的学生学到了什么？这比理查德·安德森（Richard C. Anderson）在本章中所阐述的要困难得多。通常，我们可能会要求学生回忆我们教给他们的一些单词、术语或概念，但能够回忆起来并不意味着他们理解。这有点像你被告知去一个特定目的地的路线，看起来比较简单，比如“直走，800米后左转，然后下一个路口右转，下一个路口左转，最后一个路口右转”。你可能会说“明白了”，但在遵循这些指示之后，你发现自己迷失了方向。这是为什么？在某些情况下，轻微的变化，比如左转后有两条路可走，或某些转弯不明显，意味着对指路人来说清楚明显的事物，在被指路人的头脑中是完全不同的。换句话说，一个人知道路，而另一个人不知道。教学的一个基本问题是：我们如何知道他们是否知道了？

理查德·安德森提出，如果学生在考试中所考的问题与原始教学内容非常相似，那么就不能很好地衡量他们是否学到了东西。简单地说，如果教师说“5乘3是15，那么5乘3等于多少？”，全班同学鹦鹉学舌地回答“15”，这或许会产生学习的错觉，但实际上很少有学习发生。现在这种方法作为一种行为管理工具可能是有用的，也可以作为一组问题，引出一个更大的问题或任务，在这个问题或任务中，学生需要将新知识与他们已知

---

① Anderson R C. How To Construct Achievement Tests To Access Comprehension[J]. Review of Educational Research, 1972, 42(2): 145–170. Doi.org/10.3102/00346543042002145.

② Ibid, 167.

的知识结合，自己得出答案。但就其本身而言，这种方法是相对肤浅的。正如安德森所指出的，测试学生真正学到了什么是一件非常困难的事情，通常需要一种隐秘的方法。

文　章

安德森一开始试图用明确的术语来定义理解的含义，且他只针对理解印刷出来的文章或其他印刷品做了这个定义。首先，我们感知写下的内容，参与一个被称为正字法编码的过程，即写作规则，如拼写、标点或语法。下一阶段的处理可能涉及写下的内容是如何发音的，他称之为语音编码，即书面文字被隐性地（在脑海中）或显性地（大声地说出来）转化为言语。最后是语义编码，一个人可能会根据他所看到或听到的单词，在脑海中想到有意义的表达。

最后一个特点很重要，这也是教育心理学中最重要的发现之一。事实上，安德森借鉴了记忆研究的悠久传统，声称如果要真正记住某件事（编码为长期记忆），那么最重要的是材料的基本含义（语义编码）。当我们记住某件事时，我们不会逐字逐句地记住它，我们是存储意义而不是一串符号或语音。简而言之，我们记住的不是字母和单词，而是这些字母和单词的潜在含义。

尽管如此，成熟的读者（那些破解了字母代码的人，参见本书第20章）并不总是能理解他们阅读的内容。例如，一个没有足球知识的人在阅读下面的句子时，可能会认出每一个单词，甚至理解每一个单词，但不理解在上下文情境中组合在一起使用的单词：

前锋被最后一名后卫抓到越位。

为了理解这一点，读者需要了解足球中的越位规则以及在讨论这一规则时使用的特殊短语。相比之下，孩子们可以死记硬背地学习一些东西，但对他们可能“学到的”一无所知。例如，一个3岁的孩子可以识别出“世界”这样的单词（例如“世界上最优秀的女孩”），但他对世界的实际理解可能很肤浅。所以，这里的关键点是，**理解**是一件很难理解的事情，因此也是一件很难评估的事情。正如安德森所说："我们还没有一个完整的、一致的模型来说明一个人在理解一段东西时脑子里有什么。"

虽然有证据表明，我们可以通过图像记住很多东西，但这主要适用于相对简单的配对联想，如数字或简单的单词。记忆抽象的名词，如"正义"或"真理"，以视觉形式记忆的话，就要困难得多，而且这还没有涉及复杂的概念和思想。此外，这些更复杂的术语和思想没有约定俗成的形式，对不同的人来说也会截然不同。例如，数字72对每个人来说都是一样的，所以相对容易测试，而"智力"这个词就很难定义，经常会引发激烈的争论（这还只是在教育领域）。因此，试图用这种方法来评估我们学到了什么是徒劳的。

为了评估理解力，安德森借鉴了布卢姆在20世纪50年代的著作，以及他对知识、理解力和应用的区分，其中记忆单词与能够以**抽象化**的方式在新的情境下应用这些知识是完全不同的，因为新情境与所学知识的原始情境不同。换句话说，某人也许能够记住关于某一历史事件的演讲，并且看起来对其非常了解，但当被问及该主题的一个具体方面时，他就完全迷失了（例如一个政治家被问及任何事情）。许多历史教师都熟悉这样的学生：他用日期、事实和图像对第二次世界大战做了非常令人印象深刻的展示，但最后被问到关于战争的可能原因时，他却难以置信地盯着教师。

因此，另一种思考方式是：学生是否必须经过认真思考或苦思冥想才能回答他们被问到的问题？他们是否只是在重复一些东西，对他们所学的内容进行稍微的重新组合？如果是这样，他们可能是在回答一些不需要理解的问题。

什么样的问题不需要理解？

逐字逐句问题：逐字重复所问的内容。

转化的逐字逐句问题：意思可以以稍微不同的形式重新排列，看起来像是对知识的应用，但同样可能不是理解的证据。能够处理转化后的语句是理解的必要条件，但不是充分条件。例如：

假设出现了一个无意义的句子：

雪橇撞上了马。

一个有语言能力的人可以回答谁撞了这匹马，也可以回答这匹马是被谁所撞的，但他不会理解这个信息。

布卢姆模型更广为人知的叫法是“布卢姆教育目标分类法”，但是安德森在当时就指出了分类重叠的问题，他还发现这种分类法并没有指向可操作性的定义。随后，安德森呼吁建立一种新的评估形式，其中包含一个由明确的定义和规则组成的系统，并从教学陈述中推导出测试项目，从而使个体只有在理解陈述的情况下，才能正确回答这些题目。换句话说，我们不应该问学生那些不需要理解就能回答的问题。

什么样的问题需要理解？

释义问题：不让学生鹦鹉学舌一般复述他们所学的东西，而是让他们理解一个在形式上与原文有质的不同的问题可能是一个更好的指标。释义问题首先不包括共同的实质性词汇（名词、动词、修饰语），其次，它与原文意义相同。

转化的释义问题：对释义问题进行进一步的安排或转化。

换句话说，如果你想测试一个学生是否理解光合作用，试着用

> 一种与原文形式截然不同但意思相同的方式来问他们。
>
> 基于此，安德森提出以下建议：
>
> “至少有两种方法来评估对概念的理解。第一种涉及概念定义的释义。给出概念名称，学生选择释义定义；或者给出释义定义，学生选择或提供概念名称。”

因此，安德森建议，如果我们想测试学生对知识的理解，我们应该提出两种类型的问题。使用不同的表达方式对原理本身进行释义，或者在给出概念并参考原理的前提下，要求学生给出该原理的新示例。但是，如果有一个概念不是那么简单，或者围绕某个特定的话题有重大的争论，怎么办呢？安德森提供了以下建议：可以对题目进行限定（例如“在间歇性强化原则适用的假设下回答这个问题”）。

另一种方法是用一般术语代替特定术语，然后要求学生归纳，也就是说，用一般方式总结出教学中以特定方式陈述的内容。以下面的内容为例，学生需要总结出以下内容的主要观点：

知更鸟可以在屋顶下筑巢。冠蓝鸦喜欢在树上筑巢。鸭子在高高的草丛中筑巢。啄木鸟在木栅栏内筑巢。

这里需要学生总结出来的主要观点是鸟类在不同的地方筑巢。这段内容中的原理已被替换为具体的例子，需要通过抽象化来得到原理或主要观点。

当然，任何教师评估学生学习进度时面临的核心问题是“我教给他们那么多知识，应该测试些什么？”。这里存在一个真正的危机，即在教学前思考这个问题可能会导致形成一种狭隘的教学，一种琐碎的应试教学。这是评估的一个严重的意外后果，我们最终的目标是让学生获得能让他们成为自信、自主思考者的知识，评估的手段反而可能会破坏这个最终的目标。这是“古德哈特定律”（Goodhart’s Law）的一个很好的例子。安德森解释了这一定律在实践中是如何运作的：

（学生）在测试项目上表现不佳，所以作者或程序员在教学中加入了给出问题答案的语句；或者在教学过程中提出了这个问题，在这种情况下，学生不可能不回答正确。学生在违规出现的测试项目上的成绩表现必然会提高，但是，我们必须问一个问题：学生学到了什么？很可能学生只学会了重复或识别一串单词。

古德哈特定律与应试教学

古德哈特定律是以经济学家查尔斯·古德哈特（Charles Goodhart）的名字命名的一条原则，他在1975年的一篇关于货币政策的文章中写道："一旦出于控制目的施加压力，任何观察到的统计规律都将趋于崩溃。"英国剑桥大学人类学家玛丽莲·斯特拉瑟恩（Marilyn Strathern）将这句话精辟地概括为：当一项政策成为目标时，它就不再是一项好的政策。

换句话说，如果一个学校设定了一个目标，如让一个班级中70%的学生获得C级或以上的成绩，那么重点就变成了获得成绩，而不是获得该特定领域所需的知识。这可能会给教育带来灾难性的后果，比如在亚特兰大公立学校的作弊丑闻中，教师和管理人员给学生正确答案，改掉错误答案，隐藏和篡改文件，提供金钱奖励以鼓励作弊，并惩罚拒绝作弊的员工。

缓解这种情况的一种方法是在知识领域创建测试题目的**题库**。然后，以该题库中的一组随机问题作为评估手段，在这种情况下，为考试而教的应试教育在很大程度上会变成一项无用的工作。

本章小结

本文的中心思想是，为了准确地测试理解能力，我们需要提出能够显示真正理解能力的问题，而不仅仅是对日期、术语或定义等相对肤浅的知识点的记忆。当然，所有这些知识点都是理解的重要组成部分，但必须将它们进行同化和综合，获得更广泛的理解，以便后续应用。如果一个考试或问题有一些与原始教学内容非常相似的特殊的术语，那么这个问题所测试的很可能是记忆而不是理解。

教师和管理者很容易忘记，测试的全部意义在于提高学生的学习能力，正如安德森指出的，在教学期间或教学结束后不久回答测试问题对学习和记忆有显著影响。事实上，有大量证据表明，在一章或一节结束时对学生提出理解性问题，对提高学生的长期记忆和学习效果有很大的促进作用，这是现在所谓的提取练习的一种表现形式。因此，在教学过程中而不是在教学结束时，针对教学内容进行定期提问可以产生深远的影响。所有这些都对教学和学习产生了重要的启示。毕竟，如果我们没有一个可靠的方法来了解学生知道或不知道什么，那么我们何以立足？

要　点

- 教学应该指向理解，而不是**测试**理解。
- 回忆不等于理解。
- 如果考试题目使用的表达方式和教学内容相同，那么你可能不是在测试理解能力。
- 评估一个概念的**主要观点**的考试比仅仅要求概念的定义要好。
- 对所教概念或观点进行转述的问题，比单纯的死记硬背更适合评估学习情况。
- 不要陷入古德哈特定律中，不要把考试作为教学目标，而要把它作为衡量理解的手段。

参考文献

[1]Anderson R C. In Proceedings of the 1968 Invitational Conference on Testing Problems[R].[S.l.]Educational Testing Service, 1969.

[2]Barrett T, Otto W. Elementary Pupils' Ability to Conceptualize the Main Idea in Reading. Chicago: The Annual Convention of The American Educational Research Association, 1968.

[3]Bloom B S, Hastings J T, Madaus T. Taxonomy of Educational Objectives[M]. New York: David Mckay Company, 1956.

[4]Bormuth J R. On The Theory of Achievement Test Items[M]. Chicago: University of Chicago Press, 1970.

[5]Goodhart C. Problems of Monetary Management: The U.K. Experience[J]. In Papers in Monetary Economics, 1975, 1.

[6]Hively W. Domain–Referenced Achievement Testing: Theory and Practice. Unpublished Manuscript, 1970.

[7]Hively W, Patterson H L, Page S H. Generalizability of Performance By Job Corp Trainees on A Universe–Defined System of Achievement Tests in Elementary Mathematical Calculation[R].Minneapolis, Minnesota: Minnesota National Laboratory, 1968.

[8]Paivio A, Yuille J C. Mediation Instructions and Wo Rd Att Ributes in Paired–Associate Learning[J]. Psychonomic Science, 1967, 8: 65–66.

[9]Strathern M. Improving Ratings': Audit in the British University System[J]. European Review, 1997, 5(3): 305–321.

第29章　为什么应试教育在美国如此糟糕

分数膨胀

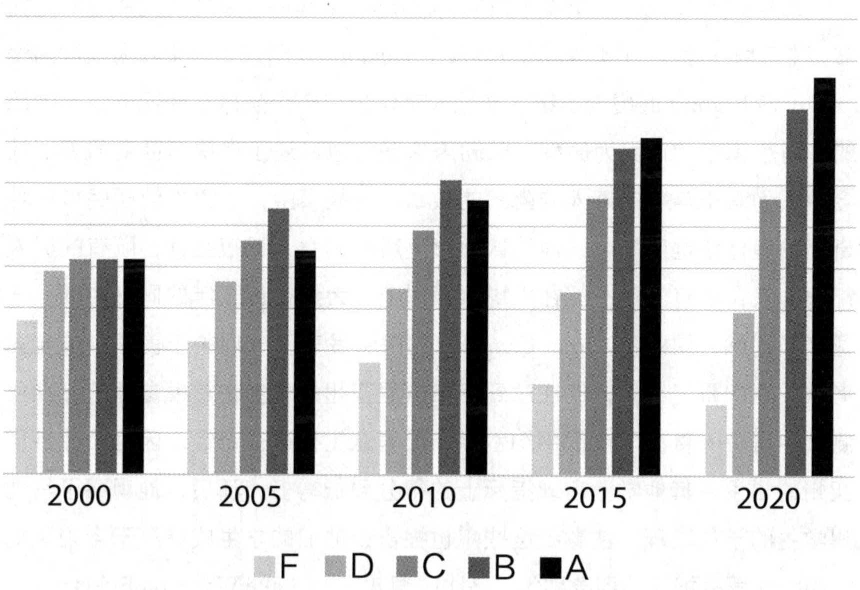

文章 《一致性、高风险测试和考试分数的膨胀》(Alignment, high stakes, and the inflation of test scores)①

引文 “如果教育系统能够衡量什么是有价值的，并且根据教育者或学生在产生这些价值方面的成功程度来实施奖惩，那么教师和学生就会有动力去创造更多有价值的东西。”②

为什么你应该阅读这篇文章

20世纪80年代，加里森 · 凯勒(Garrison Keillor)为他广受赞誉的广播节目《草原一家亲》(*A Prairie Home Companion*)创造了一个名为乌比冈湖(Lake Wobegon)的虚构小镇。当地人物角色以一个坐落在明尼苏达州中部的乡村小镇中的市民为原型，凯勒用这些角色讲述了在快速巨变的美国社会中人们艰难斗争的感人的幽默的故事。在故事中，小镇中的居民被一种奇怪的集体错觉所影响，他们认为镇上所有的女人都很强壮，所有的男人都很帅气，所有的孩子都在平均水平以上。大约在1987年的同一时间，一位名叫约翰 · 坎内尔(John Cannell)的医生发表了一项关于美国小学全国考试成绩的研究结果，他注意到西弗吉尼亚州的学生在常模参照的标准化测试中得分一直高于全国平均水平。加里森觉得这很奇怪，因为西弗吉尼亚州的学生在其他学业表现指标上的得分要低得多。随后，他观察了其他州学生的学业表现，注意到这些州也报告说他们的学生成绩高于全国平均水平。加里森把这种现象称为“乌比冈湖效应”(Lake Wobegon Effect)。

乌比冈湖效应产生了严重的影响，最令人震惊的结论是，全美有一半的学校校长在他们学校的学术成就上撒谎。这进一步表明，如果测试结果较差，另一半人也可能会撒谎。这一现象是坎贝尔定律(Campbell’s law)

---

① Koretz D M. Alignment, High Stakes, andthe Inflation of Test Scores[G]// J Herman, E Haertel. Uses and Misuses of Data In Accountability Testing. Yearbook of The National Society for The Study of Education.UK, Blackwell Publishing, 2005, Vol.104, Part 2: 99–118.

② Ibid., p.17.

的一个令人震惊的例子，坎贝尔定律指出：任何量化的社会指标越是用于社会决策，它就越容易受到腐败的影响，也就越容易扭曲和破坏它想要监控的社会过程。换言之，教育系统的不正当激励导致教师实施应试教学，进而导致考试分数膨胀。

在这篇文献中，丹尼尔·科瑞兹（Daniel Koretz）探讨了高风险测试如何导致一些相当邪恶的做法，即将学习置于分数之后，更糟糕的是，整个教育行业以分数膨胀的形式创造了一种不准确的成就图景，科瑞兹巧妙地将其描述为分数的提高大幅夸大了它所意味着的学习的进步。科瑞兹重点研究了应试教学的三个具体方面，他称之为学习内容的重新分配、考试与标准的一致性和应试辅导。

文　章

科瑞兹将不恰当的考试准备定义为应试教学，这个问题包含了两个方面。一方面，它导致了考试分数的膨胀；另一方面，它带来了所谓的不理想的教学法，即课程只关注可能出现在考试中的内容，而忽略了不大可能出现在考试中的内容。前者也被称为有意学习（intentional learning），后者被称为附带学习（incidental learning）。当然，两者之间有着密不可分的联系：如果一位教师教的不是某个领域的知识，而是考试内容，那么学生这门课的成绩就很可能会膨胀。在不恰当的考试制度下，政策制定者和学校领导就有可能创造出一套不合理的激励机制，这虽然可能会带来短期的收益，但最终会导致长期的问题。

眼镜蛇效应

在英国殖民统治时期，大英帝国的总督们非常关注印度德里的毒眼镜蛇数量，并决定给每个向当局上交眼镜蛇尸体的人发放赏金。一开始，被宰杀的眼镜蛇的数量创下了纪录，这一方案似乎非常奏效，但当地一些有野心的人意识到，他们可以通过饲养眼镜蛇而不是猎杀野生眼镜蛇来赚取更多的钱。于是，城市周围出现了几个眼镜蛇养殖场。在当局注意到这一现象时，他们取消了赏金计划，结果，饲养眼镜蛇的农民把所有的眼镜蛇都放回了野外。因此，在这次政府干预结束时，城市里眼镜蛇的数量比以前更多了。

霍斯特·西伯特（Horst Siebert）的这则逸事是提出眼镜蛇效应的基础，在眼镜蛇效应中，不正当的激励可能导致意想不到的后果。这个故事可能是杜撰的，但它非常好地说明了关于激励措施的一个关键点，或者说错误激励的后果，这也是哈佛大学教授丹尼尔·科瑞兹在这篇文章中提出的关键观点。正如我们在本章其他地方看到的那样，以标准化考试的形式进行的评估具有一种确定性的表象，毕竟有什么比数字更确定呢？但是这些确定性往往会掩盖一些严重的缺陷。

考试本质上是对学生的学业表现进行抽样调查，以判断学生对一个宽广领域内的知识掌握的熟练程度。然而，我们应该明确区分学业表现和学习本身。有些领域是如此广阔，以至于如果我们要对这些领域的所有知识进行评估，学生恐怕要连续做12个小时的测试。所以我们整理出一个小样本，然后归纳出学生的相对熟练度。这种推论的相对质量就是效度的含义。科瑞兹举了一个简单的例子来说明这些问题。假设你想要测试一组申请入职新期刊的研究生，并且你认为词汇量是区分他们能力的好方法。于是你选择用40个单词来做这项测试，并创建了A、B、C三个词汇列表，如图29.1所示。列表A中的单词是高度专业化的，因此很少有学生了解，这意味着你能得到的正确答案很少，因此这是一个衡量他们相对词汇量的糟糕方法。列表B由非常简单的单词组成，所以反过来说，你会遇到相同的问题，即这一次他们会认识列表中所有的单词，所以你同样没有办法区分他们的相对优势。列表C中的这组单词既不会太难又不会太容易，所以列表C是最好的选择，因为它能让你更准确地判断他们的词汇量有多大。

A	B	C
有短角的	洗澡	无效的
诋毁	旅游	贬低
肌外膜	地毯	抨击

图29.1　科瑞兹测试词汇量的例子

现在让我们假设在去考试的路上，有人告诉了学生所有会在考试中出现的单词。这也会破坏考试的效度，因为你会有一群有着满分或接近满分的考生，无法区分他们的能力水平。这正是应试教学的一种表现形式，这种形式似乎可以提高学生的学业表现，但如果我们假设这些满分考生其实大约只掌握40个单词中的20个，剩下的20个是靠作弊答对的，这样一来他们可能在某次测试中得分很高，但实际上，这种应试教学的方式只能使学生的词汇量得到微乎其微的提升。因此，声称这些学生的词汇量有了显著提高是非常有误导性的，测试的结果不能代表接受测试的学生的实际的词汇量水平。换句话说，这个测试会让人对应试者的相对能力产生极大的错误印象。

上面是关于分数膨胀问题的例子，紧接着，科瑞兹给出了现实生活中的例子。1986年，美国某个学区使用多项选择题进行成绩测试。在1986年之前的几年里，学生们在这项考试中的分数获得大幅度提高，但是在1987年，该学区改用另一个供应商提供的竞争性测试，结果学生们的测试平均成绩较以往下降半个学年。然而，在接下来的三年里，该测试的平均分上升到了1986年最初测试的水平。这是锯齿效应的一个例子，当在图表上观察时，数据呈现出类似于锯齿的形状。

锯齿效应

“锯齿效应”是指在评估改革后，学生群组在高风险测试中的学业表现成绩下降，然后随着时间的推移，学生群组的学业表现成绩随着对测试熟悉程度的增加而提高，如图29.2所示。

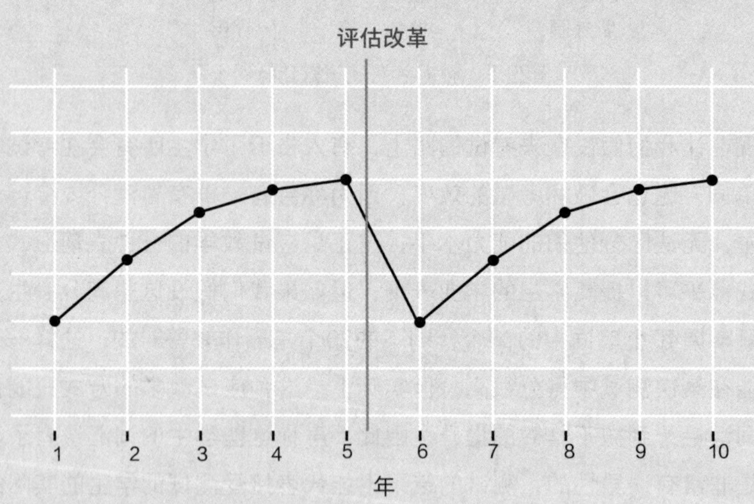

图29.2　锯齿效应示意图

考试准备的形式

然后，科瑞兹研究了在实践中发挥作用的影响因素。某些形式的考试准备可能会引起明确的、有意义的学业成绩的提高。例如，教师会更努力地工作，或者他们可能会找到更有效的教学方法。他们还可以通过在正常上课时间之外提供补习来教授更多的知识。这些方法的结果被认为是可取的。但在另一方面，教师或学生可能会作弊，即教师提前提供考试材料，在考试后更改错误答案或在考试中提供帮助。无论采用何种方法，我们都不能说这样所取得的成果有任何意义。

学习内容的重新分配

学习内容的重新分配指的是教学资源的改变，即教师更多地关注考试涉及的内容，而不是整个知识领域。重新分配被视为导致锯齿效应的最重要因素之一。正如科瑞兹所说，测试得到的分数不能代表所学的知识领域，重新分配正是通过这一点实现了考试分数的膨胀。假设有一门课是关于第二次世界大战的，那么学生需要掌握广泛的知识领域来理解第二次世界大战，比如这场战争的起因。但教师很可能根据经验认为，考试并不要求学生明确了解二战起因这一知识点，因此教师并不会像讲解其认为会出现在考试中的关于二战的知识点那样详尽地讲解二战起因。这个班的学生可能会在考试中表现得很好，但如果他们对第二次世界大战的起因了解得很浅，那么我们在什么意义上说他们了解二战了呢?

考试与标准的一致性

有些人认为，内容和标准本质上是用以测试他人的非常重要的东西。一致性是指考试和标准之间的相关性，教师会调整他们的教学以满足这些标准。这与比格斯所说的建构性一致（参见本书第7章）有所不同。任何测试，无论有多好的一致性，都无法产出超过标准中所提示的内容样本以外的学习结果。因此这里的一个关键问题是，即使考试与标准一致，教学与考试的一致也可能导致教学与标准的不完全一致。换句话说，如果学生在课程重点强调部分的表现有所提高，那么考试的分数就会膨胀，但这仅仅是分数的提高，而非对内容标准的实际掌握。

应试辅导

这里的辅导指的是聚焦于考试相关的狭窄的、实质性方面的指导。例如，在某些测试问题中，会有一种特定的措辞被用来问特定的问题。经过几年的学习，教师会对这类问题越来越熟悉，并会指导学生以特定的方式回答这些问题以获得更高的分数。最糟糕的例子是，教师在模拟考试或测试中设置了一个问题，然后真正的考试以几乎相同的方式来表述，只是内容略有变化。在这种情况下，两个考试中的问题是不同的，但又是完全相同的（参见表29.1）。

表29.1 辅导的案例

模拟考试题目如下： 每个乐队成员必须筹集资金的平均数量是乐队成员数量b的函数，定义函数$f(b)=12000/b$。 正式考试题目如下： 每个啦啦队队员必须支付的平均金额是啦啦队员人数n的函数，定义函数$f(n)=420/n$。

我们都希望学生不仅了解某些领域的知识，还希望他们能够将这些知识应用到新的情境中，建立新的联系，并以新的方式理解世界。然而，如果我们只关注考试成绩，我们可能会传递出这样的信息：学生之所以学习这些知识，只是为了取得一个好成绩。每个教师都可以证明，当教师在和学生讨论他们所热衷的学科的某些知识时，听到的最令人沮丧的话就是“但是这个考试会考吗？”。这也不是学生的错，因为正如贝克（Baker）提醒我们的那样，高风险的测试会引导教师、学校工作人员、家长和学生只关注一件事：用任何必要的手段提高考试成绩。

本章小结

对于教育工作者来说，认真考虑考试究竟在测量什么是很重要的。正如科瑞兹所指出的，考试成绩并不能提供教育成就的直接和完整的测量标准。相反，考试是不完全测量，是我们理想情况下使用的更全面措施的替代品，但我们几乎无法获得理想情况下的全面措施。如果我们想要测试一群学生在特定领域的熟练程度，比如英语文学，我们需要重新审视我们所认为的那种熟练程度的基准。以莎士比亚的作品为例，选择哪一部戏剧？这出戏的哪一部分？我们关注的是语言、结构还是主题？现在，考试委员会、学校或教师可能认为所有这些东西都很重要，但下一个问题是我们如何测量这些内容。如果学校和教师过度关注达到一定的考试分数标准，那么就有可能导致眼镜蛇效应，可能会产生分数的大幅度膨胀和各种不良的教学变化，如过度关注重复的考试，不恰当地缩小教学范围，以及对应试技巧的依赖。

当然，我们需要有一种方法来区分学生的学业表现以达到一系列的目的，但是，如果学校教学是应试教育，培训的是学生的考试技巧而不是对更广阔的知识领域的理解，也不是如何与其他知识领域建立联系，那么我们在多大程度上能说为他们的大学生活和未来人生做好准备了呢？

这篇文章和科瑞兹所有研究的核心观点是，我们应该密切关注分数增加的有效性。几乎每年我们都会看到关于期末考试成绩比以往任何时候都高，或种族之间的成绩差距缩小的新闻报道，但这到底意味着什么呢？这是否可信呢？科瑞兹并不认为这些是有效的，他认为我们所谓的学术进步通常只是一种分数膨胀的表现，制造了一种整体进步的错觉，也可能在其他方面产生误导。例如，分数膨胀在量上的变化可能错误地表明某些项目或学校比其他项目或学校更有效。

在整个学校、地区或政策层面，需要重新评估究竟哪些东西是重要的。如果教师把大部分时间都花在准备考试、批改考卷、辅导考试上，那就大错特错了。如果教育系统因为学生做了错误的事情（比如知道如何通过考试）而奖励他们，因为他们对一个领域了解得很多但不太可能通过测试得知的事情而惩罚他们，那么我们应该重新审视一下我们所制定的激励措施。换句话说，如果学生是用技巧来通过考试，而不是用他们自己的知识和理解，那么这就代表了一种低水平的教学形式，在这种教学中，学科的重要性排在考试分数之后。

要 点

- 高风险测试会产生不正当的激励，从而削弱真正想要测试的东西。
- 引导学生掌握领域知识，而不是考试的技巧。
- 不要仅仅因为某些知识在考试中可能会出现，就把注意力集中在课程中狭窄的部分。

■与真实考试几乎相同的模拟考试并不是真正的测试。

■重新设计考试，增加足够的有差别的测试项目，以减小应试辅导和大规模评价所带来的危险。

参考文献

[1]Baker E L. Understanding Educational Quality: Where Validity Meets Technology. William H. Angoff Memorial Lecture Series.[C]// Educational Testing Service Annual Meeting.2000.

[2]Bjork E, Bjork R. Making Things Hard on Yourself, But in a Good Way: Creating Desirable Difficulties to Enhance Learning[M]// Psychology and The Real World: Essays Illustrating Fundamental Contributions to Society. New York: Worth Publishers, 2011: 56–64.

[3]Campbell D T. Assessing The Impact of Planned Social Change[J]. Evaluation and Program Planning, 1979, 2: 67–90.

[4]Cannell J J. Nationally Normed Elementary Achievement Testing in America's Public Schools: How All Fifty States are Above the National Average[J].Educational Measurement Issues & Practice, 2010, 7(2):5-9. DOI:10.1111/j.1745-3992.1988.tb00424.x.

[5]Cuff B M P. An Investigation Into The 'Sawtooth Effect' In Gcse and as/a Level Assessments[R].London: Office of Qualifications and Exams Regulation, 2016.

[6]Koretz D M. Alignment, High Stakes, and the Inflation of Test Scores[G]// J Herman, E Haertel. Uses and Misuses of Data in Accountability Testing. Yearbook of The National Society for The Study of Education.UK, Blackwell Publishing, 2005, Vol.104, Part 2: 99–118.

[7]Koretz D M. A Measured Approach: Value–Added Models are a Promising Improvement, But No one Measure Can Evaluate Teacher

Performance[J]. American Educator, 2008, 3(2): 18–39.

[8]Koretz D M. How Do American Students Measure Up? Making Sense of International Comparisons[J]. Future of Children, 2009, 19(1): 37–51.

第30章 “骗人”的教师教育

教师在学校没有学到的东西

报告 《了解学习：每位新教师都需要知道的》(Learning about learning: what every new teacher needs to know)[①]

引文 “知识的迁移——从研究人员到出版商，从教师教育者到有抱负的教师——没有发生，而传授知识的需求却从未如此迫切。”[②]

为什么你应该阅读这篇报告

如果你愿意，想象一下这样一个世界，医生在学校里学习多年，由学者和其他医生授课教学，学习他们的手艺。在学校的那些年里，他们学习并接受按手礼、顺势疗法、半宝石隐藏的药用价值和占星术治疗方面的训练。然而，在他们学习的过程中，他们没有接受任何关于解剖学、生理学、病理学、外科、抗生素和抗病毒药物的信息或培训。毕业后，他们会获得文凭，并可以在医院开始自己的实践工作，照顾病人，诊断疾病，开处方，甚至做手术。听起来很牵强，甚至很可笑，不是吗？是的，幸运的是，在大多数国家，情况并非如此。

但是，如果我们告诉你，研究表明，许多教师在完成他们的教育和培训课程时，会了解学习金字塔、学习风格、多元智能、21世纪技能和数字原住民（所有这些我们都在《学习是如何发生的》的最后一章中讨论过）。然而，在他们的学习过程中，没有接受任何关于人类认知结构、认知心理学、间隔练习、提取练习、交错练习、精细加工或其他循证学习或教学策略的信息或训练。听起来很牵强，甚至很可笑，不是吗？是的，不幸的是，这是许多国家的实际情况。

劳拉·波默伦斯（Laura Pomerance）等人为美国国家教师质量委员会（NCTQ）开展了一项名为“了解学习：每位新教师都需要知道的”的研究。

---

① Pomerance L, Greenberg J, Walsh K. Learning About Learning: What Every New Teacher Needs To Know[R]. [S.l]National Council on Teacher Quality, 2016.

② Ibid., P.V.

在研究报告中，他们展示了美国教师培训的糟糕现状，并特别强调了针对新教师开展关于循证教学和学习策略及其实践的教育的必要性。

报　告

2016年1月，美国国家教师质量委员会（NCTQ）发布了《了解学习：每位新教师都需要知道的》报告，这是一份非常重要的文件，对教学专业和教师培训都非常重要。为了显示这项研究的质量和重要性，它以7位世界上最著名的教育认知心理学家的一封著名的支持信作为开篇，包括理查德·梅耶（Richard Mayer）（多媒体学习认知理论，《学习是如何发生的》第5章）、约翰·邓洛斯基（John Dunlosky）（用有效的学习技能提高学生的学习，《学习是如何发生的》第21章）、凯瑟琳·罗森（Katherine Rawson）（同上）、丹尼尔·罗宾森（Daniel Robinson）（影响力院长联盟的创始人之一）和哈尔·帕什勒（Hal Passhler）（组织教学和学习以提高学生学习成绩），他们中的大多数人都在《学习是如何发生的》中出现过。

波默伦斯、格林伯格（Greenberg）和沃尔什（Walsh）分析了美国219个教学准备项目的代表性小组所使用的48本教科书（数千页）。他们寻找每一位新教师都应该知道并能够应用的基于证据的策略（或者更好的是，如果你问我们的话，有证据支持的策略）的信息和解释。进行这项研究的原因是，在他们看来，教未来的教师如何学习，以及如何创建学生能够学习和记住的课程是非常必要的。

什么是基于证据的策略

利用美国教育部研究机构教育科学研究所的报告《组织教学和学习以提高学生学习成绩：实践指南》，研究人员确定了一系列经过验证的提高学生学习成绩的一般方法，无论学生的年龄、年级或课程内容如何。更好的是，这些策略对于学习困难的学生也非常有效。六种学习策略脱颖而出，因为它们得到了大量高质量研究的支持。

六种策略中有两种侧重于**获取信息**：（1）将图形与文字配对；（2）将抽

象概念与具体表现联系起来。另外两个策略保证学习者**联结信息**来加深他们的理解（或已有的知识）：（1）提出关于如何、为什么、如果以及如何知道的探索性问题（或认知问题）；（2）提供解决方案的问题和学生必须解决的问题交替呈现。最后是两种帮助学生**记住信息**的策略：（1）分布式练习，这意味着学习者应该在初次学习后分时段多次练习，而不是连续练习几个小时；（2）对已经学过的内容和应该学的内容进行形成性和总结性评估。

研究人员研究的前提是教科书推动教学。他们认为，对样本中教师培训项目的课程材料的检查证明了教科书在传播知识和培训教师方面的重要性。教科书是课程的支柱，也是教学职业的关键资源。研究人员发现，尽管在219个涉及一般方法、教育心理学和特定学科方法的教师培训课程中，并非所有课程都使用教科书，但超过85%的课程需要教科书来支持教学。他们并没有止步于此，还检查了没有使用教科书的课程的讲座和讨论主题、作业和指定阅读材料（即课程大纲），发现这些课程通常涉及与有教科书的课程相同的主题。换句话说，虽然教科书上的内容并不完全是课程中所教的内容，而且有可能在研究人员研究的材料之外教授其他内容，但公允地说，如果教科书和教学大纲没有讨论某件事，那么它可能就不会被教授。研究人员的分析证实了一项常识：教科书捕捉到并强化了该领域的共识，即未来的教师需要了解教学策略。当然，这些教科书没有涵盖的内容绝不是无关紧要的。

这些策略在教科书中的出现频率高吗

根据作者的说法，寻找这六种策略就如同“大海捞针”，即使是专门针对一项基于研究的策略的句子也很少出现，他们得出的结论是，任何策略都不太可能给学生留下印象，更不用说记住了。即便把门槛定得非常低，比如只是简单地提到六种策略就算数，那么就是在48本教科书中要有288篇参考文献涉及这六种策略（六种策略 × 48本教科书）。但实际上，总共只有118条文献提及这些策略。

他们还发现，没有一本教科书具体地概述了所有六种策略，它们最多讨论了其中的两种。10%的教科书在讨论已被证明有效的学习策略时只用了一两句话（见图30.1关于六种策略的篇幅分布）。重要的是要意识到每本书都有100多页，这些书加起来总共有14000多页。

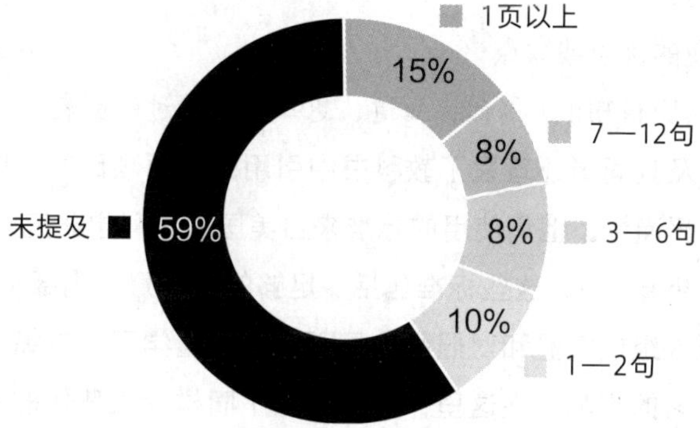

图30.1　六种基本教学策略的提及频率与描述长度

为了弄清楚学生是否会学习这些策略，他们查看了教科书“充分”涵盖（而不仅仅是提及）一种策略的频率。他们对“充分”的定义如下：

1. 介绍了理解该策略所必需的关键概念。例如，如果教科书谈到结合文本和图像，就必须使用诸如认知架构、双重编码、记忆存储等概念。

2. 传达的信息是一致的。例如，教科书不能在某一处说，立即按照指导进行练习最有成效，而在另一处说，练习应该间隔更长的时间。

3. 每一种策略都传达了普遍性。在提到六种策略中的任何一种时，文本必须明确指出，无论采用何种教学方法（即教师指导的教学或合作学习），该策略都可以应用。

结论是：没有一本教科书涵盖两种以上的策略，而几乎一半的教科书甚至没有涵盖任何一种策略！来看看什么被覆盖了而什么没有。其中两种策略，即反复交替解决和未解决的问题（交错提取）和评估以提高记忆力（提取练习），在任何教科书中都没有被提及。在共计14000多页的教材中，只有不到1%的内容与讨论这六种策略有关。但如果这六种策略都不包括，那教科书中呈现了什么呢？研究表明，一般来说，大多数教科书的内容集中在以下方面：

- 教师和学生应该如何组织自己
- 学生参与的重要性
- 合作学习的好处
- 家庭作业的优点或缺点
- 如何激活原有知识（例如，知道、想知道、学过的图表）

波默伦斯及其同事还查看了教科书中引用的数百项研究，以确定所引用研究的科学严谨性。他们使用的标准来自美国教育科学研究所（IES，美国教育部的研究部门）。这些标准包括：足够的样本量、内部和外部效度、使用随机选择或组成实验和对照组、是否实际测量学习或成绩，以及是否发现对实际学习的影响。在这里，我们看到了同样令人悲伤的结果。只有7%的样本引用符合这些标准（见图30.2）。

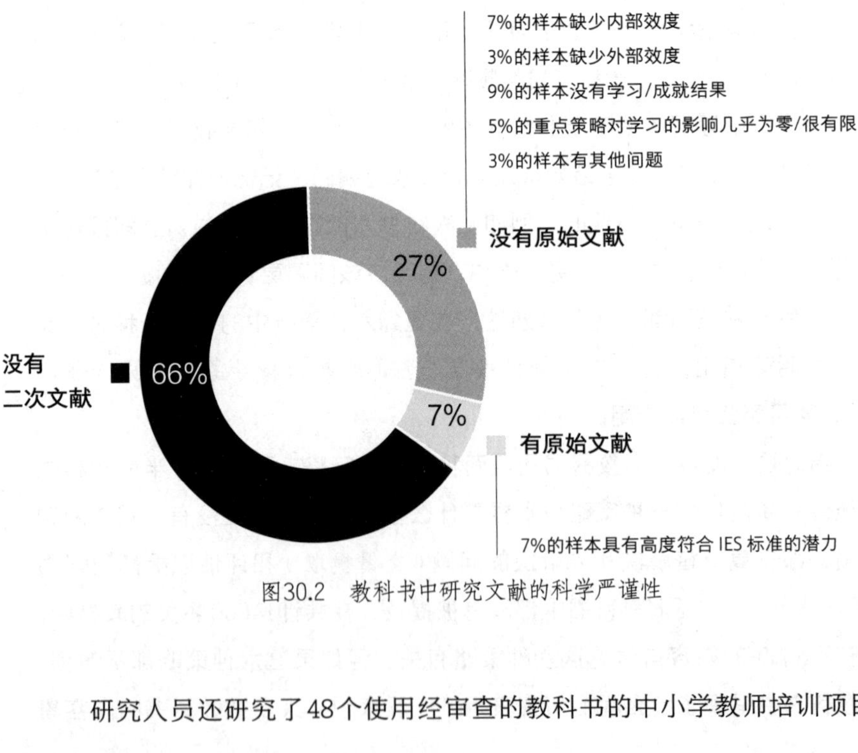

图30.2　教科书中研究文献的科学严谨性

研究人员还研究了48个使用经审查的教科书的中小学教师培训项目。

然而，在这些课程中，这六种策略在课堂上几乎不存在。即使它们被讨论过，也很少被实践，除了提出探索性问题（见图30.3），尽管这是教师使用的主要策略。

我们想用两个令人沮丧的结论来总结这一部分：

◇一般的教科书或教学大纲更有可能鼓励未来的教师根据学生的学习风格来调整教学（这是一个没有任何实证支持的神话），而不是通过解释能够阐释我们学习过程的信息处理模型来调整教学。

◇即使提到了六种策略中的一种或多种，它们也几乎从未包括有效课堂使用所需的细节（例如，分布式练习的间隔应该是几周或几个月，而不是一两天）。这意味着未来的教师可能听说过一种策略，但不知道如何在课堂上使用它。

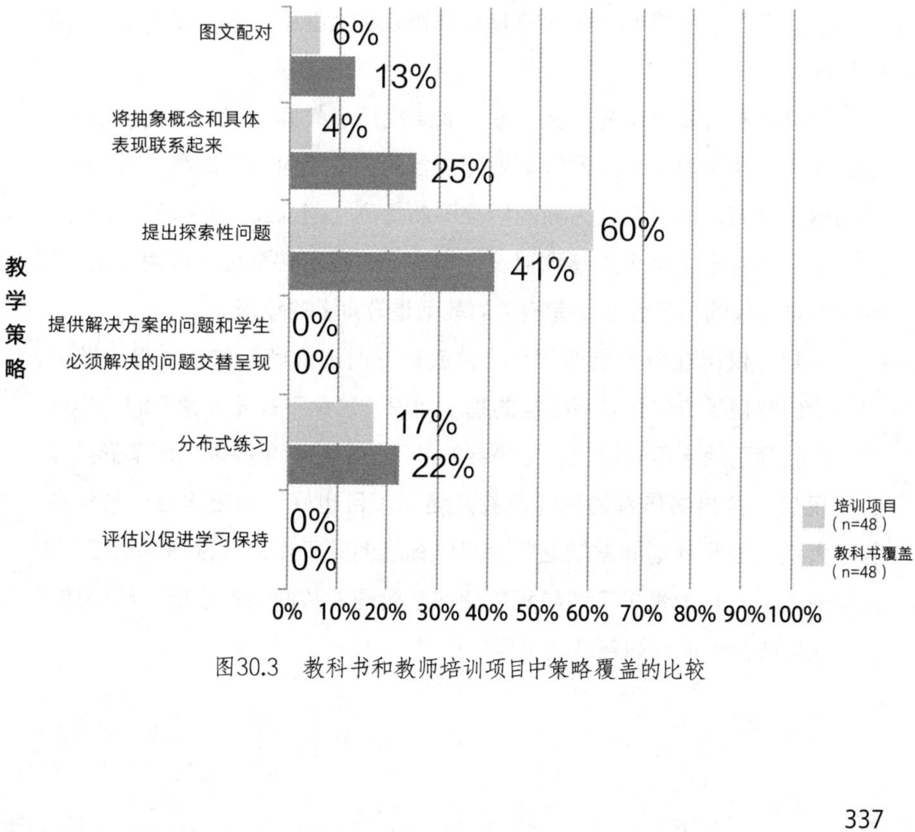

图30.3 教科书和教师培训项目中策略覆盖的比较

如何在教学中使用该研究成果

波默伦斯及其同事在报告的结尾对教科书的作者和出版商提出了一些建议。他们的第一个建议是，教科书应该是教师“如何做”的指南，向教师展示在课堂上有效实施基本教学策略所需了解的知识。第二个建议是，教科书至少应该将六种基本教学策略作为有效教学设计的认知基础。这些策略应该得到深入的呈现，并阐明其普遍适用性。

第三个建议是，他们建议出版商应该坚持或要求大多数（如果不是全部）参考文献是符合美国教育科学研究所标准的设计精良的研究原始文献。第四个建议是，如果教科书中要包括那些没有或有很少研究支持的教学主题，那么这些主题必须很清晰地同设计良好的研究区分开来。

本章小结

在用于教学和培训新教师的教科书和教学大纲中，很少提到基于证据的策略。

教科书是将教育研究人员的最佳成果应用于教师培训的关键和不可或缺的手段，也是为我们培训教师做好准备的重要手段。虽然我们对于教科书的科学性和知识丰富性方面的标准不断提高，但却没有对教科书内容进行更细致的检查，这令人感到沮丧。事实上，我们甚至可以认为，把软弱的甚至是垃圾的科学强加给有抱负的教师是教育上的渎职。

问题不仅出在教师培训项目上，教科书的出版商和作者也是失败的，因为他们忽视了良好教学所必需的基本知识，这绝不是无关紧要的。毕竟，下一代教师正处于不利地位，更糟糕的是，他们的学生将因此而备受煎熬。这不仅仅是教科书作者的责任，教师培训项目也好不到哪里去。教科书、教学大纲和教学计划非常缺乏符合科学标准的关于如何教授理解和记忆的认知研究。这与大量关于教学策略和课堂管理的传闻证据形成了鲜明的对比，这些传闻证据都被包装成可靠的科学。

应对挑战

我们没有提供一个有代表性的例子来说明报告的结论如何在课堂上发挥作用，而是以两个真实世界的例子来结束这一章，说明该领域如何开始应对这些挑战——我们认为这两个例子都提供了充满希望的理由。

第一个例子是“影响力院长联盟”（Deans for Impact），它的成立在很大程度上是对这类教师培训项目状况的报告的回应。因此，影响力院长联盟与美国各地的教师培训项目合作，以改善新教师为该职业做准备的方式。

他们工作的核心信念是理解循证方法（影响力院长联盟称为“学习科学”），并能够将这种理解应用于教学环境，这应该是任何有效的教师培训经验的基本组成部分。

为了巩固这一承诺，影响力院长联盟与知名认知科学家丹·威林厄姆（Dan Willingham）合作撰写了《学习的科学》（*The Science of Learning*），这是一篇奠基论文，列出了教师可以采用的高影响力、循证实践方法，并附有教师行动形式的具体说明（见表30.1）。

表30.1 认知原则及其课堂应用（建议的教师行动的方式）示例

学生如何理解新观点？	
认知原则	**对课堂的实际影响**
学生通过参考他们已经知道的观点来学习新观点	■ 一个有序的课程对于确保学生掌握新观点所需的原有知识是很重要的
	■ 教师使用类比是因为他们把一个新观点映射到学生已经知道的观点上。但是，只有当教师详细阐述类比，引导学生注意现有知识和即将学习的知识之间的关键相似性时，类比才有效

他们创建了学习经验和评估的记录方法，将其映射到基础原则和相关的教师行动上，这样就可以掌握实习教师对学习科学的知识和应用情况，并确定他们随着时间推移的成长情况。

我们对影响力院长联盟的模型抱有希望的原因是，它展示了如何将循证教学方法融入实习教师以系统的方式获得的有规划的和实践的经验之中。通过与教育学院以及通过这些学院考试的候选人的合作，影响力院长联盟了解了循证方法传统上在培训教师的经验中发挥的作用和方式。在他们的报告——《基于科学设计的学习》中，描述了与新教师的对话，“描述了在他们的教师培训开始的时候，通常只上了一门关于学习科学（通常被标记为‘教育心理学’）的课程，这与他们其余的课程和实践经验无关”。影响力院长联盟并没有将学习科学作为候选人经验的附加内容，而是设想了一种完全集成的方法，包括以下内容：

- 开发和管理学习科学的评估。
- 确定项目中的优势和增长领域。
- 建立教师学习科学的知识。
- 观察新教师，探索学习科学的知识如何影响教学实践。
- 检查课程结构和实地实习，以确定它们如何与学习科学的重点相一致。

诸如此类的努力解决了美国国家教师质量委员会报告中所概述的问题，将学习的应用科学置于新教师经验的核心，而不是与之无关。事实上，在他们的后续报告《深化意义和学习》（*Deepening Meaning and Learning*）中，影响力院长联盟能够通过后续的相同的学习科学评估证明，在实施上述实践仅一年后，有机会获得以学习科学为重点的学习机会的新教师与其他新教师之间的分数存在相当大的差异。换句话说，集中关注学习科学在课堂实践中所扮演的角色，并利用它来重新设计教师培训经验，实际上是有效的。

第二个例子来自国家层面的教育政策：英国教育部和他们的早期职业框架（Early Career Framework）。该框架由特许教学学院（Chartered College for Teaching）和教育捐赠基金会（Educational Endowment Foundation）以及其他机构共同开发，旨在支持新教师的专业发展。

早期职业框架与教师职业生涯的弧线（英国教育部将其称为金线，Golden Thread）相连，以循证实践支撑对新教师、中高级领导和行政领导的期望。值得注意的是，早期职业框架强调初级教师有权获得什么，并提供完全赞助的为期两年的结构化培训和支持，这些培训和支持是建立在学习和教学研究的最佳证据之上的。支持包括资助并保证所有新教师在教学的第二年有5%的时间开展学习培训；新教师将在入职的第一年继续减少10%的工作时间用于开展学习培训；创建高质量、免费的早期职业框架课程和培训材料；设立全面、高素质的早期职业框架培训课程；为导师提供时间，以支持新教师；全额资助导师培训。

英国教育部还设计了一个核心内容框架，作为教师教育和培训的基础。该框架根据现有的最佳证据，定义了每个教师在教师教育中最低限度需要达到的标准。它包括八个标准：

1. 设定高期望
2. 促进良好进步
3. 具备良好的学科和课程知识
4. 计划并教授结构合理的课程
5. 适应教学
6. 准确有效地使用评估
7. 有效地管理行为
8. 承担更广泛的专业职责

这些标准中的每一项（见表30.2中左栏）都是以现有的最佳教育研究为基础，以培训教师在完成课程时应该了解的内容开始（学习……）。右边一栏列出了培训教师在完成课程后能够做的事情（学习如何……），解释了教师如何完成给定的目标，以及在实践中是什么样子，这也是基于研究的知识，以及与专业人士（如学者、教学中心，当然还有教师）的对话得出的。

在另一项倡议中，教育捐赠基金会创建了工具包，讨论了40多种不同的改善教与学的方法，并根据对学习的平均影响、实施方法的成本和支持证据的强度来展示效果。用教育捐赠基金会自己的话来说，工具包并没有明确地宣称什么方法可以改善特定的教学结果。相反，它们根据现有证据提供了高质量的信息，说明什么可能是有益的。

表30.2 从ITT核心内容框架中利用认知科学进行教师实践的示例

<table>
<tr><th colspan="2">学生如何学习（标准2/促进良好进步）</th></tr>
<tr><th>学习……</th><th>学习如何……</th></tr>
<tr><td>1. 涉及学生能力或理解力的持久变化
2. 原有知识在学生的学习中起着重要作用；长期记忆一些关键事实有助于学生学习更复杂的概念
3. 学习的一个重要因素是记忆，它可以被认为包括两个要素：工作记忆和长期记忆
4. 工作记忆是保存正在被积极处理的信息的地方，但它的容量是有限的，可能会过载
5. 长期记忆可以被认为是知识的存储，随着学生将新思想与现有知识相结合而发生变化
6. 在原有知识薄弱的地方，学生更容易产生误解，特别是在新思想引入太快的情况下</td><td>1. 避免工作记忆过载：
■ 在计划引入多少新信息时，如何考虑学生的原有知识方面，接受清晰、一致和有效的教学
■ 与专家同事讨论并分析减少分散注意力的方法（例如，将任务的复杂性降到最低，以便将注意力集中在内容上）
2. 根据专家的意见，把握机会练习，接受反馈并在以下方面改进：
■ 将复杂的材料分解成更小的部分（例如，使用部分完成的例子使学生专注于特定的步骤上）
3. 通过以下方法建立学生的原有知识：
■ 与专家同事讨论和分析如何安排课程，以确保学生在遇到更复杂的内容之前获得安全的基础知识
■ 与专家同事讨论和分析如何识别可能的误解，并计划如何防止这些误解的形成
4. 根据专家的意见，把握机会练习，接受反馈并在以下方面改进：
■ 鼓励学生分享新出现的理解和困惑点，以便纠正误解</td></tr>
</table>

所有这些似乎都是我们对有效教学探索的一个合适的结束。如果这本书有一个主题的话，也许就像迪伦·威廉（Dylan William）所说的那样，在某个地方或许一切都行得通，但没有什么东西在任何地方都行得通。然而，专注仅仅因为教学的情境依赖性质要求我们保持对环境的认知，这并不意味着我们不能在能力所及范围内从对学生或多或少有益的角度做出最好的选择。

这就是我们写这本书的初衷：不提供教学的“灵丹妙药”，而是阐明并举例说明一系列关于什么是有效的方法以及为什么有效，教师可以选择、内化、适应并应用于他们自己的情境和方式的最佳选择。

教育领域和支撑它的教育研究将继续发展，这一点毫无疑问。但这个过程会有奇怪的突变。至少就目前而言，我们希望读者能与我们一起探索迄今为止演变过程中的一些开创性作品和精彩时刻，并且从我们对这种称之为教学的难以想象的复杂而美妙的实践的快照中获得一些有用的东西。

要 点

■作为教学或学习策略的内容通常不会包含在新教师的教科书中。

■用于培训新教师的教科书忽视了我们所知道的关于学生如何学习的知识，尽管这在培训中非常重要。

■当教科书引用研究时，研究通常是二次文献（某人先引用了别人的研究）而不是原始文献（实际的研究），在93%的情况下无法满足科学严谨性的最低标准。

■许多教科书侧重于更模糊的领域，如参与和合作学习。

■在新教师培训中学到的许多错误观念可以在没有被纠正的情况下持续多年。

参考文献

[1]Department For Education. Itt Core Content Framework[EB/OL]. [2019]. https://assets.publishing.service.gov.uk/government/uploads/system/uploads/attachment_data/file/843676/initial_teacher_training_core_content_framework.%20.pdf.

[2]Department For Education. Early Career Framework[EB/OL]. [2021]. https://www.gov.uk/government/publications/early-career-framework-reforms-overview/early-career-framework-reforms-overview.

[3]Education Endowment Foundation. Teaching and Learning Toolkit: An Accessible Summary of Education Evidence. [EB/OL]. https://educationendowmentfoundation.org.uk/education-evidence/teaching-learning-

toolkit.

[4]Pashler H, Bain P, Bottge B[EB/OL]. [2007]. https://files.eric.ed.gov/fulltext/ed498555.pdf.

[5]Pomerance L, Greenberg J, Walsh K. Learning About Learning: What Every New Teacher Needs To Know[R]. [S.l]National Council on Teacher Quality, 2016.

[6]Deans For Impact. The Science Of Learning[EB/OL]. [2016]. https://deansforimpact.org/wp-content/uploads/2016/12/the_science_of_learning.pdf.

[7]Deans For Impact. Learning By Scientific Design: Early Insights from A Network Transforming Teacher Preparation.[EB/OL]. [2019]. https://deansforimpact.Org/Wp-content/uploads/2020/03/deans_for_impact_lbsd_report_final-1.pdf.

[8]Deans For Impact. Deepening Meaning and Learning: How Future Teachers are Putting Learning Science into Action to Support All Students.[EB/OL]. [2021]. https://deansforimpact.org/wp-content/uploads/2021/06/dfi_deepening-meaning-andlearning.pdf.

术语表

Aptitude 天资 通常被认为是在一定水平上从事某种工作的能力之组成部分。布卢姆认为，这是学习者掌握一项学习任务所需的时间。

Assessment for learning 学习性评估 将低风险或无风险评估作为一种学习策略。

Assessment of learning 学习评估 使用评估来确定学到了什么。

Authenticity 真实性 一个真正的教师具有专业知识，对自己的学科充满激情和热情，是独一无二的，并与学生保持必要的距离。

Backwash 逆向效应 指测验驱动课程内容和教学方式。

Behavioural objective 行为目标 一种预期的学习结果，以可衡量的方式表述（例如，应用于具体情境或者理解），为学习者的学习提供方向，并作为评估的基础。

Cognitive dissonance 认知失调 我们寻求态度和认知的一致性。如果两者发生冲突，就会产生不安或不适的感觉。当这些事情在认知上不一致时，我们就会尽力去改变，直到变得一致。

Cognitive load 认知负荷 工作记忆一次能容纳的信息量。

Cognitive schema 认知图式 一种思维或行为模式，它将不同类别的信息及其之间的关系组织起来，从而指导认知过程和行为。

Communicative systems approach 交流系统论 一种交际系统方法，它假定一个人在有别人在场时一定会设法开展交际。不管一个人的本意是什么，别人都会从他的行为中做出自己的推断。

Constructive alignment 建构性一致 一种基于系统的教学方法。其中（1）在教学开始前确定预期或期望的学习结果，（2）选择教学方法，使之能十分适合于实现预期或期望的结果，并且（3）所使用的评估方法能可靠地评估预期或期望的学习结果是否已经实现。

Contextual interference 情境干扰 类似于交错练习，但此时会让任务环境变得更加多变或不可预测，这至少会给学习者造成暂时的干扰。

Curricular knowledge 课程知识 如何在一定的水平上开展教学的全部内容知识，包括可用的教学材料，在什么时候，为什么，以及在某些情况下如何使用或不使用某些东西等。

Curse of knowledge/Curse of expertise 知识诅咒/专长诅咒 一种认知偏差。当一个人在与他人交流时，错误地认为每个人对某一主题的了解都和自己一样多。这不仅让人难以想象不知道自己所知道的东西是什么感觉，而且因为无法理解对方的心理，也很难分享自己的知识。

Desirable difficulties 合理难度 一种违反直觉的概念，即有些学习方法可能感觉不太有效，在学习过程中会导致更多的错误，但从长期来看会导致更好的表现。例如提取练习、间隔练习和交错练习。

Direct Instruction 直接教学（DI） 一种由恩格尔曼提出的明确的、精心排序的、脚本化的教学模式。这是一个正式的、高度脚本化的、格式化的课程集合，以授课、教科书和排序的形式出现。

direct instruction 直导教学（di） 巴拉克·罗森海因提出的术语。这是一组与学生成绩显著相关的变量给出的术语。这是一种教学策略，而不是一门课程。在最初的著作中，他将其称为“显性教学”（explicit instruction）。

Distributed practice 分布式练习 一种学习策略，将练习分成若干个短单元，在较长的时间内多次进行，而不是采用次数更少、时间更长的训练单元。经常被称为“间隔练习”（spaced practice）。

Eduquack 江湖郎中 教育+庸医（education + quackery）的合成词，是俗称“庸医”（quackademic）的教育变体：对自己所谈论的内容知之甚少或根本不了解的学者，却能毫不掩饰地发泄自己的无知。《城市词典》（Urban Dictionary，一个解释英语俚语词汇的在线词典）称他们为骗子或无知的伪装者；江湖骗子或伪科学。

Enactive representation 动作表征 一种表征方法，表明为达到一组结果而适当的操作。

Encoding 编码 将感官输入的信息转换成一种形式，以便储存在大脑中；将内部思想和外部事件转化为短期记忆和长期记忆。

Episodic memory 情景记忆 一种长期记忆类型，包括回忆我们遇到的特定事件、情景和经历（即我们生活中的片段）。

External validity 外部效度 一项研究的结果在多大程度上可以在其他情况下也得到证实。换句话说，研究结果在不同年级或不同学科领域中的普遍程度。我们在一项针对特定学生群体的研究中看到了这一点，比如在基础算术方面遇到困难的中学生。

Extraneous cognitive load 外部认知负荷 由教学方法引起的完成学习任务所需的心智努力。

Formative assessment/evaluation 形成性评估/评价 一种范围广泛的评估程序，使教师能够经常评估学习者的进步和练习效果。教师可以也应该在学习过程中运用这种方法来调整教学和学生学习活动，以提高学生的学习能力。

Generative learning activities 生成学习活动 旨在通过促使学生主动理解学习材料来提高学生学习能力的学习策略或活动。

Gestalt Psychology 格式塔心理学 20世纪建立的一个心理学流派，把人类的思想和行为作为一个整体来研究。

Grading on a curve 评分曲线 调整学生成绩以确保学生成绩的合理分配（例如，20%的学生获得A，30%的学生获得B，等等），以及预期的总平均成绩（例如，某个特定测验的平均成绩为C）。

Iconic representation 图像表征 一种表示某一概念的图像或图形的表示法，不需要给出具体完整的定义。

Interleaving 交错学习 一种学习或教学策略，在学习和练习过程中混合多个科目或话题，引入学习环境的变化和/或不可预测性。与之相反的是“封闭练习”（blocked practice），即学习或练习一个主题，直到精通后再继续。

Internal validity 内部效度 排除了方法上的错误，观察结果在被研究人群中代表真理的程度。缺乏内部效度使得推断因果关系变得相当困难。例如，每一所参与的学校的所有教师都被分配到相同的条件下，这使得干预或学校变量是否对结果负责不清楚，或者没有证据表明在准实验中各组测试前等价。

Intrinsic cognitive load 内部认知负荷 完成一项任务所需要的心理努力。任务的内在复杂性由需要处理的信息量（即任务中新信息元素的数量）所决定，任务的复杂性则由这些元素的互动性所决定。

Learning 学习 在长期记忆或行为中相对持久/永久的变化。

Learning task（in 4C/ID）学习任务（用于4C/ID） 真实的、完整的任务体验，基于真实的任务，整合分阶段组织的必要的技能、知识和态度，每个阶段对学习者的支持逐渐减弱。

Likert scale 李克特量表 一种心理测量量表，常用于问卷调查中，用来测量知觉、感觉、态度等。它假设一种态度的强度是线性的（例如，从非常同意到非常不同意或非常枯燥到非常有趣的连续统一体），并且还假设这种态度是可以测量的。该量表通常有奇数个选项（最典型的是5个、7个或9个），中心点表示中立选项。

Mastery learning 掌握学习 一种以群体教学为基础、个性化的教学和学习策略，其前提是给予学生足够的时间，就能在既定的领域内达到较高的理解水平。

Mastery-based learning 以掌握为基础的学习 一种学习和教学的方法，学生必须在进入另一个主题或学科领域之前证明他们对一个主题或学科领域达到了理解水平。

Matthew effect 马太效应 一种社会现象，即那些拥有最多技能和/或资源的人能够提高其社会地位，而那些拥有最少资源的人却被落在了后面。

Metacognition 元认知 罗伯特·比约克称之为“元记忆”，指学习者能够有效可靠地判断自己的学习或能力的程度。

Missing paradigm 范式缺失 由李·舒尔曼提出，关于教学研究和教学要求的范式缺失是指与教学相关的内容领域知识的缺失。

Modality principle 通道原则 将以一种通道（如书面解释）和另一种通道（如图表）结合的信息替换为两种通道的信息，如口头解释文本和视觉信息源（即使用视觉和听觉通道），对学习和迁移有积极的影响。

Oracy 口语能力 与数学中的计算能力（numeracy）和读写能力（literacy）类似，是指流利、自信、正确地使用母语的标准口语。它是一个人表达自己的能力；有足够的词汇表达自己想说的话，有能力组织自己的想法，让别人理解。

Orthographic encoding 正字法编码 理解书写规则，如拼写、标点或句法。

Part-task practice 专项练习 学生通过练习日常活动来培养高水平的自动化。专项练习需要大量的重复，只有在完成了一个完整的、有意义的学习任务之后才应该开始。

Pedagogical Content Knowledge 教学内容知识 对教学的学科主题的认识和理解。这包括理解是什么让某些事情变得容易或困难，了解不同学习者在课堂上带来的概念、先入之见甚至误解。

Performance 学业表现 知识或行为的临时变化，通常在学习过程中或学习刚刚结束之后表现出来。通常也是我们在测验时看到的情形。

Phenomenography 现象学 一种定性研究方法，研究人们体验或思考某事的不同定性方式。

Phonics 拼读法 一种阅读教学策略，重点是将英语口语的发音与单个字母或一组字母进行匹配。

Phonological encoding 语音编码 将书面文字译成语音的过程，或隐性（在脑中）或显性（读出声）。

Procedural information 支持程序 告诉学习者如何执行学习任务的常规方面（“如何做”教学）。最好是在他们完成学习任务时，及时、准确地提供给他们。

Reflection-in-action 行动中的反思 不同于传统的观念，认为反思发生在事后。反思发生在行动中，思考行动的特点。

Reliability 可靠性 衡量标准的总体一致性。如果一个测量方法在一致的条件下产生相似的结果，则该方法具有较高的可靠性。一个可靠的浴室体重计每次站在上面的重量应该是差不多的。

Retrieval 提取 储存在长期记忆中的信息回忆的过程，可以通过回忆或识别两种方式进行。在回忆中，信息必须从记忆中提取出来。在识别过程中，熟悉的外部刺激提供了一个线索，表明信息是早前知晓的。

Retrieval practice 提取练习 学习者必须提取储存在长期记忆中的信息的一种学习策略。这种对信息的回忆迫使学习者把储存的知识提取出来，检查他们所知道的东西。

Seductive detail 诱人的细节 是指教学中使用的文字、动画、照片、插图、声音或音乐，它们虽然很有趣，但没有指向课程的学习目标，分散学习者的注意力，导致学习效果变差。

Self-concept 自我概念 你如何看待自己的行为、能力和独特特征。如处理这样的问题：我是谁?我能做什么，不能做什么?我希望自己能做什么?

Select–Organise–Integrate（SOI）Framework 选择—组织—整合（SOI）框架 学习是通过（1）选择相关信息，（2）组织传入信息，（3）将传入信息与已有知识整合的认知过程来构建知识的。

Self-esteem 自尊 指个人对自己价值或价值的主观评价，包括对自己的信念（如“我很聪明，我很重要”）和情绪状态（如绝望、骄傲、羞愧）。

Self-explanation effect 自我解释效应 当学生在学习样例时，自我解释可以提高解决问题的技能，因为他们意识到自己的实际理解水平，并可能收到是否困惑和/或理解的关键信息。

Semantic encoding 语义编码 处理和理解事物的潜在意义。

Semantic memory 语义记忆 在长期记忆中积累的关于我们对周围

世界的了解的知识。它由事实、观念和概念组成，与经验交织在一起，并依赖于文化。

Sigma 西格玛（σ） 是统计中标准差的符号；2σ意味着两个标准差，远离平均值，在正态分布或统计上显著优于95%的置信度。

SOLO Taxonomy SOLO 分类学 一种描述学习者在掌握许多任务，特别是学校所承担的任务时，学业表现如何变得复杂的系统方法。

Spaced practice 间隔练习 一种学习策略，将练习分成若干个短阶段，在较长的时间内进行，而不是次数更少、时间更长的训练阶段。通常称为"分布式练习"（distributed practice）。

Spatial Split-Attention Principle 空间分散注意原则 将多个信息源（如常见的视觉表征和伴随的文本分开呈现）替换为单一的、综合的信息源（如视觉表征中的文本）。消除空间分散注意对规则形成和迁移有积极的影响。

Split-Attention Effect 分散注意效应 一种阻碍学习的现象。学习者必须整合分散在时间（时间分散注意）或空间（空间分散注意）上的信息源，才能完全理解某一事物。

Subject matter content knowledge 学科内容知识 教师在其教学领域中头脑中知识的数量和组织情形。

Summative assessment/evaluation 总结性评估/评价 重点放在课程结果上的一种评估形式。它的目标是在一节课、一组课或一门学科或一门课程结束时，通过将学生的成绩与一个标准或基准进行比较来评估学生的学习。

Supportive information 相关知能 帮助学习者完成学习任务的非常规方面（解决问题、推理与决策）。相关知能会在开始学习任务之前呈现给学习者，或者在他们完成学习任务时提供。

Symbolic representation 符号表征 一种表示符号或逻辑命题的表征方式，这些符号或逻辑命题来自由构成和转换命题的规则所支配的符号系统。

Synform 向形 形式相似的词组。

Systematic 系统化 按照某种计划、系统或有组织的方法完成的行动或一系列行动。

Systemic 系统性 发生在系统内部的事情，当它发生时，会影响系统的所有其他部分。

Task analysis 任务分析 通过观察人的行动来了解他们做什么，以详细了解他们如何执行任务和实现预期目标，包括所犯错误的过程。一种特定类型的任务分析是“认知任务分析”，用来试图获得关于知识、思维过程和目标结构的信息，这些信息是可观察任务表现的基础。

Taxonomy of educational objectives 教育目标分类学 对我们期望学生通过教学掌握什么能力的陈述的一种分类框架，为大家讨论教育目标提供一个共同的语言。

Teaching effectiveness studies 教学效能研究 一种研究课堂教学的方法，着眼于教学实践/教学形式与学生学习/学业成就之间的关系。

Temporal split-attention effect 时间分散注意效应 同时呈现多个信息源（如图片和文字相互参照），而不是一个一个地呈现。消除时间分散注意对规则形成和迁移有正向影响。

TPACK 技术、教学和内容知识或技术教学内容知识。

Unicity 统一性 存在一个一致的事实，或统一为一个整体的事实。

Validity 效度 某物衡量它应该衡量的东西的程度。秤应该测量体重，尺子应该测量身高。

Worked example 工作样例 一种教学方法，由问题的给定条件、解决问题的步骤和最终解决方案本身组成。

译后记

《教学是如何发生的》是当代国际著名教学设计与学习科学专家保罗·基尔施纳领衔编写的，与本书配套的《学习是如何发生的》中文版稍前已经出版。学习与教学是密不可分的，所以，两本书在写作上采用了一致的体例，在内容安排上也有彼此照应。

为《教学是如何发生的》撰写推介语的专家中，读者可能比较熟悉的是约翰·哈蒂，李·舒尔曼、戴维·C.伯利纳和丹尼尔·威林厄姆，这四位都是教学研究领域的顶级专家。另外，汤姆·贝内特和汤姆·谢林顿两位是教学实践研究的专家，致力于将教学研究的理论成果推广并广泛应用至教师课堂教学之中。

《教学是如何发生的》精心选择了教育心理学研究、学习科学和教学效能研究领域的30篇（本）开创性文献（书），分为六个部分：（1）教师效能、发展与成长；（2）课程开发与教学设计；（3）教学方法；（4）教学内容知识；（5）课堂；（6）评估。六个部分中的每一章涉及一个重要的主题，清晰易懂和简明地说明了研究的意义以及如何在教学实践中予以贯彻和应用。

本书写作的特征是每一章讲解一位专家或者几位专家对某一教学主题的观点或者理论。请注意，不是直接给出专家论文的原文来阅读，而是通俗地讲解和分析，指出该主题的价值。本书汇集教学理论名家观点，内容主题广泛而又吸引人，写作通俗，描绘生动，解惑释疑，启迪思考，再加上每一章都配有生动形象的精美插画，使得读者阅读起来有一种爱不释手之感。

浙江大学教育学院课程与学习科学系教学设计课程组四位教师共同主持了本书的翻译工作。陈丽翠主持第一部分翻译；盛群力主持第二部分和第三部分翻译；刘徽主持第四部分翻译；刘徽和屠莉娅共同主持第五部分翻译；屠莉娅主持第六部分翻译。本书具体章节翻译分工是：盛群力翻译前言、第8章，第12章，第13章，术语表；陈丽翠翻译第5章，第6章；刘徽翻译第16章，第17章，第18章；屠莉娅翻译第24章，第25章，第26章，第27章，第30章；陈邱槿翻译第1章，第2章，第3章；林双木翻译第4章；史秀丽翻译第7章；王茹翻译第9章；王伟翻译第10章；方向翻译第11章；李爽翻译第14章；金睿希翻译第15章；周晴雪翻译第19章，第20章，第21章，第22章，第23章；郭江婷翻译第28章；樊诗佳翻译第29章。全书翻译由盛群力审订。

本书翻译中出现的错误和欠妥之处，请专家和读者朋友予以指正！

衷心感谢中国青年出版社将本书翻译任务交给我们，衷心感谢编辑肖佳和吴梦书提供的帮助！

国际学习科学与教学科学领域的研究于最近一二十年里发展迅速，涌现了许多新观点和新发现，对发展我们自己的教学理论，推动各级各类学校的教学改革，培养高素质的人才有重要借鉴作用。我们盼望读者能够喜欢这本书，从中拓展视野，受益良多。

浙江大学教育学院教授

盛群力

2023年5月5日

马文·柯林斯的教育之道

中国教育报、中国教育新闻网、中国教育学会联袂推荐的教育经典

- ★ 入选《中国教育报》2019年度“教师喜爱的100本书”
- ★ 入选中国教育新闻网2019年度“影响教师的100本书”
- ★ 朱永新倾情作序
- ★ 李希贵、哈佛大学幸福课沙哈尔教授、斯坦福大学德韦克教授郑重推荐
- ★ 这部被教育界奉为经典的著作在中文版出版前便已感动、激励了众多中国读者
- ★ 其英文原著长期占据豆瓣教育类图书好评排行榜Top10

ISBN：9787515355122
著　　者：(美)马文·柯林斯　希维娅·塔玛金
译　　者：刘琳红
出 版 社：中国青年出版社

★ 内容简介

为什么一间教室发生的故事会引起全美媒体的报道以及全国范围对教育的讨论？

为什么一名中小学教师会连续被两任美国总统邀请担任教育部长？

为什么全美和欧洲各国的教师会来到这所学校观摩她的教学并参加培训与研讨？

为什么成千上万的家长会给她写信希望其帮助解答养育子女的困惑？

本书不仅讲述了当代传奇教师马文·柯林斯在教育这条道路上的挣扎与成功，更包含其课堂教学的详尽实录，清晰地传达了她的教育理念、方式与方法。

马文·柯林斯不仅仅在教书，更在育人。她希望通过教育，能让学生的生活发生本质的改变。她的故事是任何一个教师、家长的榜样，她的教育理念与教学方法可以运用到任何一个教室与家庭。

★ 作者简介

马文·柯林斯　被公认为美国最重要的教育家之一，连续被两任总统邀请，但拒绝出任美国教育部长的当代传奇教师。无数教育者学习她的教育方式，受她的精神启发和鼓舞。《芝加哥太阳时报》《时代周刊》《人物》以及哥伦比亚广播公司、美国广播公司等全国媒体都称她为“奇迹的创造者”。

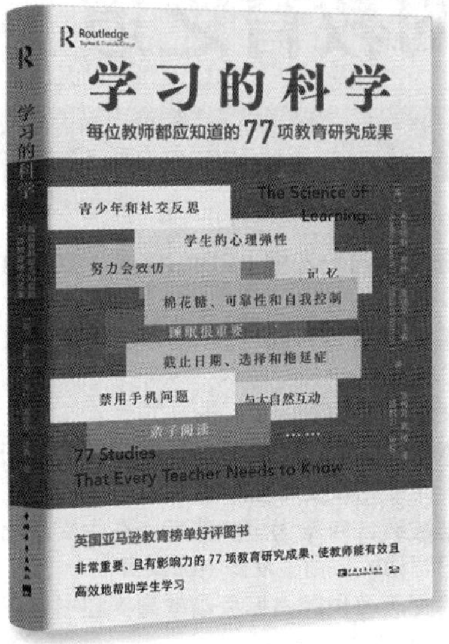

学习的科学

每位教师都应知道的77项教育研究成果

ISBN：978-7-5153-6409-4
作者：[英]布拉德利·布什
爱德华·沃森
2021-8　定价：59.00元

★ **英国亚马逊教育榜单好评图书，汇集关于“学习的科学”非常重要的77项教育研究成果，帮助教师解决阅读教育研究成果长篇论文的难题，帮助教师了解新的前沿的研究成果，一目了然读懂什么是对学习是很有帮助的。**

★ **资深心理学家布拉德利·布什、牛津大学和伦敦商学院高材生爱德华·沃森，两位大咖强强联手，帮助广大教师解决很多教育难题。**

★ **有效提高教师的信息化素养，提升学生学习的科学性。**

内容简介： 学习的科学是中小学教师非常需要的资源，以帮助他们的学生改善他们在学校的思维、感觉和行为方式。这本书可让教师跨学科应用，是帮助学生学习并通过考试的技术。

本书将77项有关学习主题的最重要、最具影响力的研究转换成了通俗易懂的语言文字，涵盖了记忆、动机、元认知以及行为、偏见和养育等领域，并将每项研究分解为“研究概况、主要研究结果、相关研究和课堂启示”四部分，以教师可理解、可操作的方式呈现在读者面前。

本书独特有力地揭开了关于学习的各种关键概念的神秘面纱，将研究成果转换为课堂中的实用建议。

布拉德利·布什　资深心理学家，有丰富的学校工作经验，英纳德公司的特许心理专家，对教育现象有着独到的理解和诠释。

爱德华·沃森　牛津大学和伦敦商学院的高材生，英纳德公司的创始人，有着过人的管理经验。

他们专注于成长思维、元认知、学习科学、记忆、大脑管理和压力管理策略的应用，以提高动机、学习和信心。两人强强联合，共铸教育事业。

费曼超级学习法

理解更快、保留更高，27 个高级学习模型

世界上有两种天才：普通的天才完成伟大的工作，但让其他的科学家觉得，如果自己努力的话，那样的工作他们也能完成；另一种天才则像表演魔术一般。而后一种天才，就是费曼。

——汉斯·贝特，诺贝尔物理学奖获得者

ISBN：978-7-5153-6574-9
作者：[美] 彼得·霍林斯
2022-12

◆以诺贝尔物理学奖获得者理查德·费曼命名的费曼学习法是目前被实践验证过的、公认的，极其有效的学习方法，简单有效，适用于各年龄、各阶段、各学科的学习与复习。

◆作者彼得·霍林斯是著名心理学家、脑科学家。他善于将脑科学、心理学、行为科学等专业的前沿理论知识与实践方法应用在学习领域，曾出版包括《思维模型：建立高品质思维的30种模型》在内的多部畅销书。

◆本书不仅深入浅出地介绍了费曼学习法及其具体的实施步骤，还提供了26种具体学习方法，涵盖理解、提问、记忆、遗忘、信息提取、学习误区等内容，贯穿整个学习过程，为读者提供丰富而有效的技巧与方法。

◆本书为读者提供包括费曼学习法在内的27个高级学习模型，帮助读者改善学习态度，提高学习能力。让思维可视化，让学习可量化，让记忆更牢固，让进步看得见。

★ 本书由两位顶级专家撰写，北京师范大学教育心理学权威专家翻译并推荐。

★ 围绕"学习是如何发生的"这一核心问题，从教育心理学和认知心理学等领域，为一线教育工作者精选了28项研究成果，阐述了其对教育实践的启示，以及可以直接应用在课堂教学中的实用建议。

★ 涵盖了教育心理学领域最重要的28项研究成果及其在教学实践中的应用，让读者站在巨人的肩膀上，探究学习与教学的本质。帮助教师将学习和教学的过程变得愉快且高效，帮助学习者更会学习。

学习是如何发生的

教育心理学中的开创性研究及其实践意义

ISBN：978-7-5153-6653-1
作者：[荷] 保罗 · A. 基尔施纳，[英] 卡尔 · 亨德里克
2022-07　定价：59.90元

内容简介： 本书作者从教育心理学与认知心理学领域精选了关于学习与教学的开创性研究文献，为读者呈现了“学习是如何发生的”最重要发现。每一章介绍了一篇研究文献、其对教育实践的影响、如何在课堂上运用该研究成果以及该研究对于教师的关键启示等。全书分为六个部分，包括：

- 大脑是如何工作的；
- 学习的先决条件；
- 哪些学习活动支持学习；
- 教师的教学活动；
- 情境中的学习；
- 引以为戒的教育迷思与谬误。

对于一线教育工作者以及教育学、教育心理学和学习科学等相关专业方向的学生来说，该书鞭辟入里，引人思考，是必不可少的阅读材料。不管是在校学生还是成年学习者，也都能从阅读本书中获益，跨越学习的障碍，找到适合自己的学习方法，成为自我驱动、自我调节的终身学习者。

保罗 · A. 基尔施纳　荷兰开放大学教育心理学荣誉教授，比利时托马斯 · 莫尔应用科学大学的客座教授。他被认为是许多领域的专家，特别是在高效且愉快的教学设计、计算机支持的合作学习、教育中的媒体使用、复杂认知技能习得等领域。

卡尔 · 亨德里克　在公立和私立学校任教多年。目前是英国顶尖私立中学威灵顿公学的教师，也是该校学习与研究中心的负责人。2014年他创办威灵顿学习与研究中心，并与哈佛大学教育研究生院等机构合作。

如何调动与激励学生

唤醒每个内在学习者

★ 让李希贵校长激动不已、迫不及待想让全校教师研读的书。

★ 北京十一学校数位身在一线、具有多年教学经验的教师共同翻译。此书出版后，十一学校最快时间团购此书供教师研读。

★ 每个学生都是心中藏匿着“内动力”的巨人，等待着教师用期待去唤醒。

ISBN：978-7-5153-5044-8

作者：[美]罗伯特 · J. 马扎诺，达雷尔 · 斯科特，蒂娜 · H. 布格伦，明 · 李 · 纽科姆

2018-05

简介

- 激发学生的内在动力是提升学生成绩的关键，如何调动与激励学生？学校如何从应试教育转型至素质教育，直至全人教育？怎样在课堂中转变传统的教学方式，落实指向学习目标的教学策略？基于人本主义心理学之父亚伯拉罕 · 马斯洛的需求层次理论，美国教育家罗伯特 · J. 马扎诺为所有教师解答心中的疑惑。
- 作者提出：只有理解人的需求与目标，才能理解人是如何被调动与激励。学生的需求和目标实现到了何种程度，他们的积极性和学习热情就会被调动到何种程度。书中介绍了一个基于学生需求和目标的框架，这个框架包含六个层次的需求，并提供了丰富的、可迅速使用的教学策略、活动和实践工具，帮助教师满足学生这六个层次的需求，从而充分调动起学生的内动力、积极性与学习热情。
- 四个较低层次的需求和目标的满足，可以保证学生的课堂参与与注意力。学校倾向于聚焦在与底部四个层级相关的事情，也就是满足学生的基本需求。但是，如果想要让学生拥有学习的动力与激情，就必须满足较高的两个层次的需求和目标。
- 当教师满足了学生这六个层次的需求，他们将看到学生在学习能力和学习热情上得到前所未有的提升，进而提高学生的自我效能。当学校系统性地满足学生这六个层次的需求，我们将看到基础教育的本质和力量经历一场名副其实的变革。